Schöningh
westermann

TEAM 2 Politik und Wirtschaft

Differenzierende
Ausgabe

Herausgegeben von:
Wolfgang Mattes

Erarbeitet von:
Karin Herzig und Wolfgang Mattes

Vorbereiten. Organisieren. Durchführen.
BiBox ist das digitale Unterrichtssystem zu diesem Lehrwerk
mit zahlreichen Materialien und dem digitalen Schulbuch.
Für Lehrkräfte und für Schülerinnen und Schüler sind verschiedene Lizenzen verfügbar. Nähere Informationen unter
www.bibox.schule

Das Internetportal für aktuellen Unterricht
Unterrichtsmaterialien zu aktuellen Themen für fast alle
Fächer finden Sie unter **www.schroedel-aktuell.de**

© 2017 Bildungshaus Schulbuchverlage Westermann Schroedel Diesterweg Schöningh Winklers GmbH,
Georg-Westermann-Allee 66, 38104 Braunschweig
www.westermann.de

Druck A^9/ Jahr 2024
Alle Drucke der Serie A sind im Unterricht parallel verwendbar.

Illustrationen: Reinhild Kassing, Kassel
Umschlaggestaltung: Nora Krull, Bielefeld
Fotos: picture-alliance/ZB (U 1 l.) – © picture-alliance/Arco Images GmbH (U 1 r.) –
© picture-alliance/dpa
Druck und Bindung: Westermann Druck GmbH, Georg-Westermann-Allee 66, 38104 Braunschweig

ISBN 978-3-14-**023728**-4

Inhaltsverzeichnis

1 Jugendliche auf dem Weg zum Erwachsenwerden Nachdenken und entscheiden auf dem Weg in die Zukunft

2 Einwanderung nach Deutschland Chancen und Schwierigkeiten des Zusammenlebens verschiedener Kulturen

7 Wir Jugendlichen und das Recht
Über die Bedeutung von Rechten, Pflichten und Gesetzen im Alltag

8 Demokratie in Deutschland
Merkmale veranschaulichen, Politik spielend erleben

Gemeinsam lernen mit TEAM 2

Es ist euch bestimmt auch schon aufgefallen: Je aktiver man im Unterricht teilnimmt, desto länger bleibt haften, was man gelernt hat. Mit dieser Neuausgabe von TEAM wollen wir euch Anregungen geben, wie möglichst alle in der Klasse aktiv, mit Freude und Interesse am Politikunterricht teilnehmen können, damit das Lernen wirksam bleibt. Wir haben uns dazu einiges einfallen lassen:

Da sind einmal die drei Impulse, die ihr immer auf den Aufmacherseiten zu neuen Kapiteln findet.

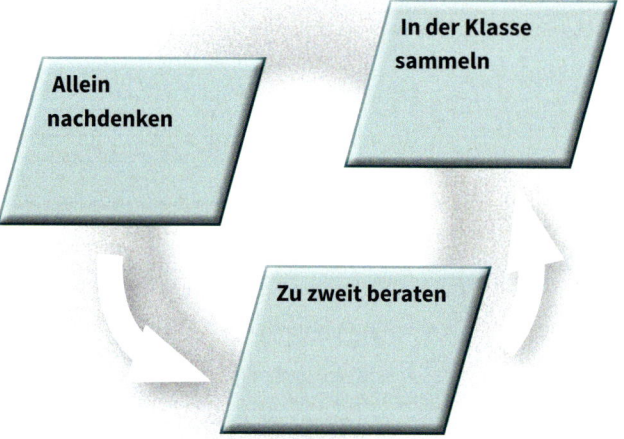

Sie sollen euch dazu anregen, zunächst einmal allein darüber nachzudenken, was ihr schon über das neue Thema wisst, welche Gedanken ihr damit verbindet und was euch daran besonders interessiert. Zu zweit oder zu dritt könnt ihr dann eure Überlegungen austauschen, bevor ihr gemeinsam in der Klasse darüber redet.

Wahrscheinlich erhöht es auch euer Interesse am Unterricht, wenn ihr euch mit ganz eigenen Ideen einbringen könnt. In den Aufgabenkästen geben wir euch dazu einige Anregungen unter dem Stichwort:

Was auch noch interessant sein kann: …
Aus den Vorschlägen könnt ihr auswählen, was euch besonders interessiert und Freude macht. Vielleicht habt ihr auch eigene Ideen, wie ihr euch individuell mit den Themen näher beschäftigen könnt.

Auf manchen Seiten im Buch findet ihr das Bild einer geöffneten Tür, verbunden mit dem Hinweis, dass diese Seite tiefer ins Thema führt.

Diese Seite führt tiefer ins Thema

Dabei handelt es sich um Materialien, die über die grundlegenden Anforderungen hinausgehen. Sie sind aber in der Regel so interessant, dass ihr euch möglichst auch damit auseinandersetzen solltet. Das müssen nicht immer alle in der Klasse leisten. Besonders interessierte Gruppen können zum Beispiel ein solches Angebot bearbeiten und dann ihre Ergebnisse den anderen vorstellen.

Die vier Farben unserer Ampel stehen für die vier Kompetenzbereiche. Ihr werdet die Kompetenzampel an vielen Stellen im Buch entdecken. Je nachdem, welche Farbe aufleuchtet, seht ihr sofort, was der Sinn und der Schwerpunkt des Lernens sein wird.

Sachkompetenz

Methodenkompetenz

Urteilskompetenz

Handlungskompetenz

Tipp: Prägt euch das Kunstwort **SMUH** ein, so wisst ihr immer sofort, welcher Kompetenzschwerpunkt gemeint ist, wenn eine der Lampen in der Ampel aufleuchtet.

Aufträge bearbeiten, Texte verstehen: Kein Problem mit System

 Du wirst viele interessante Fallgeschichten in diesem Buch finden. Die Texte dazu sind leicht zu lesen und daher gut für den Einstieg in neue Themen geeignet.

 Texte mit diesem Logo stellen etwas höhere Ansprüche. Gehe nach der unten vorgestellten Methode vor, wenn dir das Verständnis Schwierigkeiten bereitet.

Die durchnummerierten Arbeitsaufträge zu den Materialien in diesem Buch haben unterschiedliche Funktionen. Wir haben ihnen unterschiedliche Farben zugeordnet.

1. Für alle zuerst

Bei den grünen Fragen geht es um das **Verstehen** des zugehörigen Materials. Sie helfen euch dabei, Wichtiges aus dem Inhalt des gelesenen Materials herauszufinden.

2. Im Anschluss daran

Blau sind die Aufträge, bei denen es um das **Analysieren** von Texten und anderen Materialien geht, also um das genaue Untersuchen nach Plan. Wenn es mehrere davon gibt, könnt ihr auch eine Auswahl treffen oder die Arbeit aufteilen.

4. Zum Abschluss etwas kniffliger

Die roten Aufträge erfordern etwas mehr an eigenem Nachdenken. Meist geht es dabei um das **Bewerten** von Problemen und unterschiedlichen Ansichten. Hilfreich kann es sein, sie in Partner- oder Gruppenarbeit zu bearbeiten.

METHODENKARTE **1**

Sachtexte lesen und verstehen

Worum geht es?

Bei den Texten in diesem Buch, die mit einer Lupe versehen sind, handelt es sich in der Regel um sogenannte Quellentexte, also um solche, die wir aus anderen Veröffentlichungen übernommen haben. Gehe beim Lesen nach den folgenden vier Schritten vor, wenn dir das Verständnis Schwierigkeiten bereitet.

Lesen mit System in vier Schritten

1. Lies den Text einmal und präge dir in einem oder zwei Sätzen ein, wovon er handelt. So eröffnest du dir das Verständnis vergleichbar mit einem Wasserglas, das sich nach und nach füllt.
2. Lies den Text ein zweites Mal. Mache nach jedem erkennbaren Abschnitt eine Lesepause. Nutze sie dazu, den Inhalt des gelesenen Abschnitts in deinem Kopf zu wiederholen. Du merkst so, was du bereits verstanden hast und was nicht.

Thema: Anspruchsvolle Texte

3. Konzentriere dich jetzt auf Begriffe und Satzaussagen, die schwierig oder unverständlich geblieben sind. Die Bedeutung von Fremdwörtern kannst du selbst klären (zum Beispiel mithilfe eines Online-Lexikons). Nach unverstandenen längeren Aussagen wirst du deine Lehrerin oder deinen Lehrer fragen. Möglicherweise könnt ihr auch zu zweit oder in einer Gruppe die Bedeutungen klären.
4. Lass dir nun den Text Abschnitt für Abschnitt noch einmal durch den Kopf gehen, so als ob du ihn dir selbst erzählst. Wenn du ihn dann mündlich zusammenhängend berichten kannst, wirst du ihn gut verstanden haben.

Jetzt kannst du dich in Ruhe den Arbeitsaufträgen zuwenden, die unter den Texten stehen oder die im Unterricht gestellt werden.

Nachdenken und entscheiden auf dem Weg in die Zukunft

1. Allein nachdenken

Stelle dir vor, auch du würdest auf einer Bank in der Sonne sitzen und von der Zukunft träumen. Welche Wünsche für deine Zukunft kommen dir in den Sinn?

3. In der Klasse sammeln

Welche Zukunftswünsche haben Jugendliche privat, beruflich und für die Politik?

2. Zu zweit beraten

Was wünschen sich Jugendliche eures Alters, wenn sie an das Zusammenleben der Menschen in der Zukunft denken?

Im Verlauf dieses Kapitels könnt ihr ...

- euch damit auseinandersetzen, welche Werte im Leben wichtig sind,
- über Ansichten von Erwachsenen über Jugendliche diskutieren,
- Rollenkonflikte bearbeiten, bei denen es um den Widerspruch zwischen persönlichen Wünschen und äußeren Erwartungen geht,
- entscheiden, welche Themen der Politik für Leute eures Alters interessant sind und welche nicht.

Eigene Schwerpunkte könnt ihr setzen, indem ihr ...

- Texte und Bilder über eure eigenen Vorstellungen von der Zukunft verfasst,
- Konfliktsituationen von Jugendlichen in Rollenspielen darstellt.

1 Wer bin ich? Wie will ich sein?
Die Bedeutung von Werten erklären

Die beiden Fragen aus der Überschrift legten die Autorinnen und Autoren von TEAM Schülerinnen und Schülern aus mehreren Klassenstufen vor. Es ging darum, herauszufinden, welche *Zukunftswünsche* junge Leute haben und welche *Werte* ihnen wichtig sind. Die abgedruckten Antworten könnt ihr benutzen, um eure eigenen Vorstellungen zu formulieren.

Geht es dir auch manchmal so?

1. Lies die Berichte der Jugendlichen. Finde heraus, welche Wünsche und Werte ihnen wichtig sind.

A Jugendliche erzählen

Dominik T., 12 Jahre

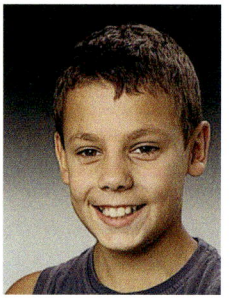

Meine Familie besteht aus meinem großen Bruder (14), meiner kleinen Schwester (3 Monate), meiner Mutter, meinem Stiefvater und meinem Vater, den ich jedes zweite Wochenende besuche. Eines meiner Hobbys ist das Fußballspielen, was ich schon seit zehn Jahren im Verein mache. Auch spiele ich in meiner Freizeit gerne mit Freunden und am Computer.
Für meine Zukunft strebe ich einen guten Schulabschluss an, um später eine gut bezahlte Arbeit zu erlangen, um auf eigenen Beinen stehen zu können. Wünschen tue ich mir eine nette Frau, mit der ich eine Familie gründen und ein Haus bauen kann.

Sarah W., 13 Jahre

Die wichtigsten Werte, die ich in meinem Leben beachten möchte, sind Respekt und Freiheit, da die Menschen nur friedlich zusammenleben können, wenn sie die Meinungen anderer Personen respektieren.

Ich lebe zusammen mit meiner Familie in einem schönen Haus mit großem Garten. Meine Hobbys sind Zeichnen und Flöte spielen.
In meiner Zukunft möchte ich gerne Innenarchitektin werden und einen Mann und ein bis zwei Kinder haben. Mein Berufsleben und mein Familienleben sollen voneinander getrennt sein. Mir ist wichtig, in meinem Leben von anderen Menschen respektiert zu werden. Ich möchte selbst entscheiden, was ich machen möchte, wohin ich gehe und wie ich was mache. Auch ist es mir sehr wichtig, dass einander geholfen wird. Hoffentlich werden sich alle Menschen respektieren und sich gegenseitig helfen.

TEAM befragte auch ältere Schülerinnen und Schüler, die kurz vor dem mittleren Schulabschluss stehen. Es wird euch wahrscheinlich interessieren, welche Wünsche und Werte diesen wichtig sind. Corinna, Sabrina und Noah, die hier zu Wort kommen, besuchen gemeinsam die zehnte Klasse der Gesamtschule in Orscholz.

Corinna N., 15 Jahre

Ich bin in der zehnten Klasse und möchte nach meinem mittleren Schulabschluss als Bürokauffrau arbeiten. Ich habe vor, mich in diesem Beruf hochzuarbeiten und unabhängig zu sein und meine spätere Familie ernähren zu können. Ich finde es wichtig, dass ich später ein gutes Vorbild für andere bin, besonders für meine Kinder. Außerdem ist mir wichtig, dass diese später eine gute Allgemeinbildung haben. In der Gesellschaft finde ich es wichtig, hilfsbereit gegenüber anderen zu sein. Um ein gutes Zusammenleben zu ermöglichen, sollten die Menschen sich gegenseitig tolerieren – so wie sie eben sind.

Noah Sch., 16 Jahr

In meiner Freizeit unternehme ich viel mit Freunden. Ich bin gerade dabei, meinen Motorradführerschein zu vollenden. Genaue Zukunftspläne habe ich noch nicht. Ich möchte mal einen guten Beruf ausüben, der mir Spaß macht und in dem ich viel Geld verdienen kann. Außerdem möchte ich einmal eine Familie gründen. Ich interessiere mich sehr für Politik und werde – sobald ich darf – auch wählen gehen, um mich damit an der Politik zu beteiligen. Zudem ist mir Meinungsfreiheit sehr wichtig, da ich finde, dass jeder seine Meinung veröffentlichen dürfen sollte.

Sabrina R., 16 Jahre

Sehr wichtig sind mir meine Freunde, mit denen ich meine Freizeit verbringe. Nach dem mittleren Schulabschluss möchte ich auf jeden Fall auch noch das Abitur schaffen und dann Kunst studieren. Mein Beruf soll eine große Rolle in meinem Leben spielen. Ich will beruflich so viel erreichen wie möglich. Denn von nichts kommt nichts. Eine Familie möchte ich auch, heiraten und Kinder bekommen. Doch zuerst möchte ich beruflich alles erreichen, was ich mir vorgenommen habe, denn es ist mir wichtig, dass ich meinen Kindern etwas bieten kann. Wichtig ist mir auch, verantwortungsvoll, vernünftig und ehrgeizig zu sein. Sich für Politik und Demokratie zu interessieren, ist auch wichtig.

2. Wähle aus: Welche der Stellungnahmen findest du besonders interessant?

3. Sammele und notiere mehrere der von den Jugendlichen genannten Werte. (Das geht auch zu zweit.)

4. Wie wichtig sind für euch die hier genannten Wertvorstellungen? Sprecht gemeinsam darüber.

Was auch noch interessant sein kann:

- deinen eigenen Text verfassen zum Thema: Wer bin ich? Wie will ich sein?

B Werte

1. Fasse in kurzen Definitionen (oder in einer Mindmap) zusammen, welche verschiedenen Arten von Werten es gibt. Notiere dazu einzelne Beispiele.

2. Einzelne Werte lassen sich in Form von Zeichnungen darstellen. Fertige eine oder mehrere solcher Zeichnungen an. Stellt sie euch gegenseitig vor und erläutert sie.

3. Gibt es deiner Ansicht nach Benachteiligungen zwischen Mädchen und Jungen, Frauen und Männern, die noch zu überwinden sind? Formuliere deine Ansicht zum aktuellen Stand der Gleichberechtigung zwischen den Geschlechtern und stelle sie zur Diskussion.

Welche Zeichnung veranschaulicht welchen Wert?

Sachwerte

Werte sind das, was wir für unser persönliches Leben als wertvoll betrachten. Sie können ganz unterschiedlicher Art sein. Für viele Jugendliche ist das Handy wertvoll, vielleicht auch das neue Fahrrad und vieles andere. Hierbei handelt es sich um Sachen, deren Wert man auch in Geld ausdrücken kann. Geht zum Beispiel ein Fahrrad verloren, kann man diesen Wert ersetzen, wenn man das nötige Geld dafür hat. *Sachwerte* ist die Bezeichnung für Werte, die sich auf konkrete Güter oder Gegenstände beziehen.

Persönliche Werte

Daneben gibt es auch Werte, die sich nicht in Geld ausdrücken lassen. Freunde zu haben, anerkannt zu sein, schick auszusehen, erfolgreich in der Schule oder im Beruf zu sein, gehören zum Beispiel dazu. Diese Werte haben mit unseren ganz persönlichen inneren Einstellungen und Gefühlen zu tun. Sie beziehen sich nur auf uns selbst und werden deshalb als *persönliche Werte* bezeichnet.

Gemeinschaftswerte

Wertvoll ist fast allen Kindern, Jugendlichen und Erwachsenen, wie das Zusammenleben mit anderen Menschen funktioniert. Können wir uns sicher fühlen, geborgen, beschützt, haben wir das Gefühl, akzeptiert zu sein? Können wir anderen vertrauen, uns auf sie verlassen? Sicherheit, Geborgenheit, Respekt, Vertrauen, Verlässlichkeit, Freiheit von Angst – das alles und vieles andere sind Werte, die ganz viele Menschen für wichtig halten, und weil das so ist, bezeichnen wir sie als *Gemeinschaftswerte*.

Demokratische Werte

Die Demokratie ist eine Staatsform, die auf gemeinsamen Werten beruht. Die obersten demokratischen Werte sind die Achtung der Würde des Menschen, die Freiheit und die Gleichheit aller vor dem Gesetz. Als besonders wertvoll gelten unter anderem die Meinungsfreiheit, die Religionsfreiheit und die Gleichberechtigung zwischen Frauen und Männern. Die Demokratie funktioniert umso besser, je mehr die Menschen diese *demokratischen Werte* als Grundlage ihres Zusammenlebens akzeptieren.

Gleichberechtigung: Ziel und Wirklichkeit

Dass Frauen und Männer gleichberechtigt sind, gilt als einer der bedeutsamsten Werte in der Demokratie. Im Grundgesetz für die Bundesrepublik Deutschland heißt es dazu: Männer und Frauen sind gleichberechtigt. Zur Erreichung dieses Ziels hat der Staat zum Beispiel das *Allgemeine Gleichbehandlungsgesetz* verabschiedet. Es ermöglicht Frauen und Männern zu klagen, wenn sie sich im Arbeitsleben aufgrund ihres Geschlechts benachteiligt fühlen.

Dennoch wird vielfach beklagt, dass die tatsächliche Gleichberechtigung zwischen Frauen und Männern noch keineswegs im Sinne des garantierten Grundrechts verwirklicht ist.

 ## Welche Werte sind die wichtigsten?

In der sogenannten 17. Shell-Jugendstudie von 2015 wurden circa 2 600 junge Leute im Alter zwischen 12 und 25 Jahren befragt, welche Werte ihnen im Leben besonders wichtig sind. Ihr könnt hier eure eigene Rangliste erstellen, miteinander vergleichen und dann darüber sprechen, was für Jugendliche in der Zukunft wichtig sein sollte und was nicht.
Erstellt zunächst in Einzelarbeit eure ganz persönlichen Charts wichtiger Werte.

Euer Auftrag:

1. Lege in Einzelarbeit eine Rangliste von 1 bis 10 an und trage die Begriffe in den Kästen in die Liste ein, sodass der für dich wichtigste Wert auf Platz 1 seht, der zweitwichtigste auf Platz 2 usw.

2. Überlege, welche Kriterien maßgeblich für die Auswahl der für dich wichtigsten Werte sind. Notiere deine Gründe.

3. Vergleiche dein persönliches Ergebnis mit anderen in einem Gruppengespräch (und mit dem Ergebnis aus der Shell-Studie im Kasten unten). Wie viel Übereinstimmung gibt es?

4. Sprecht am Ende in der Klasse darüber, was Jugendlichen wichtig ist und was nicht? Vielleicht fallen euch dabei weitere Werte ein.

eigenverantwortlich leben und handeln

an alten Traditionen festhalten

feste Partnerschaft

kreativ sein

tolerant gegenüber anderen sein

Gesetze und Ordnung achten

das Leben genießen

Macht und Einfluss haben

umweltbewusst handeln

bereit sein, anderen zu helfen

unabhängig sein

sich durchsetzen können

viele Kontakte haben

an Gott glauben

lernen, fleißig sein

Freunde haben

ein gutes Familienleben

Das Ergebnis der 17. Shell-Studie

Die Zahlen hinter den Begriffen sagen aus, wie viel Prozent der befragten Jugendlichen diesen Wert als sehr wichtig einstufen. Hier die Rangfolge: Freunde haben (97 %), Partnerschaft (93 %), Familienleben (90 %), eigenverantwortlich leben (88 %), Unabhängigkeit (84 %), viele Kontakte (84 %), Gesetze und Ordnung achten (80 %), Lernen, Fleiß (82 %), das Leben genießen (80 %), gesundheitsbewusst leben (80 %), kreativ sein (79 %), umweltbewusst handeln (66 %), bereit sein, anderen zu helfen (60 %), sich durchsetzen können (57 %), tolerant sein (56 %), an Gott glauben (33 %), Macht und Einfluss haben (33 %), an Traditionen festhalten (25 %).

(Ergebnis aus: 17. Shell-Jugendstudie. Fischer Verlag GmbH, Frankfurt a. M. 2015, zusammengestellt nach den Tabellen auf den Seiten 239 und 243)

D TEAM kontrovers: Sind Jugendlichen Werte nicht mehr wichtig?

So kannst du vorgehen:

1. Lies die beiden Stellungnahmen und fasse zusammen, womit sie begründet werden.

2. Notiere, welche der Begründungen am glaubhaftesten auf dich wirkt.

3. Bilde dir dein eigenes Urteil zum Thema und formuliere es schriftlich.

4. Tausche dich darüber mit einer Partnerin oder einem Partner aus.

5. Diskutiert gemeinsam in der Klasse.

Viele Erwachsene schlagen Alarm. Von einem allgemeinen Werteverlust, ja von einem gänzlichen Werteverfall bei der heutigen Jugend ist die Rede.

Langsam, sagen die anderen. Die Jugend hat noch positive Werte. Sie mögen anders sein als die mancher Erwachsener, weil Werte sich ändern, so wie das Zusammenleben in der Gesellschaft sich ändert. Es gibt aber keinen Werteverfall.

Haben die Jugendlichen noch positive Werte oder nicht? Dazu solltet ihr euer persönliches Urteil formulieren und miteinander diskutieren.

Zwei unterschiedliche Ansichten zum Thema

Jugendliche haben positive Einstellungen und Werte. Es gibt keinen Verfall.

Ergebnisse repräsentativer Befragungen aus der jüngsten Vergangenheit zeigen eindeutig, dass die große Mehrheit der Jugendlichen Respekt gegenüber anderen Menschen für wichtig hält und dass sie sich für die Einhaltung der Menschenrechte, für Gleichberechtigung zwischen Frauen und Männern und für die Integration von Ausländern engagieren.

Über 90 Prozent von ihnen geben an, die Gesetze des Staates jederzeit achten zu wollen. Diese Tatsachen belegen eindeutig, dass die große Mehrheit der Jugendlichen über ein gut ausgeprägtes Wertesystem verfügt.

Es ist falsch, negative Verhaltensweisen einzelner Jugendlicher oder Jugendgruppen für das Ganze zu nehmen. So entstehen gefährliche Vorurteile und Fehleinschätzungen. Einige Werte wandeln sich. Von einem allgemeinen Verfall kann keine Rede sein.

Dieser Jugend sind Werte nicht mehr wichtig. Die Werte verfallen. Man braucht sich nur an einem normalen Wochenbeginn umzuhören: Nächtliches Randalieren Jugendlicher, Schlägereien untereinander, Respektlosigkeiten gegenüber Erwachsenen, Angriffe auf Behinderte, Graffiti-Schmierereien überall an Gebäuden – das alles ist mittlerweile an der Tagesordnung. Die traditionellen Werte scheinen vollkommen zu verschwinden, so wie Höflichkeit, gutes Benehmen, Pünktlichkeit, Sauberkeit. Der Gemeinschaftssinn nimmt ab.

Schuld an dieser Misere sind grenzenloser Egoismus und fehlgeleitete Erziehung. Der Medienkonsum, bei dem sich Jugendliche an Brutalitäten ergötzen, trägt ebenfalls zum Verfall der Werte bei.

 Bei welchen der geäußerten Ansichten handelt es sich um Sachurteile und bei welchen um Werturteile? Lies dazu die Methodenkarte auf der folgenden Seite und untersuche dann die beiden Ansichten erneut.

Sachurteile und Werturteile unterscheiden

Worum geht es?

Man kann die Frage im Thema dieser Seite so beantworten, dass man sagt: „Nein, ich bin nicht der Meinung, dass die positiven Werte bei den Jugendlichen verschwinden." „Ok", wird dann ein Gesprächspartner sagen, „mir fehlt noch die Begründung für deine Meinung." Man merkt: Um etwas zu beurteilen, reicht es nicht aus, nur eine Meinung zu äußern. Eine Begründung gehört dazu. Das Begründen einer Meinung ist nicht immer einfach. Es ist eine Kompetenz, die man nach und nach lernen und verbessern kann. Ein wichtiger Schritt dazu ist, dass man zwischen Sach- und Werturteilen unterscheidet.

Woran erkennt man die Unterschiede?

Ein Sachurteil liegt vor, wenn eine Meinung mit Informationen und Fakten begründet wird. Beispiel:

„Vielen Jugendlichen sind Werte sehr wichtig. Bei der letzten Aktion gegen Rassismus an unserer Schule haben sich alle ausnahmslos daran beteiligt."

Thema: Jugend und Werte

In einem Werturteil begründet man seine Meinung mit Überlegungen darüber, was man selbst für wertvoll oder für wertlos hält oder für richtig oder falsch, gut oder schlecht. Beispiel:

„Ich finde es schade, dass manche Erwachsene schlecht über die Jugend von heute denken. Solche Verallgemeinerungen schaden der Beziehung zwischen den Generationen."

Warum ist die Unterscheidung wichtig?

Um das Begründen einer Meinung zu lernen, sollte man beide Arten des Beurteilens kennen und üben. Man kann lernen, zwischen Sach- und Werturteilen zu unterscheiden. Wer zusätzlich zu seiner persönlichen Wertung auch noch ein Sachurteil in eine Begründung einfließen lässt, zeigt, dass er sich mit dem Thema beschäftigt hat und etwas darüber weiß.

Ordne zu: Sach- oder Werturteil?

- Für mehr als drei Viertel aller Jugendlichen sind Freundschaft und Partnerschaft wichtige Werte. Das hat die Shell-Jugendstudie ergeben.

- Jugendliche sind stark. Ich bin davon überzeugt, dass sie die Zukunft meistern werden.

- Sie haben einfach nur ihren Spaß im Sinn. An das, was in der Zukunft auf sie zukommt, verschwenden sie keine Gedanken.

- In den großen Ferien gingen Lea und Halid einen Tag arbeiten und spendeten das verdiente Geld einem Tierheim. Das zeigt, wie sehr sich junge Leute sozial engagieren.

2 Was tun, wenn eigene Wünsche und fremde Erwartungen als unvereinbar erscheinen?
Den Umgang mit Rollenkonflikten trainieren

 **A** **Fälle** Zwei Fälle in Partnerarbeit

Bei den folgenden Fällen handelt es sich um Konfliktsituationen, bei denen man das Gefühl hat, sich in einer Zwickmühle zu befinden. Wie auch immer man sich entscheidet, man wird „gezwickt". Man spricht dann von einer Dilemma-Situation (= Zwangslage).

Zur Bearbeitung empfehlen wir euch eine arbeitsteilige Vorgehensweise. Bildet Partnerschaften und teilt Fall 1 und 2 untereinander auf. Jeder von euch liest seinen Fall, bearbeitet die Aufträge 1 bis 3 und stellt Fall und Lösungen seiner Partnerin bzw. seinem Partner vor. Zu zweit bearbeitet ihr dann die Aufträge 4 und 5 und bereitet eine Präsentation eurer Arbeitsergebnisse vor.

1. Der Alltagskonflikt: Soll Ada ihr Papier wegwerfen wie alle anderen auch?

In der 8c wurden im Sportunterricht zwei Mannschaften gebildet, die gegeneinander

Handball spielten. Adas Team hat gewonnen und sie genießt in der großen Pause mit ihrem Team zusammenstehend den Sieg. Vor dem Schulgelände verkauft ein Händler Eis. Alle gehen zu ihm und kaufen sich ihr Lieblingseis, auch Ada. Zurück auf dem Schulhof wird über das Spiel geredet. Dabei reißen die anderen die Eisverpackungen auf und werfen das Papier achtlos auf den Boden – wie sie es schon oft gemacht haben. Der Hausmeister sammelt die Papiere dann später auf. Zunächst findet Ada das cool und fast wäre auch ihr Papier auf dem Boden gelandet. Da fällt ihr in letzter Sekunde ein, dass sie Mitglied der Umwelt-AG an ihrer Schule ist. Diese hat die Schülerinnen und Schüler erst kürzlich dazu aufgerufen, den Schulhof nicht zu vermüllen. Auch Ada hat sich aktiv dafür eingesetzt. „Mist!", denkt sie. „Sieht cool aus, was die anderen machen! Wenn ich jetzt als Einzige brav zum zwanzig Meter entfernten Papierkorb gehe, werden sie mich auslachen und mit Sicherheit sagen, ich sei blöd." Ada zögert. Was tun?

1 bis 3 – Das geht allein.

1. *Erzähle:* Was ist in dem von dir gelesenen Fall passiert?

2. *Beschreibe:* Welche unterschiedlichen Rollenerwartungen sind im Spiel?

3. *Wechsle die Sichtweise:* Versetze dich in die Lage einer der beteiligten Personen und schildere, was dir in dieser Situation durch den Kopf geht: „Mir ging es in dieser Situation so: …"

4 bis 5 – Das geht besser zu zweit.

4. *Sammelt Lösungen:* Welche ist die einfachste, die wahrscheinlichste, die komplizierteste, die klügste?

5. *Entscheidet:* Welche Lösung könntet ihr in dieser Situation am besten mit eurem Gewissen vereinbaren? Erfindet dazu einen Schlussteil für beide Fälle.

2. Im Dilemma durch das Wissen um eine Straftat: Soll Sahir Svens Wutaktion verraten?

Für Sahir ist in dem folgenden Fall die Dilemma-Situation so schlimm, dass er das Gefühl hat, sich zwischen zwei Mühlrädern zu befinden. Was soll er bloß tun?

Am Ende einer Fünf-Minuten-Pause ist Sahir allein in der Schülertoilette. Er will sie gerade verlassen, da springt die Tür auf und Sven stürmt herein. Sahir bemerkt er nicht. Er scheint unglaublich wütend zu sein. „Verdammt blöde Mathearbeit, so ein Mist, 'ne Fünf!", flucht er vor sich hin. Dabei schlägt er so fest mit der Faust gegen einen Spiegel, dass das Glas platzt. Dann macht er sich in einer offen stehenden Toilette an einem Papierhalter zu schaffen. Er reißt ihn aus der Wand und schleudert ihn in eine Ecke. In seiner Wut nimmt er Sahir überhaupt nicht wahr. So schnell, wie er hereingestürmt war, verschwindet er auch wieder. Der zerstörte Spiegel und die zerstörte Papierhalterung bleiben zurück. Sahir ist wie angewurzelt hinter der Tür stehen geblieben. So ausgeflippt hat er Sven noch nie erlebt. Sven ist Schüler in der Parallelklasse. Sahir wäre gerne mit ihm befreundet. Viele finden Sven toll. Der ist aber einer von denen, die sich aussuchen können, wen sie in ihre Freundesclique aufnehmen und wen nicht. Nachdenklich geht Sahir in seine Klasse zurück. Er spricht mit niemandem über das, was er beobachtet hat.

Es kommt die fünfte Stunde bei Herrn Schelling, Sahirs Klassenlehrer. Dieser sagt, er könne heute nicht mit dem Stoff beginnen, sondern müsse erst einmal einen höchst unerfreulichen Vorfall klären. Dann schildert er die Zerstörung in der Schülertoilette und informiert die Klasse darüber, dass es sich dabei um eine Straftat nach dem Strafgesetzbuch handelt.

Anschließend fragt er: „War das jemand von euch? Weiß jemand etwas darüber?" Alle schweigen, auch Sahir. Herr Schelling guckt enttäuscht: „Wenn man Mist gebaut hat, sollte man auch dazu stehen." Aber das traut sich wieder mal keiner. Sahir fühlt sich schlecht. Was soll er tun?

Was auch noch interessant sein kann:

● ein Rollenspiel vorbereiten: Spielt den Fall Sahir in den Rollen der beteiligten Personen vor. Beachtet zur Planung des Rollenspiels auch die Methodenkarte auf der folgenden Seite.

● einen eigenen Fall verfassen: Überlegt euch einen erlebten oder einen erfundenen Rollenkonflikt. Schreibt die Geschichte ohne die Nennung tatsächlicher Personen auf und stellt sie auf die Art vor, wie ihr es mit eurem ausgewählten Fall gemacht habt.

Ein Rollenspiel durchführen

Worum geht es?

Für den Umgang mit Konflikten kann man im Rollenspiel üben, wie man sich in einem echten Konflikt verhalten sollte. Außerdem bieten Rollenspiele die Chance, in die Situation anderer Personen zu schlüpfen und den Konflikt auch aus einer anderen als nur der eigenen Sichtweise wahrzunehmen.

Wie könnt ihr vorgehen?

Rollenspiele müssen vorbereitet werden. Es folgt die eigentliche Spielphase und dann wird das Spiel besprochen.

Wählt einen der beiden Fälle aus und plant dazu das Spiel. Das Rollenspiel zum Fall Sahir kann ein Gespräch zwischen Sahir und Sven sein, nachdem die Unterrichtsstunde bei Herrn Schelling vorbei ist. Ihr könnt es zu zweit vorbereiten.

Ada kann sich in einer Spielsituation nach dem Vorfall mit zwei guten Freunden oder Freundinnen treffen, die Situation schildern und gemeinsam darüber diskutieren, ob man sich dem Druck der anderen beugen soll und ob Müll wegwerfen cool ist.

Die Vorbereitung

- Verteilt die Rollen.
- Sprecht euch darüber ab, wie sich die einzelnen Mitspieler ihrer Rolle entsprechend verhalten sollen.
- Plant den Ablauf eurer Spielszene.
- Übt das Rollenspiel, ohne laut zu werden, und besprecht, was ihr verbessern könnt.
- Legt eine Spieldauer fest.

Die Spielphase

Zu Beginn des Spiels sollten alle Spieler drankommen und darüber reden, wie sie über den Konflikt denken. Es folgt eine Phase der Auseinandersetzung. Gegen Ende des Spiels wird nach einer Lösung gesucht. Wichtig ist, dass alle Spieler über die gesamte Spieldauer hin-

Thema: Die Fälle Ada und Sahir

weg in ihrer Rolle bleiben. Die Spielbeobachter machen sich ein Bild von den gespielten Personen.

Die Besprechung

Die Beobachtergruppe des Spiels nimmt zu folgenden Punkten Stellung:

- Wie gut haben die einzelnen Spieler ihre Rolle ausgefüllt?
- Wie haben die Spieler ihre Ansichten begründet?
- Wie ist die Lösung zu bewerten? (Kriterien dazu können sein: Nutzen und Schaden, Klugheit, Gerechtigkeit)

Wenn der Konflikt echt ist: Was kannst du tun?

1. Mache dir die Situation klar. Was will ich erreichen? Was wollen die anderen?

2. Prüfe mehrere Lösungsvorschläge. Prüfen kannst du Lösungen, indem du die möglichen Folgen bedenkst, den möglichen Nutzen und Schaden für dich und andere und die Vereinbarkeit mit deinem Gewissen.

3. Triff und begründe deine Entscheidung so, dass andere sie verstehen und akzeptieren können.

Andere müssen nicht immer mit allem einverstanden sein, was wir entscheiden. Wenn es gelingt, eine Entscheidung gut zu begründen, werden oft auch unbequeme Entscheidungen akzeptiert.

Die klügsten Konfliktlösungen sind Gewinner-Gewinner-Lösungen. Sie entstehen, wenn alle Beteiligten etwas Positives darin finden können.

B Rollenerwartungen – Rollenkonflikte

1. Was versteht man unter Rollenerwartungen und Rollenkonflikten? Erkläre die Bedeutungen.

2. Suche dir zwei oder mehrere Rollen aus (z. B. Lehrer, Arzt, Auszubildender, Mutter, Vater) und formuliere dazu mehrere allgemeingültige Rollenerwartungen.

3. Begründe (mithilfe eines Beispiels), warum die bequemen Konfliktlösungen nicht immer auch die besten sind.

Wie Rollen entstehen

Kinder lernen im Laufe ihrer Entwicklung, sich den Erwartungen ihrer Erzieherinnen und Erzieher entsprechend zu verhalten. Ein solches Verhalten, das durch Einflüsse von außen erworben wird, bezeichnet man als Rolle. So wie Schauspielerinnen und Schauspieler übernehmen wir Menschen im Laufe unseres Lebens verschiedenartige Rollen. Sie zeigen sich in unterschiedlichem Verhalten, je nachdem, in welcher Situation wir uns befinden. In der Schulklasse verhält man sich anders als zu Hause, im Verein anders als in einer Clique. Die jeweilige Rolle hängt immer davon ab, welche Erwartungen in der jeweiligen Gruppe an die einzelnen Personen gestellt werden.

Im Unterschied zu früheren Zeiten wird heute nicht mehr nur von außen bestimmt, wie man sich seiner Rolle gemäß zu verhalten hat. Jeder Mensch hat in der Demokratie die Möglichkeit, seine eigene soziale Rolle nach seinem ganz persönlichen Plan zu finden. Man wird nicht nur eine gute Tochter, ein guter Sohn, ein guter Schüler oder Azubi, indem man alle äußeren Erwartungen erfüllt, sondern auch, indem man seine ganz eigene Persönlichkeit in diese jeweiligen Rollen einbringt.

Rollenerwartungen

Rollenerwartungen nennt man die allgemeinen Vorstellungen, die man vom Verhalten von Personen oder Personengruppen in bestimmten Situationen hat. Zum Beispiel gibt es eine Summe von Vorstellungen darüber, wie gute Mütter, Väter, Ärzte, Handwerker, Auszubilden-

de, Lehrerinnen und Lehrer, Schülerinnen und Schüler zu sein haben. Manchmal können Rollenerwartungen auch belastend sein. Das geschieht zum Beispiel dann, wenn der Erwartungsdruck zu groß wird oder wenn wir uns mit einer Rolle nicht identifizieren können. Wer zum Beispiel gegen seinen Willen zum Klassensprecher oder zur Klassensprecherin gewählt wird, wird auch Schwierigkeiten haben, die gestellten Erwartungen gut zu erfüllen.

Rollenkonflikte

Rollenkonflikte entstehen, wenn das, was wir selbst wollen, nicht mit dem übereinstimmt, was andere von uns erwarten. Das kann zum Beispiel der Fall sein, wenn Eltern erwarten, dass man an einem gemeinsamen Sonntagsausflug teilnimmt, während gleichzeitig die Freunde erwarten, dass man sich genau zu dieser Zeit zur Vorbereitung einer Party trifft. Rollenkonflikte können sich auch im Inneren eines Menschen abspielen. Soll man sich mit Freunden treffen oder doch lieber für die Mathearbeit üben? Wer in einem solchen Konflikt steht, muss eine Entscheidung treffen. Dabei sollte man zwischen bequemen und unbequemen Lösungen unterscheiden. Alle Menschen entwickeln im Laufe ihres Lebens eine Vorstellung davon, welches Verhalten gut und welches schädlich ist. Man kann sich also fragen: Welche Lösung entspricht am ehesten meinem persönlichen Gewissen? Welche bezieht die Gefühle und die Interessen der anderen am Konflikt Beteiligten ein? Nicht immer sind die bequemen Lösungen auch die wertvollen.

Eltern

Schule

Freunde, Clique

Rollenerwartungen?

Rollenkonflikte?

Vereine, Freizeitgruppen

Verwandtschaft (Großeltern, Onkel, Tanten etc.)

3 Wann soll man damit beginnen, sich für Politik zu interessieren?

Eine eigene Liste wichtiger Politikthemen erstellen

Eine Einstiegsübung für alle

● Soll man sich schon im Jugendalter für Politik interessieren oder ist das noch zu früh?

Notiere deine Antwort auf diese Frage und tausche dich mit deinen Banknachbarn darüber aus.

Kleine Kinder haben natürlich noch kein Interesse an Politik. Bei den größeren Kindern kann das anders sein. Viele von ihnen interessieren sich bereits für den Klimaschutz, für Krieg und Frieden auf der Welt, für soziale Gerechtigkeit und für andere Themen, die mit Politik zu tun haben.

Andere fangen ab dem Jugendalter damit an, also ab 14 Jahren oder vielleicht auch später. Wieder andere interessieren sich weder in ihrer Kindheit, noch in der Jugendzeit für Politik und werden das auch als Erwachsene nicht tun. Wie denkst du darüber?

A Mitmachen ist toll

Die beiden Jugendlichen Nina (15) und Louis Philipp (16) sind sehr an Politik interessiert. Beide engagieren sich im Kinder- und Jugendparlament der Stadt Trier für die Verbesserung der Lebensverhältnisse in ihrer Heimatstadt. TEAM fragte sie nach den Gründen für ihr politisches Engagement.

Nina: Es ist eine tolle Arbeit. Man kann bei Sachen mitmachen, die einen direkt betreffen. Ich habe ein viel besseres Politikverständnis gewonnen. Sogar meine Leistungen in der Schule wurden dadurch besser. Es macht auch Spaß, dass wir im großen Rathaussaal tagen und in so jungen Jahren schon richtige Politik machen.

Louis Philipp: Mir ist wichtig, dass ich etwas für andere Menschen tun kann. Das ist auch mein Verständnis von Politik, dass man nicht nur Ziele für sich selbst hat, sondern dass man sich für andere einsetzt. Ich will auch in Zukunft weiterhin politisch aktiv sein. Das hat jetzt eine so große Bedeutung für mich gewonnen, dass ich später auch Mitglied in einer politischen Partei werde.

Nina: Es ist einfach toll, mit Leuten im Team zusammenzuarbeiten, die nicht nur meckern, sondern wirklich etwas verändern wollen.

Louis Philipp: Wenn man will, dass sich die Situation für Kinder und Jugendliche verbessert, dann kann man in einem Jugendparlament konkret was machen. Wenn man nichts tut, dann verändert sich auch nichts.

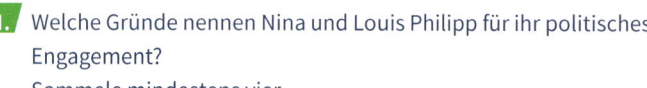

1. Welche Gründe nennen Nina und Louis Philipp für ihr politisches Engagement?
Sammele mindestens vier.

2. Welchen der gesammelten Gründe hältst du für den überzeugendsten? Stelle deine Wahl und die Begründung dazu vor.

AKTIV LERNEN

B Für welche politischen Themen interessieren sich Jugendliche?

Hier könnt ihr euch ganz konkreten Themen aus dem Bereich Politik zuwenden. In der Auflistung findet ihr 15 verschiedene Themen, mit denen sich Politik tagaus, tagein beschäftigt, und ihr könnt gemeinsam entscheiden, wie sehr sie euch interessieren.

Euer Auftrag:

1. Gehe die Liste zunächst allein durch. Notiere die Zahl und jeweils ein Stichwort auf einem Blatt und verteile die Buchstaben A, B, C und D nach deiner Wahl. Du kannst einzelnen Punkten mehrere Buchstaben geben.

2. Bildet dann kleine Gruppen (z. B. zu dritt) und stellt der Reihe nach vor, welche Themen euch interessieren (und welche nicht).

3. Einigt euch in der Gruppe auf etwa fünf Themen, die alle Gruppenmitglieder für interessant halten.

4. Begründet eure Wahl und stellt sie in der Klasse vor.

A Dieses Thema würde ich gerne im Unterricht behandeln.	**B** Ich würde auch längere Texte dazu lesen, um mehr darüber zu wissen.
C In meiner Freizeit würde ich gerne eine Informationsveranstaltung dazu besuchen.	**D** Dieses Thema interessiert mich nicht besonders.

Themenbereiche

1. Politische Maßnahmen zum Schutz des Klimas

2. Bekämpfung von Kinderarmut in unserer Gesellschaft

3. Die Situation obdachloser Menschen

4. Chancen und Grenzen staatlicher Schutzmaßnahmen gegen Drogenmissbrauch

5. Die Bestimmungen des Jugendschutzgesetzes und des Jugendarbeitsschutzgesetzes

6. Umweltschutz in Deutschland, in Europa und weltweit

7. Möglichkeiten des Staates zum Schutz der Bürgerinnen und Bürger bei Krankheit, Armut, Arbeitslosigkeit

8. Jugend und Rechtsradikalismus

9. Der Stand der Gleichberechtigung zwischen Frauen und Männern

10. Verbesserung der Freizeitmöglichkeiten für Jugendliche in den Städten und auf dem Land

11. Besserer Schutz für Tiere durch ein neues Tierschutzgesetz

12. Die Rolle der Parteien in der Demokratie

13. Unsere Zukunft in einem vereinten Europa

14. Krieg und Frieden in der Welt

15. Hilfsmaßnahmen für die Entwicklungsländer

 **C** Warum denken viele Leute schlecht über Politik und Politiker?

Immer mehr Menschen haben offensichtlich ein negatives Bild von allem, was mit Politik, Politikern und Parteien zu tun hat. Politikverdrossenheit ist zu einem Modewort geworden. Verdrossen ist man, wenn man sich abwendet, keine Lust hat, sich mit einer Sache zu beschäftigen. Ist das negative Bild berechtigt, das viele Menschen von der Politik und den Politikern haben? Die Autoren der Texte auf dieser Seite suchen nach Antworten.

Text 1 Keinem kann man es recht machen!

„Politiker sind korrupt, nur an ihrer Karriere interessiert, haben kein offenes Ohr für ihre Wähler und für die Belange der Jugendlichen schon gar nicht. [...] Sie bilden eine eigene Klasse, die sich streng absondert von der übrigen Menschheit, arrogant auftritt und gar kein Interesse hat, dem Gemeinwesen zu dienen ..." So hört man landauf, landab.

Viele Vorwürfe sind vielleicht berechtigt, aber eigentlich stehen die Politiker, auch die anständigsten und fähigsten, auf verlorenem Posten. Recht machen können sie es nie allen Menschen. Sie nehmen einen sichtbaren Platz in der Gesellschaft ein, Fehler können sie nicht verstecken. Jede Meinungsverschiedenheit in der Regierung wird in der Presse genüsslich breitgetreten. Dabei wird oft vergessen, dass in einer Demokratie gestritten werden muss, denn zum Glück leben wir nicht in einer Diktatur oder in einem Staat mit einer Einheitspartei.

(Aus: Gerd Schneider: Politik. Arena Verlag, Würzburg 2008, S. 95 f.)

Gerhard Mester

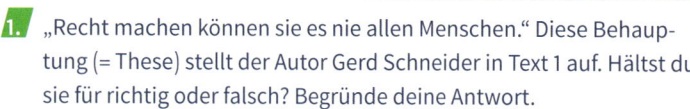

Text 2 Nervig? Nein – wichtig sind sie!

Über Politiker hat fast jeder eine Meinung. Sehr oft ist diese Meinung nicht gut. Manchmal hat man den Eindruck, dass die Leute umso schlechter über Politiker denken, je weniger sie sich für Politik interessieren. Mit einem Satz wie „Die Politiker machen ja doch, was sie wollen" erntet man leicht Zustimmung. Das ist problematisch. „Die Politiker" gibt es gar nicht. Es gibt ganz viele sehr unterschiedliche Politiker – Stadträte und Bürgergruppler, Bundeskanzler und einfache Parteimitglieder, nicht wenige Rechthaber und auch ein paar, die mitnehmen, was geht. Aber die allermeisten von ihnen sind redliche Menschen, die davon überzeugt sind, dass es in ihrem Dorf oder im ganzen Land besser werden muss. [...]

(Aus: Kurt Kister: Nervig? Wichtig! in: Süddeutsche Zeitung für Kinder, Sonderbeilage zur Bundestagswahl Nr. 15 vom September 2013, S. 2)

---

1. „Recht machen können sie es nie allen Menschen." Diese Behauptung (= These) stellt der Autor Gerd Schneider in Text 1 auf. Hältst du sie für richtig oder falsch? Begründe deine Antwort.

2. Suche mindestens drei weitere Behauptungen aus beiden Texten heraus. Bearbeite sie in gleicher Weise wie in Aufgabe 1.

3. Zwei Meinungen zur Diskussion:

> „Jugendliche haben eine schlechte Meinung von den Politikern, weil sie das Gefühl haben, dass die Politik sich zu wenig um die Interessen der Jugendlichen kümmert."

> „Ich glaube nicht, dass wir Jugendlichen insgesamt eine schlechte Meinung von den Politikern haben. Wir können sehr wohl zwischen guten und schlechten Politikern unterscheiden."

Jugendliche auf dem Weg zum Erwachsenwerden

Station 1

Jugend und Werte

Füge den Begriffen die richtigen Erklärungen hinzu.
(Übernimm sie in dein Heft.)

1. Sachwerte …
2. Subjektive Werte …
3. Gemeinschaftswerte …
4. Demokratische Werte …

A sind Werte, die ganz viele Menschen gemeinsam für wichtig halten.

B drücken aus, was uns ganz persönlich im Leben wichtig ist.

C erfordert die Fähigkeit, andere Meinungen zu respektieren, auch wenn man sie nicht für gut hält.

D sind Dinge, deren Wert man in Geld ausdrücken kann.

Station 3

Jugend und Politik

1. Was sagt das Schaubild aus über die Entwicklung des politischen Interesses Jugendlicher?
2. Welche Antwort auf den folgenden Vorwurf lässt sich daraus ableiten?

„Es gibt keine Jugendlichen mehr, die sich für Politik interessieren."

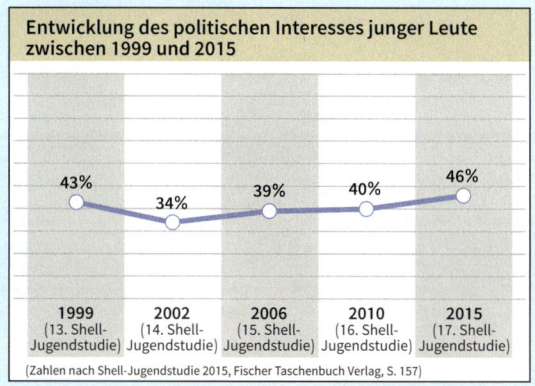

Entwicklung des politischen Interesses junger Leute zwischen 1999 und 2015

43% 1999 (13. Shell-Jugendstudie)
34% 2002 (14. Shell-Jugendstudie)
39% 2006 (15. Shell-Jugendstudie)
40% 2010 (16. Shell-Jugendstudie)
46% 2015 (17. Shell-Jugendstudie)

(Zahlen nach Shell-Jugendstudie 2015, Fischer Taschenbuch Verlag, S. 157)

Station 2

Mit Rollenkonflikten umgehen

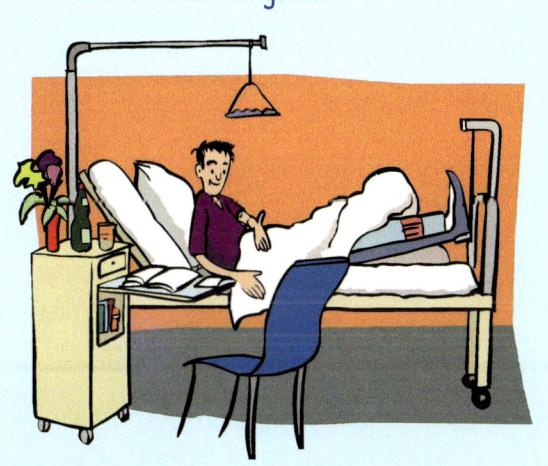

Angenommen, dass …

Ramesh aus der 8 c hat sich bei einem Sportunfall einen komplizierten Beinbruch zugezogen und muss mehrere Wochen im Krankenhaus verbringen. Seine Klassenkameraden haben in einer Klassenversammlung beschlossen, ihn jeweils zu zweit im Krankenhaus zu besuchen, um ihn darüber zu informieren, was im Unterricht läuft. Zu einem bestimmten Termin sollen immer zwei Schülerinnen bzw. Schüler zu ihm gehen. Ramesh soll den Anschluss nicht verlieren. Katharina und Fee kommen mit ihrem Besuch dran, nachdem alle anderen aus der Klasse ihren Pflichtbesuch schon erfüllt haben. Doch genau an diesem fest vereinbarten Termin geben die Jungs aus der Lieblingsband der beiden Mädchen im größten städtischen Kaufhaus eine Autogrammstunde – eine einmalige Chance, ihre Stars live zu erleben. Allerdings müssten sie dafür ihren Krankenbesuch ausfallen lassen.

1. **Beschreibe:** Welche unterschiedlichen Rollenerwartungen sind im Spiel?
2. **Finde heraus:** Welches ist die einfachste Lösung und welche könntest du am besten mit deinem Gewissen vereinbaren?
3. **Formuliere eine Lösung:** Sie soll folgende Merkmale erfüllen: (1) Vereinbarkeit mit den Gewissen der Mädchen, (2) nachahmenswert auch für andere, (3) gut erklärbar.

2 Einwanderung nach Deutschland

Bei einem Rockkonzert in Düsseldorf zeigen jugendliche Besucher Solidarität mit den Flüchtlingen.

Chancen und Schwierigkeiten des Zusammenlebens verschiedener Kulturen

1. Allein nachdenken

Hättest du dich an der Aktion auf dem Foto beteiligt? Begründe deine Antwort.

3. In der Klasse sammeln

Was muss geschehen, damit Menschen verschiedener Herkunft in Deutschland auch im Alltag gut zusammenleben können?

2. Zu zweit beraten

Wie sollten sich Jugendliche unterschiedlicher Herkunft begegnen, damit ein friedliches Zusammenleben entsteht? Sammelt Vorschläge.

Bei der Arbeit an diesem Kapitel könnt ihr ...

- die Gründe für Einwanderung nach Deutschland erläutern,
- an Fallbeispielen Erfolge und Probleme der Integration beurteilen,
- in einer Talkshow über Wege zur Integration von Flüchtlingen diskutieren,
- euch ein Urteil über die doppelte Staatsbürgerschaft bilden.

Eigene Schwerpunkte könnt ihr setzen, indem ihr ...

- ein Interview mit Zuwanderern führt,
- aus der Perspektive eines Migranten Erwartungen an Integration formuliert,
- nach Integrationsprojekten junger Migranten recherchiert und diese in der Klasse vorstellt.

1 Warum hat Miran seine Heimat verlassen?
Ursachen von Migration untersuchen

Auf dieser Doppelseite lassen sich Antworten finden, warum Menschen nach Deutschland kommen. Die Beispiele könnt ihr arbeitsteilig erarbeiten. Setzt euch dazu in Dreiergruppen zusammen und teilt die Fälle zur Bearbeitung auf.

Eine Einstiegsübung für alle
Was wäre für dich ein Grund, deine Heimat zu verlassen? Tauscht euch dazu in der Klasse aus.

 **Fallbeispiele**

1. Miran aus dem Irak

Miran geht durch die Fußgängerzone von Bielefeld, als sei er ein Teenager wie alle anderen, mit Sneakers, Lederjacke, Hautproblemen. Aber das ist er nicht. Alles, was in seinem Leben normal war – Familie, Nachbarn, Heimat –, endete am 3. August 2014. „Gegen fünf Uhr morgens, als wir alle noch schliefen, kam die Terrororganisation Islamischer Staat in meine Heimatstadt Mossul [Irak]", erzählt der 18-Jährige, der seinen wahren Namen nicht nennen will.

Explosionen, Schüsse, panische Schreie und Feuer – wie 20 000 andere Jesiden floh Miran ins Sindschar-Gebirge mit nichts als den Kleidern auf dem Leib. Tage mussten sie ohne Wasser und Brot ausharren. Miran hat Babys verdursten und erwachsene Männer den Verstand verlieren sehen. Am achten Tag kam Rettung: Kurdische Kämpfer brachten sie zu Fuß nach Syrien.

Miran war damals 16 Jahre alt. Die Mutter sagte: „Geh nach Deutschland. Bring dich in Sicherheit."

Damit wurde Miran zu einem unbegleiteten minderjährigen Flüchtling. Fast 70 000 gibt es von ihnen in Deutschland (Stand 2017). Sie sind die schutzbedürftigsten unter den Flüchtlingen.

Da begann für ihn die Odyssee: von Syrien nach Istanbul. Von dort an die Ägäisküste mit Kurs auf Deutschland. Der Bruder hatte ihm Geld für einen Schlepper gegeben. Mit 45 anderen Leuten unter Deck hockte Miran in einem löchrigen Kahn, der so voll Wasser lief, dass der Motor absoff. Nach etlichen Verhaftungen, nach Schlägen von der Polizei, von anderen Flüchtlingen, aber auch freundlichen Begegnungen mit italienischen Dorfbewohnern warfen ihn Schlepper schließlich mitten in Deutschland aus dem VW-Bus: Willkommen in Minden! „Ich fühlte mich wie auf dem Mars", erzählt Miran. Auf den verschlungenen Wegen des deutschen Flüchtlingsverteilsystems landete er in einem Clearinghaus der AWO in Bielefeld. Das Bielefelder Clearinghaus, wo Miran nach seiner Ankunft mit 45 anderen Jugendlichen lebte, ist ein hübscher Altbau mit schönen Mehrbett-, manchmal Einzelzimmern. Hier dürfen die Jugendlichen eigene Poster aufhängen, im Ikea-Sessel sit-

Ähnlich wie Miran flohen Hunderttausende Menschen vor Krieg und Verfolgung nach Deutschland, darunter viele Kinder. Das Foto zeigt eine Gruppe bei ihrer Ankunft in Dortmund.

zen, sich zurückziehen und durchatmen. Endlich Schutz finden.

(Nach: Mariam Lau, Die Ärmsten und die Schlimmsten, in: www. zeit.de; 14.02.2016, Zugriff: 16.03.2016)

2. Asterios aus Griechenland

Für mich war schon lange klar: Nach meinem Medizinstudium muss ich nach Deutschland. In Griechenland hätte ich jahrelang auf eine Stelle als Assistenzarzt warten müssen. Das ist so üblich, weil viel mehr Ärzte ausgebildet als gebraucht werden. Gute Noten helfen da nicht weiter. Viele meiner Freunde sind arbeitslos. Das wollte ich auf keinen Fall. 1000 Euro netto erhalten griechische Assistenzärzte. Dazu kommen 500 Euro für Nachtdienste, allerdings haben mehrere Krankenhäuser das Geld seit Monaten nicht mehr gezahlt. Wie sollte ich damit über die Runden kommen? Ich hätte bei meinen Eltern wohnen bleiben müssen, sie hätten mich weiter finanziert. Ich habe als Kind schon einmal sieben Jahre hier gelebt. Damals gingen meine Eltern mit mir und meinen beiden Geschwistern hierher, weil sie uns in Deutschland mehr bieten konnten. Heute mache ich es genauso. Wenn ich gut bin, kann ich hier dauerhaft arbeiten. Das Leben in Deutschland ist gerechter und hier klappt einfach alles. Ein Beispiel: Wenn ich zur Arbeit gehe, ist kein Chaos auf der Straße. Und so wie der Verkehr ist auch das Leben. In Griechenland fährt und macht jeder, was er will.

(Nach: Leonie Seifert, Zwischen Heimweh und Hoffnung, in: Die Zeit, 19.01.2012)

3. Yoanna aus Bulgarien

Deutschland und ich, unsere gemeinsame Geschichte ist nicht so lang. Zuerst war es für mich nur ein Schulfach mit einer strengen Lehrerin. Deutsch waren damals *Räuchermännchen, Weihnachtsmarkt, Glühwein, Knödel, Currywurst* und noch ein paar weitere Begriffe. Nichts weiter als Zungenbrecher für mich und doch gehörten sie angeblich zur deutschen Kultur. Und der dicke gelbe Duden.
Zwei Jahre vor meinem Abitur lernte ich Deutschland anders kennen, direkt an der

Quelle als Austauschschülerin. Ich lernte Menschen kennen, ich lernte die Sprache, ich lernte, den Müll zu trennen, auf dem Land zu wohnen und das Fahrrad als Verkehrsmittel zu benutzen.

Deutschland war für mich nicht mehr als das, was Bulgarien nicht war. Die Busse kamen pünktlich, die Straßen waren sauber, die Menschen organisiert. Alles maß ich an meiner Heimat.

Das Austauschjahr war schnell vorbei und da war ich schon wieder in Bulgarien, mit meinem kleinen Deutschland in der Tasche, dem Herzen voller Fernweh und dem festen Entschluss, zurückzukehren. Das tat ich auch bald genug und Deutschland empfing mich herzlich. Es gab mir das Geld, um zu studieren. Alles andere – zwei Koffer, etwas bessere sprachliche Ausrüstung und noch mehr Neugierde als das erste Mal brachte ich selbst mit. Und nun bin ich hier. Ich konzentriere mich auf das Studium, auf die Noten, auf die Bücher. Im Prinzip bin ich ein bisschen deutsch geworden – für mich ist Deutschland eine Gegebenheit. Nun lebe ich hier, ohne alles mit meiner Heimat zu vergleichen. So habe ich ein realistischeres Bild – der Bus zur Uni kommt häufig zu spät, nicht alle meine Freunde lernen organisiert und trinken Bier.

(Nach: Yoanna Zhecheva, Deutschland – wie ich es sehe, in: www.pasch-net.de – die Website der Initiative „Schulen: Partner der Zukunft", Zugriff: 16.03.2016)

---

1. Stelle deinen Fall in der Dreigruppe vor.

2. Notiert gemeinsam die Migrationsgründe.

3. Habt ihr Verständnis dafür, dass diese Menschen ihre Heimat verlassen haben? Sprecht darüber und stellt eure Standpunkte in der Klasse vor.

Was auch noch interessant sein kann:

- sich in die Perspektive eines Flüchtlings versetzen und das Online-spiel www.lastexitflucht.org spielen

 B Migration

1. Was versteht man unter Migration? Erkläre es.
2. Im Text werden viele Gründe für Migration genannt. Notiere sie und erläutere, welche davon besonders häufig sind.
3. Es gibt Menschen, die der Ansicht sind, dass Migration Deutschland vor allem Nachteile einbringt. Andere betonen die Vorteile und die Bereicherung, die dadurch entsteht. Wie fällt deine Bewertung aus? Formuliere eine Stellungnahme.

Was ist Migration?

Der Begriff kommt aus der lateinischen Sprache und bedeutet übersetzt „Wanderung". Als Migranten werden Menschen bezeichnet, die ihre Heimat verlassen und für lange Zeit oder gar für immer in einem anderen Land leben. Etwa 16 der über 80 Millionen in Deutschland lebenden Menschen haben einen Migrationshintergrund. Das bedeutet, dass sie ihre Wurzeln außerhalb Deutschlands haben oder Kinder von Zuwanderern sind. Etwa die Hälfte von diesen lebt schon sehr lange hier und hat mittlerweile die deutsche Staatsangehörigkeit.

Migrationsgründe

Die folgenden Gründe werden besonders häufig genannt:

Arbeit und ein besseres Leben
Schon immer verließen Menschen ihre Heimat, um in einem anderen Land Arbeit zu finden und ein besseres Leben führen zu können. Nach Deutschland kamen schon in den 50er-Jahren des letzten Jahrhunderts Menschen aus dem Mittelmeerländern Italien, Spanien, Portugal und der Türkei. Man hatte sie angeworben, weil zu dieser Zeit ein großer Arbeitskräftemangel in Deutschland herrschte. Viele von ihnen sind hier sesshaft geworden und gehören heute ganz selbstverständlich zur einheimischen Bevölkerung dazu.
Auch heute noch kommen Menschen der Arbeit wegen nach Deutschland. In den letzten Jahren sind es vor allem junge Leute aus Spanien, Griechenland und aus anderen Ländern der Europäischen Union. Sie machen von einem Recht Gebrauch, das die Europäische Union ihnen bietet. Jeder Bürger aus einem der Mitgliedstaaten kann seinen dauerhaften Wohnsitz innerhalb der Gemeinschaft frei wählen. Sie verlassen ihre Heimat, weil dort die Arbeitslosigkeit hoch ist und sie nur schlechte Berufsaussichten haben. Diese neuen Migranten haben oft eine gute Ausbildung, nicht selten sogar einen Hochschulabschluss. Deutschland oder auch ein anderes Land, in das sie auswandern, kann daher von ihrer Migration profitieren.

Flucht vor Not und Verfolgung
In vielen Ländern der Erde sind die Menschen nicht frei, leiden unter Bürgerkriegen, politischer Verfolgung und großer materieller Not. Sie verlassen ihre Heimat, weil sie um ihr Leben fürchten und nichts zu verlieren haben.
In jüngster Zeit flohen Hunderttausende Menschen vor den Bürgerkriegen in Syrien, im Irak und Afghanistan nach Deutschland und suchten hier Schutz. Wer als Flüchtling anerkannt wird, kann in Deutschland bleiben, bis der Krieg vorbei ist. Wer politisch verfolgt wird, kann einen Asylantrag stellen. Kann jemand nachweisen, dass er in seiner Heimat von staatlichen Organen unterdrückt oder verfolgt wird, darf er auf Dauer in Deutschland bleiben. Diesen Nachweis zu erbringen, gelingt allerdings nur einem kleinen Teil der Flüchtenden.

Viele weitere Gründe
Es gibt viele weitere Gründe, warum Menschen in einem anderen Land leben wollen, und diese können genauso verschieden sein wie die Menschen, die sie in Anspruch nehmen. Man kann aus Abenteuerlust seine Heimat verlassen, der Liebe wegen, weil man sich nach dem Leben in einer ganz bestimmten Region oder Stadt sehnt, weil man sein Leben in einem sonnigen Land verbringen möchte, und aus anderen Gründen mehr.

C Warum lebt meine Familie in Deutschland? Aus Erzählungen ermitteln wir die Gründe für Migration

1. Mein Name ist Valeria Schukow. Ich bin 13 Jahre alt und in Deutschland geboren. Meine Eltern kommen aus Russland, haben aber deutsche Vorfahren. Zu Hause wurde stets deutsch gesprochen. Wegen ihrer Herkunft wurden meine Eltern in unserer früheren Heimat oft benachteiligt. Weil sie ihren Kindern eine bessere Zukunft ermöglichen wollten, entschlossen sich meine Eltern zur Ausreise. Sie gelten als Deutsche und bekamen gleich nach ihrer Ankunft einen deutschen Pass.

2. Mein Name ist Nicolas Georgiopulos. Ich bin 15 Jahre alt. Meine Familie stammt aus Griechenland. Wir haben hier ein griechisches Restaurant, das mein Großvater aufgebaut hat. Er kam als junger Mann vor über 50 Jahren nach Deutschland, um hier zu arbeiten. Griechenland war damals ein sehr armes Land und mein Opa sah dort keine Zukunft.

3. Ich heiße Nurla Rahmani, bin 23 Jahre alt und komme aus Afghanistan. Mein Vater ist Journalist und wurde wegen seiner politischen Ansichten in unserer alten Heimat verfolgt. Weil sein Leben in Gefahr war und in Afghanistan seit vielen Jahren Bürgerkrieg herrscht, mussten wir das Land verlassen.

4. Mein Name ist Colleen Bender. Ich komme aus Südafrika und bin 33 Jahre alt. Ich bin wegen meines Mannes nach Deutschland gezogen. Ich lernte ihn kennen, als er in meiner Heimatstadt Johannesburg ein Auslandssemester absolvierte. Da mein Mann als Deutscher hier größere berufliche Chancen hat, beschlossen wir, in Deutschland zu leben. Gut möglich, dass wir später einmal wieder nach Südafrika zurückkehren.

5. Ich heiße Jorge Delgado, komme aus Spanien und bin 24 Jahre alt. Seit einem halben Jahr mache ich in Deutschland eine Ausbildung zum Anlagenelektroniker. Warum in Deutschland? Weil in meiner Heimat wegen der Wirtschaftskrise jeder zweite junge Mensch arbeitslos ist. Das ging auch mir so nach meinem Studium. Und es gibt kaum Hoffnung, dass sich die Situation in meiner Heimat so schnell bessert.

Euer Auftrag:

1. Arbeitet zunächst allein aus jedem Beispiel die Gründe für Migration heraus.

2. Vergleicht eure Ergebnisse.

3. Was erhoffen sich die Zuwanderer von ihrer neuen Heimat? Wie beurteilt ihr die Chancen, dass sie es in Deutschland bekommen? Tauscht euch dazu in Gruppen aus und stellt eure Ansichten der Klasse vor.

Die Karikaturen setzen sich kritisch mit dem Thema Migration auseinander.

- Wähle eine Karikatur aus und interpretiere sie nach der 4-Schritt-Methode. Wie du dabei vorgehen kannst, erfährt du auf der Methodenkarte auf der folgenden Seite.
- Stellt eure Arbeitsergebnisse in der Klasse vor.

Kostas Koufogiorgos

Gerhard Mester

Harm Bengen

Roger Schmidt

Karikaturen interpretieren

Was ist das?

Das Wort Karikatur ist aus der italienischen Sprache abgeleitet und bedeutet „übertrieben komische Darstellung". Mithilfe einer Zeichnung will der Karikaturist seine Meinung zu einem bestimmten gesellschaftlichen oder politischen Problem zum Ausdruck bringen. Dabei übertreibt er bewusst, um seine Kritik an Personen deutlich zu machen und um unsere Aufmerksamkeit zu erregen.

Wie geht das?

1. Stelle fest, auf welches Problem sich die Karikatur bezieht.

Kläre zunächst, auf welches Problem oder aktuelle Thema sich die Karikatur bezieht. Überlege, was du bereits über das Thema weißt.

2. Beschreibe die Karikatur.

Beschreibe zunächst, was dir besonders auffällt. Versuche dann, möglichst viele Einzelheiten zu erkennen. Einzelheiten sind oft besonders wichtig zum Verständnis von Karikaturen.

3. Deute die Karikatur.

Für die Interpretation einer Karikatur kannst du dich an zwei Fragen orientieren:
- Wen oder was will der Zeichner kritisieren?
- Welche Wirkung will er beim Betrachter auslösen? Außerdem ist es wichtig, zu überlegen, welche Persönlichkeiten oder welche Personengruppen dargestellt werden und welche Verhaltensweisen der dargestellten Personen kritisiert werden.

4. Bewerte die Karikatur

Du solltest beschreiben können, welche Gedanken die Karikatur bei dir auslöst. Karikaturen fordern dazu auf, sich eine Meinung zu bilden. Überlege, inwieweit du dem Zeichner in seiner Kritik oder seinem Spott zustimmst.

Thema: Migration

Beispiel für die Interpretation einer Karikatur

DIE WELT

Jan Tomaschoff

1. Das Thema klären

Die Karikatur thematisiert die Reaktion der deutschen Gesellschaft und Politik auf Zuwanderer, die nach Deutschland kommen wollen.

2. Die Karikatur beschreiben

Die Zeichnung zeigt ein großes Schiff mit der Aufschrift „Deutschland". Auf dem Schiff ist ein Kapitän zu sehen, der sich über die Reling beugt und in der linken Hand einen Rettungsring hält. Um das Schiff gruppiert sind viele kleine Rettungsboote jeweils mit mehreren Insassen, das Meer ist aufgewühlt. Die Insassen blicken nach oben. Der Kapitän blickt nach unten und fragt: „Habt ihr auch Akademiker dabei?"

3. Die Karikatur deuten

Bei den Insassen der Boote handelt es sich um Flüchtlinge, die dringend Hilfe brauchen. Der Kapitän (damit ist wohl die Regierung gemeint) will seinen Rettungsring ausschließlich Akademikern zuwerfen. Kritisiert wird hier, dass Deutschland nur eine begrenzte Zahl von Flüchtlingen aufzunehmen bereit ist und auch mit der Anerkennung von Asylanten sehr zurückhaltend ist. Auf der anderen Seite wirbt man jedoch um Zuwanderer und heißt sie willkommen, sofern sie den Fachkräftemangel der deutschen Wirtschaft beheben. Der Zeichner will den Betrachter zum Nachdenken über diese menschenverachtende Sicht anregen.

4. Die Karikatur bewerten

Die Kritik in der Karikatur halte ich für zutreffend. Zwar versteht sich Deutschland als Einwanderungsland. Doch will man hier nur bestimmte Gruppen ansprechen, nämlich hoch qualifizierte Fachkräfte in Mangelberufen. Andere Gruppen wie Flüchtlinge oder Zuwanderer ohne Berufsabschluss sind dagegen wenig willkommen.

2 Heimisch werden in der Fremde – Wann ist man integriert?

Einen Perspektivwechsel vornehmen

Bestens integriert?

 A Die eigene Sicht: Wann sind Migranten integriert?

Menschen, die nach Deutschland kommen, fühlen sich zunächst sehr fremd hier. Erst nach und nach lernen sie unser Land, die Menschen und unsere Kultur besser kennen und bekommen das Gefühl, in der deutschen Gesellschaft „dazuzugehören". Wann ist dieser Zeitpunkt aus eurer Sicht erreicht? Darüber könnt ihr auf dieser Seite nachdenken, verschiedene Kriterien bewerten und in der Klasse diskutieren.

Menschen, die nach Deutschland eingewandert sind, können als integriert gelten, wenn sie …	Bedeutung für eine gelungene Integration		
	sehr wichtig	wichtig	unwichtig
1. … deutsche Speisen kochen.			
2. … deutsche Freunde haben.			
3. … sich in der deutschen Sprache in Wort und Schrift verständigen können.			
4. … einen Arbeitsplatz haben.			
5. … das Wahlrecht besitzen und dieses auch ausüben.			
6. … deutsches Fernsehen schauen.			
7. … auch andere Religionen als die eigene respektieren.			
8. … die Gleichberechtigung von Mann und Frau in Deutschland akzeptieren.			
9. … auch zu Hause deutsch sprechen.			
10. … sich nach deutscher Art und Weise kleiden.			
11. … bei Fußball-Länderspielen der deutschen Nationalmannschaft die Daumen drücken.			
12. … sich zu den Grundwerten unserer Gesellschaft wie unantastbare Würde des Menschen, Freiheit und Gleichheit bekennen.			
13. … alle in Deutschland geltenden Gesetze achten.			

1. Bewerte die in der Tabelle genannten Punkte.

2. Bildet Kleingruppen und einigt euch auf höchstens fünf sehr wichtige oder wichtige Punkte. Begründet eure Auswahl und stellt sie in der Klasse vor. Gibt es Punkte, die unverzichtbar sind?

B Neu in der Fremde: Wir wechseln die Perspektive

Möglicherweise seid ihr schon häufiger ins Ausland gereist und habt dort euren Urlaub verbracht. Doch wie erginge es euch, wenn ihr auf Dauer im Ausland leben würdet – als deutsche Migranten? Das könnt ihr in einem Gedankenexperiment durchspielen.

 **Fall** Angenommen, dass …

Du kommst nach Hause und freust dich: Endlich Ferien! Komisch, dass Papa heute schon da ist. „Wir müssen reden!", empfängt er dich. „Wir werden nach China ziehen – uns zwar schon bald. Meine Firma hat eine neue Filiale eröffnet und ich werde in Zukunft dort arbeiten." Unzählige Gedanken gehen dir gleich durch den Kopf: Was ist mit deinen Freunden? Kannst du dort auch deine Hobbys ausüben? Wie wird es mit der Schule sein und, und, und …?

Und dann geht alles ganz schnell: Du sitzt im Flugzeug, in deinem Rucksack die Abschiedsgeschenke deiner Freunde. Schon jetzt hast du Heimweh – doch ein bisschen bist du auch neugierig auf all das Neue, das dich in der Fremde erwartet. In China empfängt euch eine schwüle Hitze. Meine Güte, ist das unerträglich heiß hier!

Auf den Straßen wimmelt es von Menschen. Ohne den Fahrer der Firma würdet ihr euch nie zurechtfinden.

Die ersten Schritte in der neuen Heimat

Nach ein paar Tagen wagst du dich zum ersten Mal allein aus dem Haus, du sollst einige Sachen im Supermarkt kaufen. Was ist denn das? Du hältst eine komische Frucht in der Hand, die du noch nie gesehen hast. Wie man die wohl isst? Hilfesuchend drehst du dich um. Da drüben stehen einige Jugendlicher zusammen und zeigen mit dem Finger auf dich. Ob sie sich wohl lustig über dich machen? Du lächelst ihnen unsicher zu, da kichern sie. Was sie wohl von dir denken? Nach der Schule fällst du abends ganz erledigt in dein Bett. Alles ist so anders. Du musst jetzt eine Schuluniform tragen. Deine Lehrerin ist zwar freundlich, doch insge-

samt geht es hier viel strenger zu als in Deutschland. Die neuen Mitschülerinnen und Mitschüler beobachten dich neugierig – du fühlst dich furchtbar allein und ausgeschlossen. Wenn du nur verstehen könntest, was sie sagen! Als dich die Lehrerin das erste Mal aufruft, wirst du vor Verlegenheit ganz rot. Deine Nachbarin bemerkt das natürlich und fängt an zu lachen. Die Lehrerin weist sie sofort zurecht, doch hinter deinem Rücken wird über dich getuschelt, das spürst du. Und du ahnst, dass ein weiter Weg vor dir liegt, bis du dich in deiner neuen Umgebung zu Hause fühlen wirst.

> Ich wünsche mir von meinen Mitschülerinnen und Mitschülern, dass …
>
> Ich selbst bin bereit, mich in folgenden Punkten anzupassen: … (zum Beispiel: Sprache, Kleidung, Freizeit und Hobbys, Ernährung, Umgang miteinander)

1. Versuche, dich in die beschriebene Situation hineinzuversetzen: Beschreibe, wie du dich fühlen würdest.

2. Verfasse einen kurzen Text. Erläutere darin, welches Verhalten du dir von deiner Umgebung wünschst und was du selbst bereit bist, für deine Integration zu leisten.

3. Vergleicht eure Ergebnisse in Kleingruppen. Wo gibt es Gemeinsamkeiten, wo Unterschiede? Fasst diese zusammen und stellt sie in der Klasse vor.

 Integration

1. Was versteht man unter Integration? Beschreibe den Prozess in eigenen Worten.
2. Erläutere das Konzept des „Förderns und Forderns".
3. Integration ist eine Leistung, die sowohl Migranten als auch die aufnehmende Gesellschaft zu erbringen haben. Erkläre, warum.
4. Welche Gedanken zum Thema „Integration" löst das Bild in dir aus?

Integration als Prozess

Wenn Menschen in ein fremdes Land kommen, finden sie sich wieder in einer für sie fremden Welt mit eigenen Gesetzen und Regeln. Wollen sie langfristig im neuen Land bleiben, wird von ihnen erwartet, dass sie sich in die Gesellschaft eingliedern. Dazu gehört, dass sie möglichst rasch die Sprache erlernen, neue Freunde und Arbeit finden und die Regeln und Werte der neuen Heimat akzeptieren. Diesen Prozess nennt man Integration. Auf dem Weg dorthin werden die Menschen ihre Bindungen an die alte Heimat noch lange aufrechterhalten, zum Beispiel bei ihren Ernährungsgewohnheiten und beim Praktizieren heimatlicher Bräuche.

Aufgaben von Staat und Gesellschaft

Integration zu fördern und Migranten in diesem Prozess zu unterstützen, ist eine staatliche Aufgabe. Integrationspolitik folgt dem Konzept des Förderns und Forderns: So hilft der Staat, indem er zum Beispiel kostenlose Sprach- und Integrationskurse anbietet. Damit verbunden ist die Forderung an die Migranten, solche Angebote wahrzunehmen.

Integration ist eine Leistung, die sowohl Migranten als auch der deutschen Gesellschaft etwas abverlangt. Alle Menschen in Deutschland sind gefordert, Migranten das Gefühl zu vermitteln, willkommen in unserer Gesellschaft zu sein, indem sie ihnen den Zugang zu allen wichtigen Bereichen von Kultur, Wirtschaft und Politik ermöglichen. Vollständig integrierte Migranten fühlen sich in Deutschland zu Hause und in der Mitte der Gesellschaft angekommen. Dabei brauchen sie ihre Wurzeln nicht zu vergessen.

Fortschritte und Probleme

Die meisten Migranten gliedern sich zwar immer besser in die Gesellschaft ein, doch es gibt noch Bereiche, in denen es Unterschiede zu den einheimischen Deutschen gibt. So haben zwar immer mehr Kinder und Jugendliche mit Migrationshintergrund einen Realschulabschluss oder das Abitur, doch verlassen nach wie vor Migranten deutlich häufiger die Schule ohne Abschluss. Auch bei der Suche nach einer Arbeitsstelle, bei ihren Aufstiegschancen im Beruf sowie in ihrer Wohnsituation sind Migranten häufig noch benachteiligt.

Die meisten Flüchtlinge, die in jüngster Zeit nach Deutschland gekommen sind, sind noch nicht in Deutschland integriert. Ihnen schulische und berufliche Möglichkeiten zu bieten, sie mit Wohnraum zu versorgen und in die Gesellschaft zu integrieren, gehört zu den wichtigsten Zukunftsaufgaben für die deutsche Politik.

Deutschland, die neue Heimat

D Wie steht es um die Integration der Flüchtlinge?

Rund eine Million Flüchtlinge sind 2015 nach Deutschland gekommen. Inzwischen haben sie zwar eine Unterkunft gefunden und sind mit dem Nötigsten versorgt – doch ihre Integration steht erst ganz am Anfang. Welche Aufgaben muss die Politik erfüllen? Wo hakt es? Was läuft gut?

Erster Schritt zur Integration: Willkommensklasse in Berlin

Die vier entscheidenden Punkte:

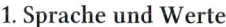

1. Sprache und Werte

Integrationskurse, in denen Deutsch und auch Werte und Regeln vermittelt werden, gibt es bereits. Sie sind für bestimmte Zuwanderer auch verpflichtend. Nur schließt die Regierung Asylbewerber aus bestimmten Herkunftsländern, für die die Anerkennungsquote unter 50 Prozent liegt, davon aus. Das betrifft zum Beispiel Afghanen. So fördert die Bundesagentur für Arbeit keine Deutschkurse mehr für Asylbewerber aus Syrien, dem Irak, Iran und Eritrea. Es habe sich um ein einmaliges Angebot gehandelt. Deutschkurse muss es aber mehr geben.

2. Schulen und Kitas

Viele Flüchtungskinder beherrschen weder Deutsch noch das Alphabet und sind traumatisiert von Krieg und Flucht. Damit sie trotzdem schnell für den regulären Unterricht fit gemacht werden können, muss viel passieren. So fehlen in fast allen Bundesländern Lehrer. Das Familienministerium rechnet außerdem damit, dass mindestens 68 000 Kitaplätze geschaffen werden müssen.

3. Unterkunft und Wohnung

In den Städten herrschte schon vor dem starken Anstieg der Flüchtlingszahlen ein großer Mangel an bezahlbarem Wohnraum. 400 000 neue Wohnungen sind jedes Jahr nötig, davon 80 000 Sozial- und 60 000 bezahlbare Wohnungen.

4. Ausbildung, Studium und Arbeitsmarkt

Ab dem vierten Monat dürfen Flüchtlinge bereits mit Erlaubnis der Ausländerbehörde arbeiten.
Unternehmen dürfen Asylbewerber derzeit noch überhaupt nicht gründen – für viele von ihnen wäre die Selbstständigkeit jedoch eine gute Perspektive. Die Arbeitgeber wünschen sich zudem mehr Sicherheit mit der sogenannten 3 + 2-Lösung: Nach drei Jahren Lehrzeit sollen junge Asylbewerber mindestens zwei Jahre bleiben. Auch die Hochschulen sollen und wollen dafür sorgen, dass Flüchtlinge einfacher studieren können. Trotzdem bleibt es eine Mammutaufgabe, denn viele Hochschulen sind mit der Rekordzahl von 2,8 Millionen Studenten ohnehin überlastet.

(Nach: Florian Diekmann u. a.: So schafft Deutschland das, in: www.spiegel.de, 30.12.2015, Zugriff: 18.03.2016)

1. Fasse Punkt für Punkt zusammen, welche Aufgaben die Politik in den nächsten Jahren bewältigen muss.

2. Die meisten Politiker bezeichnen die Integration der Flüchtlinge als Mammutaufgabe. Erkläre, warum.

3. Ein arabisches Sprichwort besagt: „Ein Mensch muss vierzig Tage an einem Ort leben, um dazuzugehören." Nimm Stellung zu dieser Aussage.

3 Was erschwert Integration?
Lösungen für Integrationsprobleme entwickeln

In diesem Unterkapitel lernt ihr zwei wichtige Stolpersteine für Integration kennen. Ihr könnt die Materialien arbeitsteilig erarbeiten und euch gegenseitig informieren.

 **Fallbeispiele**

1. Rückständige Traditionen

Nach einer Studie des Bundesfamilienministeriums werden in Deutschland jährlich etwa 3 000 Frauen zwangsverheiratet. Viele der Frauen sind jünger als 17 Jahre, die meisten aus streng religiösen Familien.

Aleyna wurde zweimal gegen ihren Willen verheiratet

Aleyna (Name geändert) ging gern zur Schule, sie schrieb gute Noten und machte ihren erweiterten Hauptschulabschluss. „Ich hätte mehr geschafft" [...] Aber Aleyna wurde bewacht: „Mein älterer Bruder beobachtete mich jede Sekunde in den Pausen." Sie wurde zur Schule gebracht und wieder abgeholt. Am Nachmittag musste sie putzen, bügeln, kochen. Und wurde immer wieder geschlagen.
Freunde konnte sie nicht haben. [...] Was mit Aleyna geschah, wusste niemand in ih-rer Schule: Als sie 15 war, suchten ihre Eltern einen Mann für ihre Tochter. Zur Verlobung fuhr die Familie in die Türkei. Die Eltern hofften auf das große Geld, der Bräutigam war reich, sie wollten ihre Tochter verkaufen. Die erste Ohrfeige von ihrem Verlobten habe sie bekommen, als sie die Ketschupflasche falsch hingestellt habe, sagt Aleyna. Einige Wochen später zurück in Deutschland gelang Aleyna die Flucht aus dem kleinen Ort in Niedersachsen, wo sie aufwuchs. Sie schaffte es in ein Frauenhaus. Dann wurde sie krank, als sie in die Klinik musste, kontaktierte die Versicherung ihre Familie. Einen Tag später holten sie ihre Brüder ab.
„Dann gab es nur noch Schläge" – und zwei Jahre später wieder ein Flugticket zurück in die Türkei. „Ich sollte jetzt mit einem anderen Mann verheiratet werden, er war mehr als 20 Jahre älter, ein Verwandter der Familie – aber jetzt mussten meine Eltern ja froh sein, dass mich überhaupt jemand nimmt", sagt Aleyna.
Monate vergingen, die Familie kehrte zurück nach Deutschland. Und wieder schaffte Aleyna die Flucht, diesmal mithilfe der Polizei. Eine Freundin, die sie im Krankenhaus kennengelernt hatte, gab ihr die Mailadresse von dem Hilfsverein „Hatun und Can". Polizisten holten Aleyna ab. Sie flog in eine große deutsche Stadt. [...] Jetzt arbeitet die 19-Jährige in einer Wirtschaftskanzlei als Sekretärin. „Und ich möchte auf eine Fachoberschule für Sozialwesen gehen", sagt Aleyna. Richtig zu arbeiten sei ihr Traum. „Wenn man Arbeit hat, dann lernt man ganz normale Leute kennen, hat ein ganz normales Leben."

(Aus: Anna Reimann, „Jede Freundschaft basiert auf einer Lüge", in: www.spiegel.de; 29.02.2008, Zugriff: 28.02.2016)

2. Ausländerfeindlichkeit

Ausländerfeindliche Einstellungen sind nach einer Studie des Bundesinnenministeriums unter Jugendlichen weit verbreitet. Etwa jeder siebte Jugendliche ist demnach sehr ausländerfeindlich. Unter Jungen liegt der Anteil bei 19 Prozent, bei Mädchen bei rund 9 Prozent. Jeder dritte Jugendliche stimmt der Aussage „In Deutschland gibt es zu viele Ausländer" uneingeschränkt zu.

Auch im Fußball bekommen farbige Spieler rechtsextreme und ausländerfeindliche Einstellungen von Fans immer wieder auf drastische Weise zu spüren, wie das folgende Beispiel zeigt.

Rassismus im Fußball

Danny da Costa ist geschockt: Der dunkelhäutige Spieler vom FC Ingolstadt wurde im Zweitligaspiel gegen 1860 München rassistisch beleidigt, der DFB ermittelt. Kein Einzelfall, meinen Experten und warnen: Nazis unterwandern die Fanszene in den Stadien. [...]

„Mehrere Leute meinten, bei Einwürfen oder Ballkontakten Sachen wie ‚Nigger' oder ‚Schwarzes Schwein' in meine Richtung rufen zu müssen. Immer, wenn der Ball in meine Nähe kam, gab es auch Affenlaute", berichtet der 20-Jährige. Den Verantwortlichen vom TSV 1860 München ist das Verhalten einzelner Fans sehr unangenehm, eine Person wurde noch während des Spiels als Täter identifiziert, teilte der Verein einen Tag nach dem Spiel mit. Man habe „sein Verhalten zur Anzeige gebracht", sagte Geschäftsführer Robert Schäfer. [...]

Wenn die Stichwörter „Rassismus" und „Fußball" fallen, denken die deutschen Fans vor allem an ausländische Ligen. [...] Doch rassistische Vorfälle gibt es durchaus nicht nur im Ausland. Menschen mit rechtem Gedankengut finden sich in nahezu jedem deutschen Fußballstadion. Sogar auf dem Platz. „Überall hast du Ärger damit", berichtete Hannover-Profi Mame Diouf vor eineinhalb Jahren. Der Stürmer stammt aus dem Senegal. „Die Gegenspieler versuchen,

Fußballer protestieren mit der Aktion „Zeig Rassismus die Rote Karte" gegen Fremdenfeindlichkeit.

dich auf dem Platz zu zerstören. Sie sagen dir ständig solche Sachen. Aber das ist mir egal. Gott hat mich schwarz gemacht, und ich bin stolz darauf."

(Aus: Joscha Thieringer, Fußball-Deutschland hat ein Rassismus-Problem, in: www.focus.de, 20.08.2013, Zugriff: 23.02.2016)

1. Berichtet euch gegenseitig von den Beispielen, die ihr erarbeitet habt.
   a) Was hat Aleyna zwischen ihrem 15. und 19. Geburtstag erlebt?
   b) Wie erleben die Fußballprofis Danny da Costa und Mame Diouf die Ausländerfeindlichkeit in den Fußballstadien?

2. Zwangsheirat ist seit 2011 eine Straftat in Deutschland. Überlegt gemeinsam, mit welchen zusätzlichen Maßnahmen die hohe Zahl von Zwangsheiraten reduziert werden könnte.

3. Fußball und andere Sportarten sind bei Migranten wie Einheimischen sehr beliebt. Wie könnte man die Liebe zum Sport nutzen, um Menschen mit Migrationshintergrund noch besser zu integrieren? Sammelt Vorschläge und stellt sie vor.

Was auch noch interessant sein könnte:

- in einem Sportverein vor Ort eine Erkundung durchführen: mögliche Themen sind zum Beispiel: Anteil von Mitgliedern mit Migrationshintergrund, Aktivitäten zu Integration, ausländerfeindliche Einstellungen etc.

4 Wie kann Integration gelingen?
Urteilsbildung und Diskussion in einer Talkshow

Flüchtlinge zu integrieren bedeutet eine große Herausforderung für uns alle. Wie können wir diese große Aufgabe in den nächsten Jahren bewältigen? Die folgenden Materialien geben Antworten aus unterschiedlichen Perspektiven. Ihr könnt sie arbeitsteilig erarbeiten und anschließend in einer Talkshow über diese Frage diskutieren.

A Der Beitrag der Zuwanderer: Was können sie selbst tun?

Für viele Migrantinnen und Migranten ist Deutschland längst zur Heimat geworden. Was ihnen dabei geholfen hat, zeigen die drei Beispiele:

---

1. Rahua Ijob, Sozialarbeiterin: Selbst ist die Frau

Schon früh lernte die quirlige Essenerin, dass man nicht die Hände in den Schoß legen und auf Hilfe von außen warten kann. Sie kam im Alter von dreieinhalb Jahren als Kriegsflüchtling aus Eritrea (Afrika) mit Mutter und Schwester nach Deutschland. „Wie sollte mir meine Mutter auch bei den Schulaufgaben helfen? Sie hatte ja selbst nie eine deutsche Schule besucht." Die fehlende Unterstützung machte Rahua Ijob mit persönlichem Engagement wett. „Es muss nicht immer teurer Nachhilfeunterricht sein", sagt sie. „Mir haben ältere Kinder beim Lernen geholfen, das war ebenso gut."

---

2. Sergio Aguilera, Schüler: Früh übt sich

Der Wuppertaler, Sohn einer früher in Argentinien lebenden Italienerin und eines Argentiniers, engagiert sich aktiv als einer der jüngsten Ehrenamtlichen im Jugendzentrum des CVJM (Christlicher Verein Junger Menschen) in Wuppertal-Oberbarmen. Rasch wurde er in den Kreis der Ehrenamtlichen integriert. [...] „Man hat mir gleich viel zugetraut und anvertraut", erinnert sich der ehrgeizige junge Mann. Damals, gerade 13 Jahre jung, besuchte er schon die CVJM-Seminare über Kinderpsychologie und lernte, wie man Gruppen leitet.

3. Sahra Khodja, Auszubildende: Ich gebe nie auf

Mit 17 Jahren hält Sahra Khodja stolz ihr Abschlusszeugnis der Hauptschule in den Händen – mit sehr guten Noten und einer Qualifikation für das Gymnasium. Nur vier Jahre zuvor war die junge Afghanin nach Deutschland gekommen. „Ich sprach damals ja kein Wort Deutsch, also landete ich in der Hauptschule. Aber ich wollte unbedingt die Sprache lernen und die Schule so gut wie möglich beenden. Daher habe ich mir ein Wörterbuch gekauft und Tag und Nacht gepaukt. Ich habe damals sogar mit dem Buch unter dem Kopfkissen geschlafen", erinnert sie sich.

(Nach: Erfolgreich in Nordrhein-Westfalen, Zugewanderte – Potenziale, Hg. MGFFI/2007, in: www.potenziale.nrw.de; Zugriff: 15.04.2016)

---

1. Arbeite für jedes Beispiel heraus, was den Zuwanderern geholfen hat, sich in Deutschland zu integrieren.

2. Gibt es Gemeinsamkeiten zwischen den Beispielen? Tausche dich dazu mit einem Partner aus.

B Der Beitrag der Schulen: Was können sie leisten?

Am Anfang war es für ihn ein Experiment: Schüler aus Somalia, Eritrea, Syrien und Afghanistan. „Der Unterricht war zuerst viel mit Mimik, Gestik und Bildern", erzählt Michael Schramm. Seit einem Jahr ist das Alltag für den Hamburger Lehrer. Er unterrichtet minderjährige unbegleitete Flüchtlinge, also Kinder und Jugendliche, die ohne Eltern beziehungsweise Angehörige in Deutschland sind.

„Da kommen Probleme auf, die man aus dem normalen Schulalltag nicht kennt." Sie hätten zum Beispiel die Uhrzeit durchgenommen, ein Schüler wusste nicht, wie er die Uhr überhaupt lesen muss. Ein anderes Mal kam Schramm mit einer Flasche Wasser in den Unterricht – im Ramadan. Ein Schüler konnte nicht verstehen, wieso sein Lehrer nicht auch fastet. [...]

Plakat in einer Willkommensklasse

Vorbereitungsklassen oder „normale" Klassen?

Experten streiten darüber, wie die Integration am besten gelingen kann. Der Organisation für wirtschaftliche Zusammenarbeit und Entwicklung (OECD) zufolge sollten Flüchtlingskinder schnell mit anderen Schülern zusammenkommen. PISA-Chefkoordinator Andreas Schleicher hatte die von den Bundesländern angebotenen Vorbereitungs- oder Willkommensklassen, in denen Flüchtlingskinder quasi unter sich sind, kürzlich als Notbehelf bezeichnet – für einen schnellen Spracherwerb seien sie auf Dauer keine gute Lösung. [...]

Neben Lehrern bräuchten die Schulen auch Sozialpädagogen, Dolmetscher und Therapeuten, so Kraus weiter. Derzeit werde viel durch ehrenamtliches Engagement aufgefangen: „Jede Schule improvisiert vor sich hin. Wenn es neue Brückenklassen gebe, dann dürften nicht die Lehrkräfte aus normalen Klassen abgezogen werden. „Es darf nicht zulasten anderer Schüler gehen."

Sabine Frey, Lehrerin in Baden-Württemberg, weiß von Kollegen an anderen Schulen, die Probleme mit der aktuellen Situation haben. An Freys Schule, einer Werkrealschule, die zum Hauptschulabschluss oder zur Mittleren Reife führe, sei die Situation gut. Dort kommen die Schüler jeweils in normale Klassen, werden aber in der Woche insgesamt bis zu sieben Stunden extra von ihr in Deutsch unterrichtet. „So werden die Schüler schneller Teil der Schule und Teil des Geschehens", sagt Frey. Seit mehr als einem Jahr macht sie nun den Job. Ihre Erfahrung: Nach etwa einem halben Jahr können die Schüler sich verständigen. „Sie lernen sehr schnell, haben Freude daran." Der Vorteil: Sie sind in sehr kleinen Gruppen, Fehler kann die Lehrerin sofort korrigieren.

(Aus: Barbara Schmickler: Im Notfallmodus, www.tagesschau.de, 16.02.2016, Zugriff: 21.04.2016)

 Beschreibe, vor welchen Herausforderungen Lehrer in sogenannten Willkommensklassen stehen.

 Willkommensklassen, Integration in normalen Klassen oder normale Klassen mit Extraunterricht? Welche Art der Eingliederung hältst du für erfolgversprechend? Begründe deinen Standpunkt.

 **C** Der Beitrag der Politik: Integration durch Fördern und Fordern

Zur Integration gehört mehr als ein Dach über dem Kopf. Das hat auch die Bundesregierung erkannt und deshalb 2016 das Integrationsgesetz geschaffen.

Wichtige Inhalte:

- **Arbeitsmarktintegration**: Es werden 100 000 zusätzliche „Arbeitsgelegenheiten" – darunter vermutlich Ein-Euro-Jobs – aus Bundesmitteln geschaffen. [...]
- **Deutschkenntnisse**: Bisher seien Integrationskurse nicht verpflichtend, wenn eine Verständigung bereits mit einfachen Deutschkenntnissen möglich ist. Das reiche aber für eine Arbeitsstelle und einen möglichen dauerhaften Aufenthalt nicht aus. In diesem Fall soll es eine Verpflichtung zu Integrationskursen geben.
- **Wertevermittlung**: Ein Orientierungskurs soll inhaltlich erweitert werden und schwerpunktmäßig Inhalte zur Wertevermittlung enthalten. Die Unterrichtseinheiten sollen von 60 auf 100 aufgestockt werden.
- **Sanktionen [= Strafen]**: Leistungsberechtigte werden zur Mitarbeit bei angebotenen Integrationsmaßnahmen verpflichtet. Ablehnung oder Abbruch ohne wichtigen Grund führen zu Leistungseinschränkungen. Bei Straffälligkeit wird das Aufenthaltsrecht widerrufen. Nachzuweisendes Fehlverhalten eines Asylbewerbers soll mit Leistungskürzungen verbunden werden.
- **Anreize zur Integration**: Eine unbefristete Niederlassungserlaubnis wird nur bei erbrachten Integrationsleistungen erteilt. Das können sein: Sprachkenntnisse, Ausbildung, Arbeit.
- **Wohnsitzzuweisung**: Zur Vermeidung sozialer Brennpunkte sollen Schutzberechtigte gleichmäßiger verteilt werden. „Eine Verletzung der Wohnsitzzuweisung führt für die Betroffenen zu spürbaren Konsequenzen."

(Aus: Koalition einigt sich auf Integrationsgesetz, in: www.t-online.de, 16.04.2016, Zugriff: 21.04.2016)

Erste Orientierungshilfen in verschiedenen Sprachen

Fast alle Flüchtlinge sind integrationswillig

Das Integrationsgesetz folgt dem Konzept des Forderns und Förderns. Das heißt, dass die Politik die Flüchtlinge bei der Integration mit vielen Maßnahmen unterstützt und dafür sozusagen als Gegenleistung auch Anstrengungen der Flüchtlinge fordert. Doch wollen sich diese überhaupt integrieren? Dazu äußert sich die Vorsitzende des Deutschen Städtetags, Eva Lohse, in einem Interview:

„Ich kann nur berichten, dass die meisten Asylbewerber sich integrieren wollen und dass sie sehr großes Verständnis dafür haben, dass eine aufnehmende Gesellschaft solche Integrationsangebote, die die Flüchtlinge fördern, dann aber auch verbindlich machen wollen. Ich denke, das ist genau der richtige Weg, denn wer nicht wirklich einfordert, der fördert am Ende auch nicht."

(Zitat aus: Peter Kapern, Wer nicht einfordert, der fördert am Ende auch nicht, in: www.deutschlandfunk.de, 15.04.2016, Zugriff: 24.04.2016)

1. Die Politik verfolgt bei der Integration das Konzept des Forderns und Förderns. Erkläre anhand von Beispielen aus dem Integrationsgesetz, was damit gemeint ist.

2. Besonders umstritten bei dem Integrationsgesetz ist die Zuweisung von Wohnsitzen. Was spricht dafür, was dagegen? Nenne jeweils mindestens ein Argument.

D Der Beitrag der Wirtschaft: Unterstützung auf dem Weg in den Job

Nach Schätzungen der Bundesarbeitsagentur haben von den Flüchtlingen nur etwa 20 Prozent eine abgeschlossene Ausbildung oder ein Studium.

Was kann das Handwerk leisten?

In einem Interview äußert sich der Hauptgeschäftsführer der Handwerkskammer München und Oberbayern zu den Herausforderungen und Angeboten des Handwerks: „Damit die Integration in die Gesellschaft auf Dauer gelingen kann, sehe ich die Eingliederung in den Arbeitsmarkt als wichtigsten Faktor an. Dabei wiederum ist die Sprache ein Faktor von immenser Bedeutung – insbesondere die Fachsprache des jeweiligen Berufes. Der Umgang zum Beispiel mit Heizungen erfordert viel Fachchinesisch, das muss ein Handwerker Privatkunden nachvollziehbar erklären können.

Praktikum, ein erster Schritt zum Ausbildungsplatz

Zudem müssen die Menschen Sozialkompetenzen mitbringen. Dabei spielt beispielsweise auch eine Rolle, ob die jungen Männer eine Frau als Vorgesetzte akzeptieren. Aber es betrifft auch Pünktlichkeit und regelmäßiges Erscheinen am Arbeitsplatz. Die Arbeitsabläufe sind zum Teil noch sehr ungewohnt.

Wir dürfen die Flüchtlinge auch während der Ausbildung nicht allein lassen, sonst scheitern sie. Deshalb bieten wir ein Betreuungsnetz mit speziellen Ausbildungsbegleitern an. Dieser dient gezielt als Ansprechpartner für die Jugendlichen mit ihren Alltagsproblemen bei Wohnraumsuche oder in der Berufsschule. Die Zahl der Betreuer in den Betrieben werden wir in den kommenden Jahren noch erhöhen müssen. Aber wir verzeichnen schon erste Erfolge."

(Aus: Judith Pape, Wie klappt's in der Praxis? In: www. tagesschau.de, 21.01.2016, Zugriff: 24.04.2016)

Der Beitrag der Industrie: zum Beispiel Bayer-Leverkusen

In einem speziell für sie entwickelten Kurs lernen junge Flüchtlinge drei Monate intensiv Deutsch, absolvieren die Sprachprüfung und schließen mit einem einmonatigen Training im Ausbildungszentrum das Programm ab. Solche Kurse bietet Bayer an, um jungen Flüchtlingen eine Perspektive auf einen Ausbildungsplatz zu eröffnen. Alle Teilnehmer sind sehr engagiert, sagt Dirk-Michael Pfenning, der den Kurs leitet. Anschließend können sich die Teilnehmer für das einjährige, berufsvorbereitende Bayer-Programm Starthilfe bewerben, sich anderweitig weiterqualifizieren oder eigenständig einen Ausbildungsplatz suchen.

Einfache Lösungen für die Integration in den Arbeitsmarkt wird es nicht geben. Doch viele unterschiedliche Ansätze und Initiativen zeigen, dass neue Ideen gefragt sind, damit die Chancen der Zuwanderung nicht hinter zu vielen Problemen verschwinden.

(Nach: Ingrid Weidner: Plötzlich ist die Firma vielfältig, in: www. zeit.de, 16.02.2016, Zugriff: 24.02.2016)

 Beschreibe anhand der Beispiele, was das Handwerk und die Industrie unternimmt, um Flüchtlingen den Weg in den Job zu erleichtern.

 Welche der genannten Sozialkompetenzen sind eher leicht, welche eher schwer erreichbar? Begründe deine Antwort.

Vorbereitung:

- Bildet Gruppen und entscheidet euch, welche Rolle ihr übernehmen wollt. Eine Gruppe bereitet sich auf die Moderation vor.
- Arbeitet die Rollenkarten und die Informationen (A bis D) sorgfältig durch. Eure Aufgabe ist es, die Sichtweise eurer Gruppe in der Diskussion überzeugend zu vertreten. Die Moderatoren leiten die Diskussion.

Durchführung:

- Jede Gruppe entsendet einen Vertreter in die Diskussionsrunde. Zwei Moderatoren übernehmen die Gesprächsleitung. Die restliche Klasse bildet das Publikum, das ebenfalls Fragen stellen kann.
- Die Moderatoren leiten die Diskussion mit der ersten Frage ein, die die Teilnehmer der Reihe nach beantworten. Anschließend beginnt die Diskussion.
- Nach einer vorher vereinbarten Zeit fasst der Moderator die Ergebnisse zusammen und stellt die Schlussfrage.

Auswertung:

Schlüpft nun aus eurer Rolle und redet in der Klasse über folgende Fragen:
- Welche Gruppe hat ihre Rolle besonders überzeugend vertreten?
- Haben die Teilnehmer die Diskussionsregeln eingehalten und fair diskutiert? (Siehe Methodenkarte Seite 46).

Rollenkarte: Moderation

Eure Rolle

Ihr übernehmt die Gesprächsleitung und seid für den geordneten Ablauf der Talkshow verantwortlich.

Vor Beginn

- Da ihr den Verlauf einer Diskussion nie ganz genau planen könnt, solltet ihr euch inhaltlich sehr gut vorbereiten. Tipp: Lest die Rollenkarten der Teilnehmenden arbeitsteilig und informiert euch gegenseitig.
- Bereitet in der Gruppe drei bis fünf Fragen vor, zum Beispiel: Was haben Sie unternommen, um die Integration zu fördern? Wie erfolgreich waren die Maßnahmen? Was müsste in Zukunft geschehen?
- Bestimmt zwei Mitglieder, die moderieren werden. Sprecht ab, wer welche Fragen stellt.

Während der Talkshow

- Zu Beginn begrüßt ihr das Publikum und stellt die Gäste mit Namen und Position vor.
- Stellt anschließend eine Eröffnungsfrage, zu der jeder Gast etwas sagen kann.
- Achtet in der folgenden Diskussion darauf, dass alle Gäste sich an die Diskussionsregeln (Methodenkarte Seite 46) halten und sich einander mit Respekt begegnen.
- Ihr erteilt jeweils das Wort, nachdem ihr eine Frage gestellt habt. Berücksichtigt auch Fragen und Wortmeldungen aus dem Publikum. Achtet auch darauf, dass jeder in der Runde ausreichend Gelegenheit bekommt, seinen Standpunkt darzustellen.
- Beendet die Talkshow, indem ihr euch bei den Gästen und dem Publikum bedankt.

Rollenkarte: Flüchtlinge

- Ihr seid Flüchtlinge und betont, dass ihr sehr dankbar seid, in Deutschland Schutz gefunden zu haben.
- Deutschland betrachtet ihr als eure neue Heimat und seid bereit, euch zu integrieren.
- Als Belastung empfindet ihr die Unsicherheit über eure persönliche Zukunft. Ihr fordert deshalb ein dauerhaftes Bleiberecht für alle Flüchtlinge.
- Ihr wünscht euch noch mehr Integrationskurse und Unterstützung bei der Suche nach einem Arbeitsplatz. Denn ihr wollt so schnell wie möglich euer eigenes Geld verdienen.
- Ihr wollt euren Wohnsitz in Deutschland frei wählen können, weil ihr wie viele andere Verwandte in Deutschland habt, die euch helfen können.

Rollenkarte: Schulen

- Ihr sprecht für die Schüler und Lehrer an allen Schulen.
- Verweist darauf, dass sowohl die Lehrerinnen und Lehrer als auch die Schülerinnen und Schüler die Flüchtlinge gerne aufgenommen haben. An vielen Schulen wurden erfolgreiche Projekte gestartet.
- Ihr betont, dass weiterhin große Anstrengungen erforderlich sind, um den Flüchtlingskindern eine schulische und berufliche Ausbildung zu ermöglichen. Dazu gehört, dass die Schulen mehr Geld und mehr Lehrer bekommen müssen.
- Nur wenn Flüchtlingskinder speziell und in kleinen Klassen gefördert werden, können sie die Sprache rasch erlernen und sich integrieren.

Rollenkarte: Politik

- Als Politiker stellt ihr das Konzept des Förderns und Forderns sowie das neue Integrationsgesetz vor.
- Verweist darauf, dass die Politik Milliarden Euro in die Integration investiert und dafür erwartet, dass die Flüchtlinge unsere Sprache erlernen und auch unsere Werte und unseren Lebensstil akzeptieren (z. B. Gleichberechtigung von Mann und Frau).
- Ihr äußert euch besorgt über den zunehmenden Fremdenhass und die Anschläge auf Flüchtlinge. Die Täter müssten streng bestraft werden.
- Ihr betont, dass Integration eine Leistung der ganzen Gesellschaft ist und sich dafür alle einsetzen müssen. Gesetze allein können das Problem nicht lösen.

Rollenkarte: Wirtschaft

- Als Vertreter der Wirtschaft seht ihr in den Flüchtlingen eine Chance, langfristig den Mangel an Arbeitskräften zu bekämpfen. Die meisten Flüchtlinge sind noch jung und könnten viele Jahre in Deutschland arbeiten.
- Ihr betont, dass die deutsche Wirtschaft bereits viele Praktika und Berufsvorbereitungslehrgänge anbietet, damit die Flüchtlinge die so ganz andere Arbeitswelt kennenlernen.
- Von der Politik fordert ihr, dass sie den Flüchtlingen rasch erlaubt, eine Arbeit aufzunehmen, und dass sie beim Erlernen der Sprache stärker unterstützt.
- Von den Flüchtlingen fordert ihr noch stärkere Bereitschaft, eine Ausbildung durchzuhalten, auch wenn sie mehrere Jahre dauert. Sie sollten akzeptieren, dass sie viel lernen müssen, um auf dem deutschen Arbeitsmarkt eine Chance zu haben.

Diskussionsregeln

Worum geht es?

Eine Diskussion ist ein Gespräch, in dem unterschiedliche Meinungen ausgetauscht und begründet werden. Anders als in Privatgesprächen ist die Diskussion im Unterricht eine Methode, bei der man einerseits lernen kann, seine Meinung zu vertreten, um andere davon zu überzeugen, und in der man andererseits lernt, mit fremden Meinungen umzugehen und fair und tolerant zu bleiben, wenn andere Diskussionsteilnehmer eine andere Auffassung vertreten.

Wie macht man das?

Für eine Diskussion im Unterricht braucht man ein klar formuliertes Diskussionsthema und eine Diskussionsleitung, die auf die Einhaltung der Regeln achtet. Da die Leitung einer Diskussion eine schwierige Aufgabe ist, solltet ihr sie bei den ersten Diskussionsübungen eurer Lehrerin bzw. eurem Lehrer überlassen.

Die Diskussionsleitung
- nennt das Diskussionsthema,
- legt die Dauer der Diskussion fest,
- notiert die Meldungen,
- erteilt das Wort,
- ermuntert zur Äußerung unterschiedlicher Ansichten,
- beendet die Diskussion mit einer Zusammenfassung.

Thema: Wie kann Integration gelingen?

Man kann nicht klug diskutieren, wenn man von dem Thema nichts versteht. Daher setzt man sich vorher mit der Sache, um die es geht, auseinander. Man bildet sich ein eigenes Urteil, überlegt sich Argumente und ist dann fit für die Diskussion.

Warum sind Diskussionsregeln wichtig?

Diskussionen werden auch als Streitgespräch bezeichnet. Miteinander mit Worten zu streiten, gehört in einer Demokratie dazu.

7 unverzichtbare Diskussionsregeln
1. Beteilige dich aktiv.
2. Begründe deine Meinung.
3. Höre gut zu.
4. Lass andere ausreden.
5. Rufe nicht dazwischen.
6. Streite nur mit fairen Mitteln.
7. Sei nicht übertrieben rechthaberisch.
Eine Meinung zu überdenken oder zu ändern muss keine Schwäche sein!

An der Herbert-Hoover-Realschule in Berlin ist es bereits Alltag: Alle Schülerinnen und Schüler haben sich verpflichtet, während der Schulzeit, also auch in den Pausen, nur noch deutsch zu sprechen. Das ist keine Selbstverständlichkeit bei einem Ausländeranteil von über 90 Prozent. In Berlin musste die freiwillige Vereinbarung von Eltern, Schülern und Lehrern gegen viele Widerstände durchgesetzt werden. Wäre es da nicht einfacher, die Politik würde für Schulen mit hohem Ausländeranteil vorschreiben, dass Deutsch die verbindliche Schulsprache ist?

Die Schulleiterin der Hoover-Schule und ihre Schüler: Viele sprechen weder richtig deutsch, noch beherrschen sie ihre Muttersprache.

> Es ist ja so, dass in den Klassen Ausländer sitzen, die aus ganz verschiedenen Ländern kommen und deshalb auch unterschiedliche Muttersprachen sprechen. Da ist dann Deutsch die gemeinsame Sprache, die alle verstehen.

> Deutsch kann doch kaum einer richtig an so einer Schule. Da unterhalte ich mich doch lieber mit meinen Freunden während der Pause in meiner Muttersprache.

> Die Identität eines Menschen, also seine Vorstellung, was und wer er ist, hängt von der Sprache ab, die er spricht. Schneidet man seine Sprache ab, dann schneidet man ein Stück von ihm selbst ab. So gehen Diktaturen mit Menschen um. Eine Demokratie darf das nicht.

> Diese Verpflichtung verstößt gegen Grundrechte: Niemand darf gezwungen werden, seine Muttersprache aufzugeben.

> Wenn einer kein Deutsch kann, wie soll er sich dann im deutschen Alltag zurechtfinden? Das geht doch gar nicht.

> Wenn fast nur Türken auf einer Schule sind, dann wäre es doch besser, den Unterricht ganz auf Türkisch umzustellen, dann beherrschen die Kinder wenigstens eine Sprache richtig. Außerdem zeigen Untersuchungen, dass derjenige, der seine Muttersprache gut beherrscht, auch eine Zweitsprache, also Deutsch, besser lernt.

> Wer in der Schule konsequent deutsch reden muss, lernt in der Praxis mehr als in den 4 oder 5 Deutschstunden.

> Ohne deutsche Sprache gibt es keine Lehrstelle. Eignungstest und Einstellungsgespräch werden schriftlich auf Deutsch geführt.

 Sortiere die verschiedenen Positionen in einer Pro-und-Kontra-Tabelle und suche Beispiele zur Veranschaulichung der Argumente.

 Finde dann einen eigenen Standpunkt und diskutiert die verschiedenen Meinungen mithilfe der Argumente in der Klasse.

5 Wie aus Zuwanderern Bürgerinnen und Bürger werden ...

Rechtliche Beratung einer Schülerin zur Einbürgerung

A ☑ Fall — Serap will einen deutschen Pass

Millionen Ausländer leben schon seit vielen Jahren in Deutschland und sind in der Gesellschaft gut integriert. Sie können sich einbürgern lassen. Unter welchen Voraussetzungen das möglich ist, regelt das Einbürgerungsgesetz.

Gar nicht so einfach, sich in diesem Thema auszukennen. Dieses Problem hat auch Serap, die sich mit ihren Fragen an ein Internetforum wendet.

Hallo,

ich heiße Serap, bin 16 Jahre alt und besuche die Albert-Einstein-Gesamtschule in Duisburg.

Meine Familie lebt zwar schon viele Jahre in Deutschland, doch haben wir unsere türkische Staatsbürgerschaft behalten.

Nun überlege ich, mich einbürgern zu lassen. Mir geht es schon lange so, dass ich Deutschland als meine wirkliche Heimat empfinde. Ich selbst bin zwar in der Türkei geboren, kam jedoch mit sechs Jahren nach Deutschland. Die Besuche in der alten Heimat finde ich nach wie vor schön, doch habe ich nicht das Gefühl, nach Hause zu kommen. Kein Wunder, schließlich spreche ich wesentlich besser deutsch als türkisch. Außerdem will ich mich für eine Ausbildung bei der Polizei bewerben. Das kann ich nur als Deutsche.

Über den Weg zur deutschen Staatsbürgerschaft gibt es in meiner Umgebung unterschiedliche Ansichten. Mein Vater behauptet, ich könne nicht Deutsche werden, wenn meine Eltern ihre türkischen Pässe behalten.

Stimmt das wirklich? Kann mir jemand erklären, wie ich an einen deutschen Pass kommen kann? Vielen Dank für eure Antworten.

Ja, ich will.
Einbürgerung jetzt.
www.einbuergerung.nrw.de

B Wie kann man Deutscher werden?

Durch Geburt

- Nach dem Abstammungsprinzip: Kinder, von denen mindestens ein Elternteil die deutsche Staatsangehörigkeit besitzt, werden automatisch Deutsche.
- Nach dem Geburtsprinzip: Kinder, die in Deutschland geboren werden, erhalten die deutsche Staatsbürgerschaft, wenn ihre Eltern seit acht Jahren in Deutschland leben und eine unbefristete Aufenthaltsgenehmigung haben. Einer neuen Regelung zufolge können sie neben dem deutschen Pass auch den Pass ihres Herkunftslandes behalten (doppelte Staatsbürgerschaft).

Durch Einbürgerung

Zuwanderer haben einen Anspruch auf Einbürgerung, wenn folgende Voraussetzungen vorliegen:

- Sie besitzen zum Zeitpunkt der Einbürgerung ein unbefristetes Aufenthaltsrecht oder eine Aufenthaltserlaubnis.
- Sie haben seit acht Jahren ihren gewöhnlichen Aufenthalt in Deutschland.
- Sie können den Lebensunterhalt für sich und ihre unterhaltsberechtigten Familienangehörigen ohne Sozialhilfe oder Arbeitslosengeld II (Hartz IV) bestreiten.
- Sie haben Kenntnisse über die Rechts- und Gesellschaftsordnung sowie die Lebensverhältnisse in Deutschland. Diese müssen sie durch einen Einbürgerungstest nachweisen.

- Sie bekennen sich zur freiheitlichen demokratischen Grundordnung des Grundgesetzes der Bundesrepublik Deutschland.
- Sie müssen ihre alte Staatsbürgerschaft in der Regel bei der Einbürgerung abgeben.

Ab dem 16. Geburtstag können Ausländer diesen Antrag selbst stellen. Für jüngere Ausländer müssen ihre gesetzlichen Vertreter die Einbürgerung beantragen. Das sind in der Regel die Eltern.

(Zusammengestellt nach der Broschüre „Wege zur Einbürgerung", Hg. Die Beauftragte der Bundesregierung für Migration, Flüchtlinge und Integration, o. J.)

C TEAM kontrovers: Ist die doppelte Staatsbürgerschaft sinnvoll?

Ja! Die Entscheidung für nur eine Staatsbürgerschaft bringt viele junge Zuwanderer in einen schweren Gewissenskonflikt, weil sie sich der Heimat der Eltern verbunden fühlen. Deshalb ist es positiv, dass sie zwei Pässe besitzen dürfen.

Nein! Migranten sollen sich ohne Vorbehalte zum deutschen Staat bekennen und daher die Staatsbürgerschaft ihres Herkunftslandes ablegen. Schließlich haben sie ihren Lebensmittelpunkt in Deutschland.

1. Beschreibe in eigenen Worten Seraps Anliegen. Welche Fragen hat sie?

2. Formuliere eine Antwort auf Seraps Brief und verwende dabei die Informationen von Material B.

3. Beim Thema „doppelte Staatsbürgerschaft" gehen die Ansichten weit auseinander. Wie denkst du darüber? Nimm Stellung zu den Aussagen in den Sprechblasen und diskutiert darüber in der Klasse.

Einwanderung nach Deutschland

Station 1

Warum kommen Menschen nach Deutschland?

Eines der jungen Mädchen auf dem Foto gehört zu den über sieben Millionen Menschen in Deutschland, die einen ausländischen Pass haben. Wir wissen nichts Näheres über sie. Es gibt mehrere Möglichkeiten, warum sie mit ihren Eltern ihre Heimat verlassen haben könnte.

- Ergänze den Lückentext mit jeweils unterschiedlichen Gründen, warum dieses Mädchen nach Deutschland gekommen sein könnte.

„Ich heiße … und wurde in … geboren.
Meine Eltern verließen vor … Jahren ihre Heimat, weil …
Wir können heute in Deutschland leben, weil …

Station 2

Wie ist es um die Integration bestellt?

Zwei aus drei
Diese Sätze stammen aus dem Unterkapitel. Wähle zwei aus und erläutere sie in einem kurzen Text.

> Integration ist ein Prozess …

> Integrationspolitik folgt dem Konzept des Förderns und Forderns.

> Es gibt noch Bereiche, in denen es Unterschiede zwischen Migranten und einheimischen Deutschen gibt.

Station 3

Stolpersteine der Integration

rückständige Traditionen

Rassismus

- Wähle ein Beispiel aus und erkläre in einem kurzen Text, warum dieses ein Stolperstein für die Integration ist.
- Formuliere mindestens einen Vorschlag, wie dieser Stolperstein aus dem Weg geräumt werden kann.

Station 4

Martin Erl

Wie ist Integration möglich?

1. Interpretiere die Karikatur mithilfe der 4-Schritt-Methode.
2. Wähle einen Bereich aus (Schule, Wirtschaft, Politik) und erläutere an einem selbst gewählten Beispiel den Beitrag zur Integration.
3. Was antwortest du, wenn du folgendem Vorurteil begegnest: „Die meisten Migranten wollen sich doch gar nicht integrieren."

Station 5

Wie aus Zuwanderern Bürgerinnen und Bürger werden ...

Stell dir vor, du bereitest ein Kurzreferat zum Thema „Einbürgerung" vor.

1. Erkläre, was ein Einbürgerungstest ist und welche Rolle er bei der Einbürgerung spielt.
2. Verfasse einen Merkzettel für einen Kurzvortrag, in dem du die weiteren Voraussetzungen für die Einbürgerung erläuterst.

3 Leben in der digitalen Medienwelt

Chancen beurteilen, Gefahren vermeiden

1. Allein nachdenken

Was würde sich in deinem alltäglichen Leben verändern,
wenn das Internet für mehrere
Wochen ausfiele?

3. In der Klasse sammeln

Könnt ihr auch Gefahren be-
nennen, die durch die moderne
Medienwelt entstehen?

2. Zu zweit beraten

Wozu sind elektronische Medi-
en wie Radio, Fernsehen,
Smartphone wichtig?

Im Verlauf dieses Kapitels könnt ihr ...

- eigene Stellungnahmen zu den Vorzügen und den Risiken im Umgang mit sozialen Netzwerken entwickeln,
- herausfinden, wie ihr euch vor einem Missbrauch eurer persönlichen Daten schützen könnt,
- die WebQuest-Methode anwenden, um das Internet zur Informationsrecherche klug zu nutzen,
- euch ein Urteil dazu bilden, wie sehr die digitale Medienwelt die Bildungschancen von Kindern weltweit verbessern kann,
- euch zu den Gefahren im Netz ein Urteil bilden und miteinander diskutieren.

Eigene Schwerpunkte könnt ihr setzen, indem ihr ...

- Videoanalysen zu Nachrichtenvideos in YouTube durchführt,
- eigene Ideen gegen Cybermobbing entwickelt,
- Plakate, Bilder, Artikel oder Theaterszenen zu den Themen des Kapitels entwerft.

1 Alltag ohne Smartphone: undenkbar?
Diskutieren über die Vor- und Nachteile von „always online"

Fast alle Jugendlichen besitzen ein Smartphone (97 Prozent). Die meisten haben ein „all-inclusive-Paket" für die Internetnutzung zu Hause und unterwegs. So mit Technik ausgestattet können sie „always on" sein, also jederzeit online. Und sie sind es bis zu neun Stunden am Tag. Miteinander telefonieren war früher einmal die Hauptnutzungsfunktion eines Handys, mittlerweile nicht mehr. Bei 95 Prozent aller 12- bis 19-Jährigen steht das Versenden und Empfangen von Nachrichten an erster Stelle, gefolgt von Musik abspielen und Surfen im Netz (82 %). Knapp zwei Drittel (65 %) nutzen Communitys, allen voran Facebook.

Frank Speth

Sechs von zehn Jugendlichen verschicken selbst gemachte Filme und Fotos. Alles, was früher einmal privat war, kann heute mit anderen geteilt werden. 18 Apps hat durchschnittlich jeder 15-Jährige zusätzlich auf seinem Handy und erschließt sich damit weitere Nutzungsmöglichkeiten: Videoportale, Bilderdienste, Musik-Apps sind besonders beliebt. Nur jeder zehnte 12- bis 19-Jährige gibt an, zu Hause Ärger wegen zu häufiger Handynutzung zu haben. Schließlich sind die Eltern auch ständig online.

- Leben mit Smartphone: Ist das nur eine Bereicherung?

Über diese Frage könnt ihr hier diskutieren.

(Alle statistischen Angaben aus JIM-Studie 2015; Multi-Media-Studie zum Medienumgang 12- bis 19-Jähriger)

A Geht die Beschäftigung mit dem Smartphone zulasten der persönlichen Kommunikation?

Ja, einfach dass die sozialen Kontakte dadurch geschwächt werden, man sich gar nicht mehr so richtig unterhält, jede Minute eigentlich auf sein Handy guckt und schaut. Man sieht es an der Jugend. Ich bin ja genauso, kann es auch nicht abstreiten, aber man guckt halt andauernd auf sein Handy, ob man eine neue Nachricht hat oder so. Und dieser Wahn ist ja ziemlich schnell gekommen eigentlich, hat sich ziemlich schnell verbreitet. Das finde ich schon krass. Mit den sozialen Kontakten sollte das ebenso sein, dass man sein Handy auch mal eine Stunde weglegen kann.

Alexandra, 14 Jahre

(Zitiert in: Dr. Klaus Hurrelmann u. a. (Hg.): 17. Shell Jugendstudie, Fischer Verlag GmbH, Frankfurt am Main 2015, S. 367, Grammatikfehler bereinigt)

1. Entspricht euer Umgang mit dem Handy dem allgemeinen Durchschnitt? Vergleicht die statistischen Angaben mit der Art eurer Handynutzung und tauscht euch darüber aus.

2. „Das finde ich schon krass!", sagt Alexandra. Was meint sie damit und was meint ihr dazu? Sammelt möglichst viele Beiträge.

WhatsApp abschalten und ein paar Tage für viele Leute unerreichbar sein? Klingt unvorstellbar? Ich habe es gewagt. Vier Tage lang war ich ohne jegliche smartphoneartige Kommunikation auf SMS und Anrufe angewiesen. Anstoß für diesen Selbstversuch war, dass ich kaum noch eine ruhige Minute hatte. Wie ein Magnet zog mich mein Smartphone an, ich suchte die Wetterprognosen für die nächsten Tage (gleich an mehreren Orten), schaute, was es Neues auf Facebook gab, checkte ständig meine E-Mails und dazu kamen die WhatsApp-Nachrichten im Sekundentakt (Gruppen können auch ein wahrer Fluch sein). Ich hatte keine freie Minute mehr, war voll im Freizeitstress gefangen. [...]

Neulich im Wartezimmer des Arztes: Wow!   Dirk Müller

Der erste Morgen

ohne Smartphone fing schon nervenaufreibend an. Ohne Wetterapp, die App der öffentlichen Verkehrsmittel und Spiegelonline – ein für mich ungewohnter Start in den Tag. Ich zog mich zu kalt an, verpasste die Bahn zur Arbeit und konnte nicht wie gewohnt die Nachrichten lesen. Doch je länger das Smartphone für seine eigentlichen Zwecke unbrauchbar war, desto entspannter wurde ich. Schon fast eine Art Ferienhochgefühl machte sich breit. Auf dem Heimweg beobachtete ich einen wunderschönen Sonnenuntergang, der mich von einem stressigen Tag abschalten ließ. Währenddessen schienen die Menschen um mich herum von ihren Handys gefesselt zu sein, alle schauten auf die kleinen Bildschirme in ihren Händen.

Nach zwei Tagen

vermisste ich nichts mehr, berief mich auf „alte" Mittel wie Zeitung, Wetternachrichten im Fernsehen und merkte mir die Bahn-Fahrzeiten. [...] Als ich am vierten Tag abends meine Datenverbindungen wieder einschaltete, machte ich das mit großem Widerwillen. Das Urlaubsgefühl der letzten Tage war so plötzlich verpufft, wie es gekommen war. Doch ich habe viel gelernt: Durch die schnelle Kommunikationsgesellschaft, in der wir heute leben, gehen wertvolle Worte verloren. Bevor auf „senden" geklickt wird, macht man sich wenig Gedanken, was man mit seiner Nachricht auslösen kann, oder auch nicht. [...]

Ich will nicht sagen, dass ich nun Smartphones und deren spielerisches Können verachte. Eher, dass man die Möglichkeiten, die wir heutzutage haben, mit etwas mehr Bedacht nutzen sollte. Denn die wichtigsten Sachen der Welt – die zwischenmenschliche Kommunikation – sollte nicht zur alltäglichen Nebensache verkommen.

(Ines Vondracek: Ohne WhatsApp, ohne mich!? In: Face 2 Face, Online Magazin, www.face2face.magazin.de, Artikel vom 05.11.2013; Zugriff: 10.05.2016)

---

3. Fasse zusammen, warum Ines diesen Versuch unternommen hat und welche Erfahrungen sie dabei macht.

4. Wie kann es gelingen, dass die zwischenmenschliche Kommunikation nicht zur alltäglichen Nebensache verkommt? Sammelt Vorschläge und Ideen dazu.

5. Leben „always online": Was ist daran bereichernd? Was kann von Nachteil sein? Formuliere dazu deine persönliche Stellungnahme.

Was auch noch interessant sein kann:

- eine der beiden Karikaturen auf dieser Doppelseite auswählen und dazu eine passende Geschichte erfinden

- den Versuch selbst durchführen, einen Tag oder mehr auf das Internet verzichten und von den Erfahrungen berichten

2 Jugendliche im Umgang mit persönlichen Daten im Netz — verantwortungsbewusst oder zu sorglos?

Urteilsbildung und Diskussion über die Bedeutung des Datenschutzes

Eine Einstiegsübung: Stelle dir folgende Situation vor …

Du kommst morgens zur Schule und machst dich auf den Weg in deinen Klassenraum. Im Schulgebäude wartet eine Überraschung auf dich. Die Wände sind mit großformatigen Fotos dekoriert. Sie zeigen in Einzelaufnahmen fast alle Mädchen und Jungen deiner Klasse in Badekleidung, versehen mit Namen und Adressen. Irgendjemand hat sie wohl bei einem Schwimmbadbesuch deiner Klasse geschossen und über Nacht öffentlich gemacht.

● Wie reagierst du: amüsiert, verärgert, schockiert?

A Einstellungen Jugendlicher zum Datenschutz

Zum Beispiel Janosch, Auszubildender (17)

Michael Hüter

MÜSSEN FREUNDE ALLES WISSEN ... ?

Facebook und WhatsApp sind für mich die Kommunikationsmittel Nummer 1. Mit allen meinen Freunden und Bekannten stehe ich so ständig in Kontakt. Wir treffen uns im Netz, kommunizieren miteinander, egal zu welcher Tageszeit und immer kostenlos. Oft stellen wir lustige Fotos und kleine Videos online, die wir selbst geschossen haben, und dann können alle ihre Kommentare dazu abgeben. Das macht sehr viel Spaß. Klar weiß ich, dass man viel von sich preisgibt im Internet. Gefährlich sind die sozialen Netzwerke eventuell für Kinder oder jüngere Teenager, weil diese sich der Gefahren nicht bewusst sind und allzu leichtfertig ihre Daten preisgeben.

Umfrageergebnisse

Die Frage, wie sicher sich die Jugendlichen bezüglich ihrer Daten in ihrer Community fühlen, beantworten sieben Prozent mit „sehr sicher", weitere 39 Prozent fühlen sich „sicher". Die Mehrheit hat in dieser Hinsicht aber durchaus Bedenken und fühlt sich weniger (36 %) bzw. gar nicht sicher (18 %). Wenngleich die jüngsten und damit am wenigsten erfahrenen Nutzer die Sicherheit ihrer Daten nach wie vor am positivsten einschätzen, so zeigt sich im Vergleich zum Vorjahr eine deutlich erhöhte Sensibilität. Ob die verstärkten Vorbehalte das Ergebnis der öffentlichen Diskussion oder auf Aufklärungsarbeit in Elternhaus und Schule zurückzuführen sind, sei dahingestellt. […] Faktisch ist der Anteil der Zweifler im Vergleich zum Vorjahr angestiegen; die Gruppe derer, die sich sicher fühlen, ist insgesamt um zehn Prozentpunkte zurückgegangen.

(Aus: JIM-Studie 2014, Medienpädagogischer Forschungsverbund Südwest, www.mpfs.de)

---

1. Welche Bedeutung haben die vielen Augenpaare in der Karikatur? Deute die Zeichnung.

2. Was ist verlockend und was ist risikoreich daran, private Fotos und Videos ins Netz zu stellen? Stelle einen Zusammenhang zur Einstiegsübung her.

3. Trifft Janoschs Vermutung zu, dass Kinder und jüngere Teenager sich der Gefahren des Datenmissbrauchs nicht bewusst sind? Tauscht eure Erfahrungen aus.

INFO

B Datenschutz

1. Erkläre, was man unter Datenschutz und unter Datenmissbrauch versteht.

2. Warum ist die Gefahr des Datenmissbrauchs im Internet größer als im realen Leben? Erläutere es an einem Beispiel.

3. Du kannst ein Plakat entwerfen, das auf den Datenschutz im Internet aufmerksam macht und wichtige Regeln enthält.

Datenschutz: Was bedeutet das?

Persönliche Daten sind Informationen, die etwas darüber aussagen, wer du bist. Dazu gehören dein Alter, deine Adresse, deine Hobbys, Angaben über deine Familie, deine Schulbildung usw.

Alle persönlichen Daten gehören zu dir und wie alles, was einem gehört, sollte man sich gut überlegen, mit wem man diese Informationen teilt. In der Schule müssen zu Verwaltungszwecken einige Daten von dir gespeichert werden. Dabei kannst du davon ausgehen, dass sie vertraulich behandelt und keinesfalls an Unbefugte weitergegeben werden. Im Internet gibt es diese Garantie nicht. Hier können Daten missbraucht werden, wenn sie in falsche Hände geraten.

Datenschutz hat die Aufgabe, jeden Einzelnen vor einem Missbrauch personenbezogener Daten zu schützen. Dieser Schutz ist ein Grundrecht in Deutschland. Der Staat übernimmt damit die Aufgabe, die Menschen im Land vor Datenmissbrauch zu schützen. Er kann das aber nur begrenzt, weil sich kriminelles Handeln nicht ausschließen lässt und weil auch jeder Einzelne für den Schutz seiner persönlichen Daten verantwortlich ist.

Gefahren des Missbrauchs

Wer sich in einem sozialen Netzwerk bewegt, muss sich darüber im Klaren sein, dass es absolute Datensicherheit darin nicht geben kann. Wer private Fotos und Filme postet – zum Beispiel mittels Instagram –, muss damit rechnen, dass sie auch von Leuten gespeichert werden, die keine Freunde sind. Wer sich einmal mit vielen Informationen im Internet präsentiert, kann das nicht wieder rückgängig machen. Das Netz vergisst nichts und daher ist nirgendwo sonst die Gefahr so groß, dass Daten missbraucht werden. Missbrauch liegt vor, wenn Unbefugte sich Daten besorgen und sie für einen gänzlich anderen Zweck als den vom Absender gemeinten verwenden.

Stelle dir zum Beispiel vor, du erzählst auf YouNow oder berichtest auf WhatsApp, dass du mit deiner Familie im Urlaub bist und dass ihr noch zwei Wochen unterwegs sein werdet. Wer böse Absichten hat, findet heraus, wo ihr wohnt und dass zurzeit niemand zu Hause ist. Wenn ihr dann nach zwei Wochen aus Spanien wiederkommt, kann die Wohnung leer geräumt sein. Das mag unwahrscheinlich klingen, ist aber so und ähnlich schon häufiger passiert.

Wichtige Regeln

- Gib Telefonnummer und Adresse nur an Leute weiter, die du auch im realen Leben kennst.
- Sorge bei der Nutzung sozialer Netzwerke dafür, dass nur Freunde Zugang zu deinen Infos haben (Privacy-Option).
- Wähle nicht zu einfache Passwörter. Wechsle sie von Zeit zu Zeit.
- Sei vorsichtig mit der Teilnahme an Gewinnspielen. Meist geht es nur darum, deine Daten zu erhalten, um dich dann mit Werbung zu belästigen.
- Berate dich mit deinen Eltern, bevor du eine App herunterlädst.

Weitere Tipps zum Datenschutz erhältst du im Internet unter www.blinde-kuh.de, www.klicksafe.de, www.juuuport.de

C TEAM kontrovers:
Schätzen Jugendliche die Gefahren sozialer Netzwerke richtig ein?

Ja, sie kennen die Probleme und sind sich der Gefahren bewusst

Es ist verständlich, dass es Erwachsenen mulmig wird, wenn sie an alle die Gefahren denken, die Kindern und Jugendlichen im Internet drohen. Diese Ängste sind allerdings unbegründet. Umfragen mit Jugendlichen zeigen, dass sie sehr viel vorsichtiger im Umgang mit privaten Daten geworden sind. In Gesprächen kann man feststellen, dass sie die Problemfelder kennen und informiert darüber sind, wie man sich schützen kann, zum Beispiel indem man die Privatsphären-Optionen nutzt. Viele Jugendliche sagen, dass sie Fotos von ihrer Katze, ihrem Hund oder von schönen Landschaften posten, aber keine Selfies oder andere Fotos von sich selbst. Das zeigt, wie verantwortungsvoll die meisten von ihnen sich in der digitalen Welt bewegen. Echte Gefahren drohen eher durch Cybermobbing, Rohheiten und Beleidigungen in Gruppenchats und kriminellen Geldbetrug.

Wichtig ist, dass Kinder frühzeitig über die negativen Seiten der Internetnutzung aufgeklärt werden und dass Erwachsene und Jugendliche gemeinsam über die Bedeutung des Datenschutzes reden. Jugendliche brauchen die sozialen Netzwerke, weil sie darin ihren gesamten Freundeskreis organisieren. Deshalb von einer „Generation sorglos" zu sprechen, ist eine Fehleinschätzung von Erwachsenen und völlig übertrieben.

Nein, Jugendliche sind oft zu sorglos im Internet unterwegs

Schaut man sich die Inhalte und Informationen an, die Kinder und Jugendliche per Facebook, WhatsApp oder YouNow verbreiten, muss man sich als Erwachsener wundern, wie offenherzig hier mit privaten Daten und den Daten von Freunden und Bekannten umgegangen wird. Viele Jugendliche sehen überhaupt keine Probleme darin, auch intimste Informationen über sich und andere im Internet zu veröffentlichen. Auf gut gemeinte Ratschläge von Erwachsenen zur Beachtung des Datenschutzes reagieren sie mit Kopfschütteln und Unverständnis. Die meisten von ihnen haben offensichtlich keine Vorstellung davon, wer alles Zugriff auf ihre Daten haben kann. Jungen berichten, dass sie auf einer Party zu viel Alkohol getrunken haben oder dass es ihnen schwerfällt, pünktlich zu sein, und wundern sich dann, dass sie bei ihren Bewerbungen um einen Ausbildungsplatz scheitern. Mädchen präsentieren sich in ihren neuesten Bikinis und haben kein Gespür dafür, welche kriminellen Gefährdungen sie damit im Internet auslösen können.

Datenschützer sprechen zunehmend von einer „Generation sorglos" im Umgang Jugendlicher mit dem Internet und es gibt viele Gründe, sich darüber Sorgen zu machen.

1. Arbeite aus den beiden Texten die Pro- und Kontra-Argumente zur Diskussionsfrage heraus. (Das geht auch zu zweit.)

2. Formuliere deine eigene begründete Stellungnahme, indem du auch von deinen Erfahrungen berichtest.

3. Nimm Stellung dazu, ob die beiden Standpunkte auf dieser Seite ausreichen, um sich ein eigenes umfassendes Urteil über die Gefahren sozialer Netzwerke zu bilden.

4. Stellt eure Stellungnahmen in der Klasse vor und diskutiert miteinander über das Thema dieser Seite.

Was auch noch interessant sein kann:

- weitere Ansichten von Expertinnen und Experten im Internet recherchieren – z. B. unter www.klicksafe.de,
- Eltern und andere Erwachsene zum Thema interviewen,
- einen Dialog zwischen besorgten Eltern und Jugendlichen einstudieren und vor der Klasse vorspielen.

 D Was machen Jamira, Flavio, Maurice und Alexander falsch?

Fall 1: Das bin ich im Web

Jamira (13 Jahre) hat die Streaming-Platt-form YouNow für sich entdeckt und sich problemlos angemeldet. Jetzt hat sie ihre ersten Videos von sich produziert. Dabei plaudert sie gerne einfach mal so los, er-zählt, was ihre Hobbys sind und welche Se-rien und Bands sie mag. Sie sagt, sie fühle sich ein bisschen wie ein Star, wenn sie vor dem Bildschirm sitzt. In ihrem neuesten Vi-deo erzählt sie, dass sie in den Ferien für vierzehn Tage mit ihrer Mutter ans Meer fahren wird und dass sie dann 14 Tage lang dann keine Videos aus ihrem Zimmer in der Rheinstraße 7 versenden kann. Das mit der Adresse würde sie gerne zurücknehmen, aber dann denkt sie, dass das doch egal ist.

Euer Auftrag:

Über die folgenden Fälle solltet ihr in Gruppen beraten. Geht sie der Reihe nach durch und überlegt:

1. Was wird hier falsch gemacht?

2. Für wen können in diesem Fall welche Nachteile entstehen?

3. Welche Regel über den Umgang mit eigenen und fremden Daten lässt sich daraus ableiten?

Fall 3: Na warte, Maraike

Maurice und Alexander haben sich heftig über ihre Klassenkameradin Maraike geär-gert, weil diese die beiden nicht zu ihrer Geburtstagsfete eingeladen hat. Jetzt wol-len sie ihrem Ärger im Chatroom ordentlich Luft machen: „Maraike stinkt und steht nicht auf Jungs!" Das wird noch der harm-loseste Spruch sein, den sie ins Netz stellen wollen, natürlich unter falschen Namens-angaben.

Fall 2: Tolles Foto von Selma

Flavio ist richtig verknallt in Selma aus sei-ner Klasse. Sie weiß allerdings noch nichts davon. Auf der letzten Klassenfete hat er heimlich ein Foto von ihr gemacht und da-bei gerade auf den Auslöser gedrückt, als Selma einen Schluck aus einer Weinflasche nahm. „Lustiges Foto", denkt Flavio, „ich erzähle im Netz von der Party und stelle das Foto von Selma dazu. Das wird sie sicher freuen."

Wichtige Zusatzinfos zur Besprechung der Fälle

Videos auf YouNow werden live in Echtzeit versendet und können auch von Leuten angesehen und gespeichert werden, die nicht angemeldet sind. In Deutschland gibt es ein Urheberrecht. Darin ist geregelt, dass niemand das Bild eines anderen ohne dessen ausdrückliche Erlaubnis veröffentlichen darf. Wer diesem Gesetz zuwiderhandelt, macht sich strafbar.
Beleidigungen und üble Nachrede sind im Internet genauso strafbar wie im persönlichen Um-gang miteinander. Wer andere beleidigt, kann nach Paragraf 185 des Strafgesetzbuches mit einer Gefängnisstrafe bis zu einem Jahr bestraft werden.

3   Wie nutzt man das Internet klug zum Lernen?
Gezielt und zeitsparend recherchieren

Eine Einstiegsübung für alle
Welche Art des Umgangs mit dem Internet wird in der Zeichnung kritisiert?

Das alles haben wir im Internet zu unserem Thema gefunden!

 A   Wir bringen Lernschritte in eine sinnvolle Reihenfolge

> | Datenschutz | | Jugendschutz |
> | --- | --- | --- |
> | | Computersucht | Urheberrecht |
>
> **Angenommen, dass …**
> - Zu zweit sollt ihr einen Kurzvortrag über eines der vier oben stehenden Themen vorbereiten.
> - In welcher Abfolge soll die Vorbereitung erfolgen? Bringt dazu die 10 Schritte in eine sinnvolle Reihenfolge. Stellt euren Vorschlag in der Klasse vor.
>
> Wir …
> 1. bearbeiten die ausgedruckten Materialien, indem wir Textstellen markieren und Notizen anfertigen.
> 2. beginnen unsere Recherche im Internet.
> 3. drucken einige wenige Materialien aus, die wir für unsere Präsentation verwenden wollen.
> 4. gliedern unseren Vortrag.
> 5. lesen die Materialien am Bildschirm durch.
> 6. lesen uns mit einem oder zwei grundlegenden Materialien in das Thema ein.
> 7. prüfen, ob die von uns ausgewählten Internetadressen glaubwürdig sind.
> 8. stellen unseren Vortrag abschließend zusammen.
> 9. überlegen, was wir bereits über das Thema wissen.
> 10. verständigen uns darauf, was wir in Erfahrung bringen wollen.

B Wie kann man die Glaubwürdigkeit von Internetseiten prüfen?

Sucht man nach Informationen im Netz, ist es gar nicht so einfach, die wertlosen von den wertvollen zu unterscheiden. Schließlich kann jeder seine eigenen Infos ins Netz stellen und seinen eigenen Internetauftrutt betreiben. Das hat natürlich zur Folge, dass man alles Mögliche unter eingegebenen Suchbegriffen findet. Falsches und Unsinniges, Kluges und Verwertbares werden bunt gemischt angeboten. Es gibt viele fragwürdige Internetauftritte, aber natürlich auch seriöse Anbieter, bei denen man sich recht sicher sein kann, dass die Informationen, die sie anbieten, verantwortungsbewusst recherchiert und geprüft sind. Wie erkennt man sie?

Das zeichnet vertrauenswürdige Websites aus:

- Es gibt einen Link „Über uns", wo man erfährt, wer der Betreiber ist.
- Sie enthält keine oder nur wenig Werbung.
- Sie enthält Hinweise zum Datenschutz.
- Bei den Texten kann man in der Regel herausfinden, wer der Verfasser bzw. die Verfasser oder der verantwortliche Redakteur ist.
- Man sieht, dass die Seite von Zeit zu Zeit aktualisiert wird.

Internetadressen, die für die politische Bildung wichtig sein können:

www.bpb.de
www.jugend-und-bildung.de
www.mitmischen.de
www.politik-digital.de
www.deutschland.de
www.politische-bildung.nrw.de

Daneben gilt, dass man sich bei der Prüfung des Wahrheitsgehaltes nicht auf eine Informationsquelle verlassen sollte. Vergleiche mehrere Informationsangebote. So kannst du am ehesten ausschließen, auf Falschmeldungen hereinzufallen.

C Stichwort Medienkompetenz

Medienkompetenz gilt heute als eine Schlüsselqualifikation, die genauso wichtig ist wie lesen, rechnen und schreiben können. Dazu gehört, dass man sich in der vielfältigen Welt der technischen Medien zurechtfindet und diese zu seiner persönlichen Bildung möglichst optimal nutzen kann. In besonderer Weise zählt der Umgang mit den digitalen Medien dazu. Man sollte zum Beispiel aus der unüberschaubaren Fülle der Informationsangebote im Internet diejenigen heraussuchen können, die wichtig und wertvoll sind. Man sollte die Chancen nutzen und sich zugleich der Gefahren bewusst sein. Man muss zu lebenslangem Lernen bereit sein, seine Fähigkeiten zum Verstehen von Texten trainieren und seine Urteilsfähigkeit schärfen, damit man nicht auf die Gefahren hereinfällt, die auch zur modernen Medienwelt gehören.

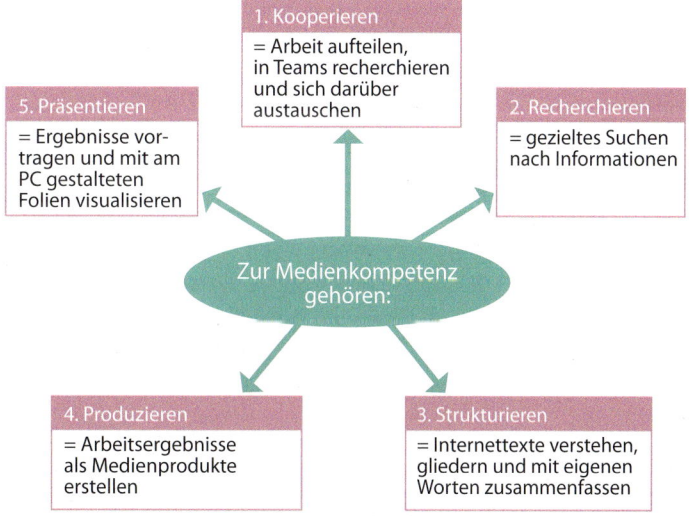

1. Was gehört zur Medienkompetenz dazu? Sammle die grundlegenden Fähigkeiten.
2. In welchen der im Text und im Schaubild genannten Teilbereichen von Medienkompetenz möchtest du dein persönliches Lernen in der nächsten Zeit (noch) verbessern? Begründe, warum du das möchtest.

Was auch noch interessant sein kann:

- Lieblingsadressen im Internet anhand der Kriterien auf ihre Glaubwürdigkeit untersuchen

Die WebQuest-Methode: Zeitsparende Internetrecherche in Teams

Was ist die WebQuest-Methode?

Die Methode wurde in den USA entwickelt. Ihr Name setzt sich aus zwei Bestandteilen zusammen. „Web" steht für das World Wide Web und „Quest" steht für Frage. WebQuest bedeutet, dass man mit dieser Methode das Internet gezielt befragt.

Das Besondere daran ist, dass man bei der Recherche nach einem Plan vorgeht und sich verpflichtet, nur eine begrenzte Zahl von Internetadressen zu benutzen. So vermeidet man das ziel- und ergebnislose Surfen im Netz.

Wie macht man das?

Für die WebQuest-Methode braucht man
- einen klaren Rechercheauftrag,
- eine Auswahl an vorbereiteten Internetadressen,
- ein Ziel,
- ein Rechercheteam,
- eine vereinbarte Zeit,
- eine Vereinbarung darüber, wie der Unterricht nach der Recherche weitergehen soll.

Das Vorgehen erfolgt in drei Schritten:
- Vorbereitung der Recherche
- Durchführung
- Auswertung

Thema: Datenschutz im Internet

1. Vorbereitungsphase

WebQuests sollte man erst durchführen, wenn man sich bereits in das Thema eingearbeitet hat, um das es geht. Auch sollte man sich gemeinsam über das Ziel der Recherche verständigt haben. Mit dem Thema „Datenschutz im Internet" konntet ihr euch bereits im dritten Basiskapitel dieses Kapitels beschäftigen. Mit einem WebQuest dazu könnt ihr euer Wissen und eure Kompetenzen vertiefen.

2. Die Durchführung

Bildet Zweier- oder Dreierteams. Der Vorteil von Teamrecherchen besteht darin, dass weniger Fehler passieren und dass man gemeinsam entscheiden kann, welche Materialien man auswählt.

Ihr verpflichtet euch, nur die vorgegebenen Adressen für die Recherche zu benutzen!

Diese Verpflichtung ist der eigentliche Kern der WebQuest-Methode. Sie verhindert, dass zu lange gesucht werden muss, und garantiert, dass alle die Recherche in der vorgegebenen Zeit durchführen können.
- Stellt euch auf die vereinbarte Zeit ein.
- Hastet nicht von Homepage zu Homepage.
- Behaltet immer euer Thema im Auge.
- Kopiert und druckt nur Materialien aus, die ihr für die Herstellung eurer eigenen Arbeit verwenden werdet.

3. Die Auswertung

Am Ende der Recherche sollten die Teams Materialien zur Verfügung haben, mit denen ein eigenes Produkt erstellt werden kann. Das eigene Produkt besteht nicht aus Internetkopien, vielmehr ist es eine eigene Arbeit. Euer Werk kann Zitate enthalten, die mit der dazugehörigen Internetadresse, dem Zugriffsdatum und – falls möglich – mit einer Autorenangabe versehen sind.

WebQuest zum Thema: Datenschutz im Internet

Ziel: Wir verfassen ein Merkblatt für Schülerinnen und Schüler.

Zeit für die Recherche: eine Unterrichtsstunde; Materialausdruck: zwei Seiten pro Schülerin/Schüler

Regel: Nur die ausgewählten Internetadressen dürfen für die Recherche benutzt werden.

www.klicksafe.de

Das von der Europäischen Kommission betriebene Internetportal enthält ein umfassendes Informationsangebot über alle Fragen des Datenschutzes im Netz. Unter anderem könnt ihr mit einem Quiz euer Wissen über den Datenschutz testen.

www.surfen-ohne-risiko.net

Mit dieser vom Bundesministerium für Familie, Senioren, Frauen und Gesundheit betriebenen Homepage lassen sich Regeln für das sichere Surfen im Netz finden und selbst formulieren.

www.jugendschutz.net

Unter anderem wird diese Homepage von der Bundeszentrale für politische Bildung unterstützt. Ihr findet hier eine Reihe von Broschüren zum Thema – auch zum Downloaden.

www.bpb.de

In der Homepage der Bundeszentrale für politische Bildung müsst ihr Datenschutz als Suchbegriff eingeben. Ihr findet dann zahlreiche Artikel zum Thema. Druckt einen oder zwei davon aus, um sie dann gezielt zu bearbeiten.

Die WebQuest-Auswahl sollte in der Regel nicht mehr als fünf Adressen enthalten. Bei der Auswahl der Seiten solltet ihr staatlichen Institutionen und gemeinnützigen Organisationen und Vereinen den Vorrang geben vor Privatadressen. Anerkannte Buch-, Zeitungs- und Zeitschriftenverlage können auch verwendet werden.

Legt für eure Arbeit nach dem folgenden Muster ein Protokollblatt an und füllt es aus.

Protokollbogen für das WebQuest

Thema der
Unterrichtsreihe: _____

Unser Rechercheauftrag:

_____

Verlaufsprotokoll zur Arbeit am PC:

Verzeichnis der für die weitere Arbeit herausgesuchten Materialien:
-
-
-
-

Versicherung:
Wir versichern, dass wir die vereinbarten Rechercheregeln eingehalten haben.

Unterschriften des Teams

- Notiere Infos aus der Methodenkarte, die du für besonders wichtig hältst.
- Bildet Teams.
- Trefft Vereinbarungen zur Durchführung der Recherche (Dauer, Ort, Ergebniserwartung). Vervollständigt während des WebQuests euer Protokollblatt.
- Wählt einzelne Teams zur Ergebnispräsentation aus.

D ✓ Fall   Der Computer in der Wand: Bildungschance für arme Kinder

Niemand hat ihnen je erklärt, wie so ein Ding funktioniert. Trotzdem gibt es für die Kinder kaum etwas Interessanteres als den Computer in der Wand. Kalkachi ist ein armes Viertel. Viele der Kinder haben hier zum ersten Mal einen Computer gesehen. Wie man an ihm arbeitet, haben sie sich selbst beigebracht – so wie Arkas, der kommt, sooft er nur kann. Der 15-jährige Junge ist schon früh von der Schule abgegangen, weil er seinen Eltern beim Geldverdienen helfen musste. Nach der dritten Klasse war für ihn Schluss. „Den Computer habe ich entdeckt, weil meine Mutter hier in der Nähe als Putzfrau arbeitet. Für mich ist das sehr interessant und ich weiß jetzt, wie man mit der Tastatur umgeht."

„Hole in the Wall" – das Loch in der Wand – so heißt das Projekt. Regelmäßig kommen Betreuer, um die Kinder zu befragen – diesmal auch den achtjährigen Raul [...]: „Wie kommst du am Computer voran, macht es dir Spaß?" [...] Er sagt, dass er vor allem zum Spielen herkommt. Das hilft ihm, erzählt er, etwas zu lernen. Und dann fragte ich ihn, wer ihm das auf den Weg gibt, dass er hier etwas lernen soll, und er sagte, das habe ihm seine Mutter gesagt.

Über dem Computer hängt eine offizielle Tafel. Ganz oben steht ein Zauberspruch. Die Überschrift lautet: „Sesam öffne dich" aus dem Märchen Ali Baba und die vierzig Räuber. Mit diesem Zauberspruch öffnet sich die Wand und Ali Baba kommt aus dem Schatten. Ein Betreuer sagt: „Hier wollen wir für die Kinder die Tür zur Bildung öffnen, gerade für solche, die nicht zur Schule gehen."

Ins Leben gerufen wurde das Projekt von einer indischen Firma, die Lernsoftware produziert. Der Vorstandsvorsitzende ist in Indien hoch angesehen, weil sein Unternehmen mittlerweile Hunderte frei zugänglicher Computer im ganzen Land finanziert.

(Aus: Global 3000, Wie Kinder spielend das Internet erobern, Transkript zum Beitrag, Stand 10.05.2016, den Film zum Text könnt ihr euch auf youtube.com anschauen.)

Die Idee, ein Loch in die Mauer um den Kalkachi-Slum zu schlagen und darin ein internetfähiges Computerterminal zu installieren, hatte die Leitung des indischen Lernsoftware-Unternehmens NIIT bereits im Jahr 2000. Es blieb nicht bei dem einmaligen Experiment. „Hole in the Wall" wurde zu einer globalen Initiative mit internationaler Unterstützung. Die Firmenzentrale wirbt damit, dass mit der Installation von Computern mittlerweile Bildung für 300 000 Kinder ermöglicht wurde, und zwar in Indien, Kambodscha und in mehreren Ländern in Afrika.

(Anmerkung des Autors)

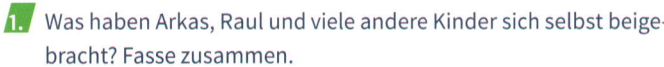

1. Was haben Arkas, Raul und viele andere Kinder sich selbst beigebracht? Fasse zusammen.

2. Was erzählt dir dieser Fall über die Einstellungen der Kinder zum Lernen und die Möglichkeiten, die das Internet bietet? Tauscht dazu eure Gedanken aus.

INFO Ⓢ Ⓜ Ⓤ Ⓗ

E Digitalisierung

Die Welt in der Tasche

Schülerinnen und Schüler, die ein Smartphone besitzen, haben mittlerweile eine Universalmaschine dabei, für die frühere Generationen riesige Büros, Bibliotheken und Rechenmaschinen gebraucht hätten. Und selbst damit konnte man nicht das leisten, was die kleine Maschine in der Tasche zu leisten in der Lage ist. Man trägt zum Beispiel einen Radiosender und ein Fernsehstudio mit sich herum, sodass man weltweit senden und empfangen kann. Man hat ein komplettes Fotolabor und Filmstudio dabei. Man besitzt eine universale Poststation mit dem Unterschied, dass alles, wofür früher einmal die Post Tage oder Wochen brauchte, in Sekundenschnelle erledigt werden kann.

Natürlich ist die kleine Maschine auch ein global agierendes Kontaktbüro. Mit Skype und anderen Internetdiensten lässt sich mit Leuten aus Afrika oder Asien reden, fast so, als säßen sie einem gegenüber. Digitalisierung ist der entscheidende Schlüssel, der die Tür zu all diesen umfassenden Veränderungen geöffnet hat.

Digitalisierung: Was bedeutet das?

Vereinfacht ausgedrückt bedeutet Digitalisierung die Umwandlung aller Informationen in eine Sprache, die alle Computer in gleicher Weise verstehen. Wörtlich übersetzt heißt der lateinische Begriff *digitus* Finger oder auch Zahl. Um den Computer zu füttern, werden alle Daten in Zahlenkombinationen bestehend aus der 0 und der 1 umgewandelt. Die Erfindung der Digitalisierung war die Voraussetzung für die Entwicklung von Computern. Das Internet entstand durch die Möglichkeit der Vernetzung. Jedes Foto, das im Internet gespeichert, bearbeitet und versendet wird, besteht aus einer riesigen Menge dieser Zahlenkombinationen. Das Gleiche geschieht mit Tönen und alter Art von Schrift. Jede so im Computer digitalisierte Information enthält einen klar definierten Wert. Ist sie einmal gespeichert, bleibt sie für immer in gleicher Qualität vorhanden.

1. „Die Welt in der Tasche" – Erkläre an Beispielen aus dem Text, wie das zu verstehen ist.

2. Warum ist Digitalisierung die Voraussetzung für die Entwicklung des Internets? Erläutere die Zusammenhänge.

3. Welche Botschaft kannst du dem Comic über das Verhältnis zwischen Mensch und Computer entnehmen? Vergleiche dazu die Bilder mit den Aussagen im Text.

Sylvio Droigk

Verhältnis Mensch und Computer

Expertinnen und Experten stellen fest, dass die digitalisierte Medienwelt die Lebensgewohnheiten der Menschen binnen kürzester Zeit total verändert hat und weiterhin verändern wird. Dabei geht es um weit mehr als um Googeln, Chatten oder Spielen. Der Computer in der Tasche weiß genau, wo wir uns gerade befinden. Demnächst wird er den Menschen das Autofahren abnehmen können. Wer als Schüler morgens noch nichts von einem Thema weiß, kann abends umfassend darüber informiert sein, weil er weltweit Zugriff auf Wissen hat.

Die Digitalisierung hat die Wirtschaft und die Politik verändert. Man denke nur an die neuen Einkaufsgewohnheiten und die vielen neuen Möglichkeiten politischer Information und Mitwirkung.

Die Gefahr besteht, dass manche denken, man brauche nichts mehr selbst zu wissen, nicht mehr selbst zu rechnen, nicht mehr selbst Landkarten zu lesen, weil das alles der Computer erledigt. Bei allen Fortschritten wird jeder Einzelne darauf achten müssen, dass nicht der Computer die Herrschaft über den Menschen gewinnt, sondern dass der Mensch die Kontrolle über die Computer behält.

4 YouTube als Informationsquelle über das Weltgeschehen: Reicht das?

Eine Videoanalyse durchführen

99 Prozent aller Jugendlichen gehören zu den regelmäßigen Nutzern von YouTube. Für sechs von zehn ist YouTube sogar die beliebteste Adresse im Netz. 59 Prozent sehen sich regelmäßig YouTube-Videos an, um sich über Themen von öffentlichem Interesse zu informieren. Reicht es aus, sich auf diese Weise ein Urteil über das Weltgeschehen zu bilden? Über diese Frage könnt ihr hier miteinander diskutieren und selbst ein Video eurer Wahl analysieren.

(Zahlen aus: JIM 2015: Jugend, Information, (Multi) Media, Forschungsverbund Südwest)

 ## A „Tagesschau" für Jugendliche

Alleine zwei Millionen Abonnenten kann der bekannteste deutsche Newsmoderator im Netz, LeFloid, vorweisen und erreicht mit seinem Newsformat LeNews nicht selten mehr als eine Million Zuschauer. Damit gehört der Berliner und Preisträger des Grimme Online Awards zu den erfolgreichsten YouTubern in Deutschland und erreicht mit seinen LeNews die Jugendlichen wie keine zweite Nachrichtensendung. Mit jeder Menge Action, Humor und einer Schnelligkeit springt Florian Mundt, wie LeFloid bürgerlich heißt, in seiner Newssendung von einem Thema zum nächsten.

Die jungen Menschen begeistert er nämlich nicht durch ausführliche Hintergrundinformationen oder zielsichere Analysen, sondern durch jede Menge Unterhaltung und Interaktion. [...]

Thematisch spricht Mundt weitgehend wichtige Nachrichten an, die auch in der Tagesschau behandelt werden. [...] Seine eigene Meinung ist dabei elementarer Bestandteil seiner Sendung und so macht er offen deutlich, was er über den Klimawandel oder bestimmte Politiker denkt. Dafür bekommt er auch gerne mal Kritik, da er hierdurch indirekt die Meinungen von Hunderttausenden Jugendlichen beeinflusst. [...]

Auch wenn Mundt mit seinen Format LeNews eine Reichweite erreicht wie kein zweiter Nachrichtenmacher im Internet, ist er nicht der Einzige, der Nachrichten über das Internet publiziert. Mittlerweile gibt es in Deutschland sogar einen professionell produzierten Nachrichtenkanal, bei dem, vergleichbar mit der Tagesschau, täglich die wichtigsten News und Informationen aus der ganzen Welt präsentiert werden. „Was geht Ab!?" nennt sich dieser, hinter dem das größte deutsche Multi-Channel-Netzwerk Mediakraft steckt. [...]

(Aus: Lukas Menzel: YouTube – Die „Tagesthemen" für Jugendliche, Artikel vom 09.10.2014, in: www.netzpiloten.de; Zugriff: 10.05.2016)

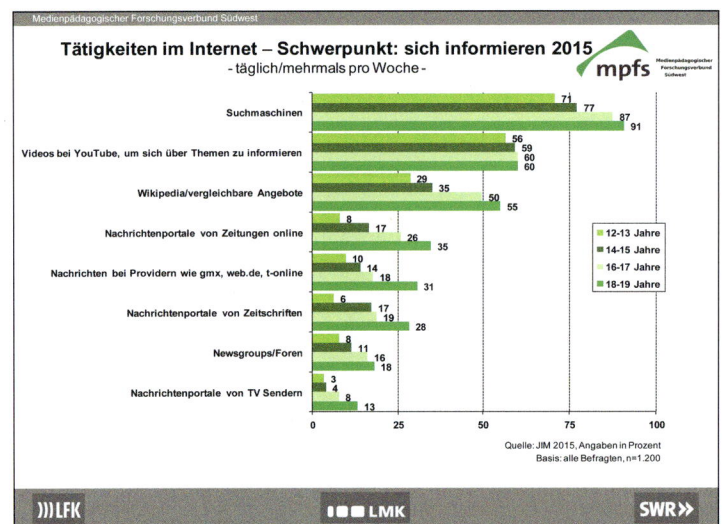

Medienpädagogischer Forschungsverbund Südwest

Tätigkeiten im Internet – Schwerpunkt: sich informieren 2015
- täglich/mehrmals pro Woche -

mpfs
Medienpädagogischer Forschungsverbund Südwest

	12-13 Jahre	14-15 Jahre	16-17 Jahre	18-19 Jahre
Suchmaschinen	71	77	87	91
Videos bei YouTube, um sich über Themen zu informieren	56	59	60	60
Wikipedia/vergleichbare Angebote	29	35	50	55
Nachrichtenportale von Zeitungen online	8	17	26	35
Nachrichten bei Providern wie gmx, web.de, t-online	10	14	18	31
Nachrichtenportale von Zeitschriften	6	17	19	28
Newsgroups/Foren	8	11	16	18
Nachrichtenportale von TV Sendern	3	4	8	13

0   25   50   75   100

Quelle: JIM 2015, Angaben in Prozent
Basis: alle Befragten, n=1.200

)))LFK   ███ LMK   SWR≫

B YouTube im Urteil von Jugendlichen

Wie wichtig ist für dich YouTube als Informationsquelle? Diese Frage legten die Autorinnen und Autoren von TEAM Schülerinnen und Schülern aus mehreren Klassen vor. Hier einige Ausschnitte und eine kurze Zusammenfassung der zahlreichen Antworten:

> „Ich informiere mich gerne mit YouTube über Aktuelles in der Welt. Man erfährt dort fast alles. Ich gucke aber auch Nachrichtensendungen im Fernsehen und lese gerne Zeitung."
>
> Anna R., 13 Jahre

> „Ich bevorzuge das Fernsehen, weil es dort jede Stunde die neuesten Nachrichten gibt. Bei YouTube oder auch bei Facebook bin ich mir nicht sicher, ob die Informationen immer stimmen. Die Zeitung lese ich, um zu erfahren, was in meiner Stadt los ist."
>
> Yonca S., 16 Jahre

> „Manche YouTuber machen auch Nachrichten. Mir gefällt, dass sie in jugendlichem Deutsch gesprochen werden. Nachrichten im Fernsehen sind oft schwer zu verstehen. Oft weiß man gar nicht so richtig, worum es dabei geht. Bei „LeFloid" und „Was geht ab!?" kriegt man die Zusammenhänge viel besser erklärt. Für mich ist YouTube zurzeit die wichtigste Informationsquelle."
>
> Jason J., 13 Jahre

> „YouTube ist meine bevorzugte Plattform und ich informiere mich sehr oft damit über das Geschehen in der Welt. Ich mag es, wenn in den Videos mal auf lustige und mal auf ernste Art über die Probleme in der Welt geredet wird. Zeitung lese ich nur ganz selten mal."
>
> Janesen, 16 Jahre

Häufig genannte Pro- und Kontra-Gründe

Pro:
- Nachrichten werden unterhaltsam angeboten.
- Man kann sie mehrfach anschauen.
- Die Sprecherinnen und Sprecher wenden sich gezielt an uns Jugendliche.
- Die Sprache ist verständlicher als die in den Fernsehnachrichten und Zeitungsartikeln.
- Man kann selbst aktiv werden, z.B. Kommentare abgeben, eigene Beiträge machen.

Kontra:
- Es genügt nicht, sich über YouTube zu informieren.
- Man guckt diese Videos nur so nebenbei.
- Man wird in seiner Meinung einseitig beeinflusst.
- Man kann nicht sicher sein, ob die Informationen stimmen.
- Man merkt sich kaum über längere Zeit, was man in den Videos erfahren hat.

---

1. Worauf führt der Autor Lukas Menzel den Erfolg von LeFloid zurück? Fasse die Aussagen dazu zusammen.
2. Warum werden die Moderatoren von Internetnachrichten für ihre Arbeit oft auch kritisiert? Ermittle den Grund.
3. Wie wichtig sind Nachrichtenvideos auf YouTube für dich als Informationsquelle? Formuliere dazu deine Stellungnahme und vergleiche mit anderen.
4. Welche Kriterien (Qualitätsmaßstäbe) muss eurer Ansicht nach eine gute Nachrichtensendung erfüllen? Beratet gemeinsam und formuliert mindestens drei.
5. Internetvideos als Informationsquellen über das aktuelle Weltgeschehen: Vor- und Nachteile, Chancen und Risiken – Führt dazu eine Diskussion in der Klasse.

67

Videoanalyse

Worum geht es?

Videoformate im Internet werden für Jugendliche immer häufiger zur Informationsquelle. Sie heißen zum Beispiel „LeNews", „Flash", „poliWhat?", „MrWissen2go", „Was geht ab!?" usw. Gemeinsam ist allen, dass darin Sprecherinnen oder Sprecher auftreten, die etwas zum Thema sagen, Interviews führen, Zusammenhänge erläutern und oft auch Meinungen äußern. Wie hilfreich sind die Informationen, die darin verbreitet werden? Wie stark wird die Urteilsbildung durch diese Medienformate gelenkt? Arbeiten sie informativ oder manipulativ? Um diesen Fragen forschend auf die Spur zu kommen, solltet ihr die Methode einer gezielten Videoanalyse anwenden.

Verwenden könnt ihr dazu einen YouTube-Beitrag eurer Wahl zu einem Thema aus Politik und Wirtschaft aus einem der Videoformate, die sich an euch Jugendliche richten. Die Auswahl solltet ihr vor dem Analysebeginn in der Klasse absprechen.

Wie macht man das?

Eine Analyse ist eine genaue Untersuchung, bei der man nach einem vorgegebenen Plan und nach genau definierten Kriterien vorgeht. Ihr müsst dazu den Beitrag, den ihr ausgewählt habt, zweimal anschauen. Die Videoanalyse kann in Teams durchgeführt werden. Der Vorteil von Videos auf YouTube besteht darin, dass man sie mehrfach anschauen und immer wieder unterbrechen kann. Mehrere Teams in der Klasse können sich mit unterschiedlichen Beiträgen auseinandersetzen. Der Ablauf folgt dem nebenstehenden Plan. Alle Analyseschritte werden von allen Gruppenmitgliedern protokolliert.

Thema: Videos in YouTube als Informationsquelle

Ablaufplan

Auf dem Protokollbogen zu vermerken: Thema des ausgewählten Beitrags, Quelle bzw. Hersteller, Beitragslänge, Datum der Veröffentlichung.

1. **Erste Sichtung – vollständiger Durchlauf des Videos**

2. **Sammlung spontaner Bewertungen im Team**

3. **Zweite Sichtung – mit Unterbrechungen und Protokollierung der Beobachtungen:**
   - Welche Informationen zum Thema werden vermittelt?
   - Welche Meinungsäußerungen werden gemacht?
   - Welche Einstellungen der Moderatoren des Beitrags zum Thema werden insgesamt deutlich?
   - An welchen Stellen fordert der Beitrag die Zuschauer zu Reaktionen oder zum Mitmachen auf?

4. **Kriterienorientierte Bewertung des Beitrags**
   - **Informationsgehalt:**
   Enthält der Beitrag Informationen, aus denen man etwas lernen kann?
   Trennung von Nachricht und Kommentar:
   Werden Sachaussagen und Werturteile vermischt oder klar voneinander getrennt?
   - **Information/Manipulation:**
   Regt der Beitrag zur eigenen Urteilsbildung an oder wird versucht, unsere Meinungen in eine bestimmte Richtung zu lenken?
   - **Wertorientierung:**
   Ist der Beitrag geeignet, demokratisches Verhalten zu stärken?
   - **Unterhaltungswert/Originalität:**
   Kann der Beitrag anderen Jugendlichen zum Anschauen empfohlen werden?

5. **Ergebnispräsentation**
   Vorstellung des Beitrags vor Publikum
   – Präsentation der Analyseergebnisse
   – Einladung des Publikums zur Diskussion

5 Was tun gegen Cybermobbing?
Ein Projekt planen

 **A** **Fall** Stelle dir folgende Situation vor:

Sonntagabend. Du checkst die Nachrichten auf deinem Handy und da findest du eine ganze Liste merkwürdiger Botschaften: „Wir kriegen dich!" steht da und: „Mit so einem Idioten wie dir will keiner von uns was zu tun haben." Als du die E-Mails in deinem PC liest – das gleiche Spiel, nur, die Sprüche werden schlimmer: „Hau bloß ab, du fettes Schwein!" ist noch einer der harmloseren. „Na ja", denkst du, „da haben sich einige einen Scherz erlaubt." Der „Scherz" geht aber weiter. Von nun an ist es jeden Tag das Gleiche mit solchen anonymen Einträgen. Eine Woche später spricht dich ein Klassenkamerad an: „Du hast sie wohl nicht mehr alle, solche Sachen zu posten!" Du weißt nicht, wovon die Rede ist, und gehst der Sache nach. Beim Blick auf das Display traust du deinen Augen nicht. Irgendwelche Leute haben Einträge unter deinem Namen gemacht. Mal steht da, dass du alle Lehrer an der Schule hasst, dann auch noch, dass du stolz bist, homosexuell zu sein. In einem sozialen Netzwerk hat sich eine Hassgruppe unter deinem Namen gebildet.

In der Klasse will keiner mehr mit dir reden. Offensichtlich machen Fotos von dir die Runde, in denen du in Unterwäsche zu sehen bist. Wahrscheinlich wurden sie heimlich nach dem Sportunterricht im Umkleide-

raum gemacht. In deiner Clique, die in der Pause zusammensteht, heißt es: „Hau ab, wir haben was zu besprechen!"

> Wie fühlst du dich in dieser Situation? Nehmt euch Zeit, eure Gefühle und Gedanken zu notieren. Tauscht euch dann darüber aus.
>
> | | |
> |---|---|
> | „Ich wäre ratlos, wüsste nicht, was ich tun soll." | „Ich wäre völlig fertig." |
> | „Ich würde das nicht so ernst nehmen." | „Ich würde denken, dass das auch wieder vorbeigeht." |

 B Projekt – Warum?

Wir Autoren von TEAM kamen zu dem Ergebnis, dass das Thema Cybermobbing zu vielschichtig ist, um es innerhalb von einer oder zwei Unterrichtsstunden einigermaßen tiefgreifend behandeln zu können. Deshalb schlagen wir hier die Durchführung eines Projektes zum Thema vor. Man kann es im Rahmen von Projekttagen in der Schule durchführen oder im Verlauf eines sogenannten Themen- oder Demokratietages. Wenn sich eine Schülergruppe zusammenfindet, lässt sich das Projekt auch außerhalb der Unterrichtszeit planen und realisieren. Die folgende Doppelseite enthält einen Ablaufplan, an dem ihr euch bei der Planung, Durchführung und Auswertung des Projektes orientieren könnt.

C Fünf Planungsschritte zum Projekt Cybermobbing

Eine Einstiegsübung für alle
Welche Gedanken und Gefühle löst die folgende Meldung in dir aus?
Notiere sie und tausche dich mit deinen Nachbarn darüber aus.

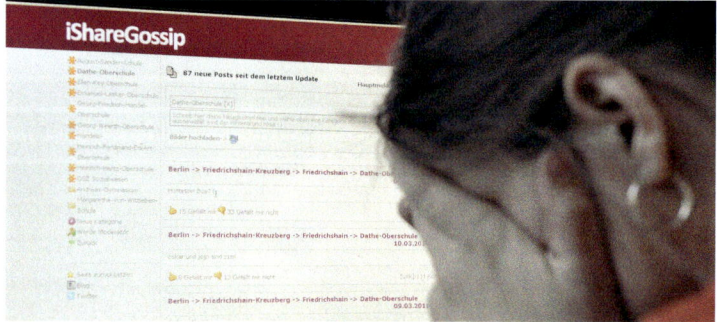

Ich möchte an diesem Ziel mitarbeiten.
Ja/Nein

Ich halte das Thema für sehr wichtig.
Ja/Nein

20-Jähriger begeht nach Cybermobbing Selbstmord

Nach dem Selbstmord eines 20-Jährigen aus Enschede in der vergangenen Woche wird die Niederlande von einer Welle der Anteilnahme erfasst. Der junge Mann hatte einen Abschiedsbrief hinterlassen […] Darin heißt es: „Liebe Pap und Mam, ich wurde mein ganzes Leben lang verspottet, gemobbt, gehänselt und ausgeschlossen. Ihr seid fantastisch. Ich hoffe, dass ihr nicht sauer seid. Auf Wiedersehen, Tim." Am Dienstag wird der jahrelang gemobbte Schüler nun beerdigt. Im Internet reagierten Hunderte Menschen entsetzt und tief getroffen. Eine Maithe twitterte: „Hoffentlich kommt jetzt wenigstens 1 Mobber zur Besinnung."

(Berliner Morgenpost vom 6. November 2012, Quelle dpa)

1. Klärung der Ausgangslage: Was wollen wir erreichen?

Beim Thema Cybermobbing liegt das Ziel auf der Hand: Jede Art von Mobbing ist grausam und soll in unserer Klasse nicht (mehr) vorkommen. Sollte sich jemand als Opfer fühlen, muss damit Schluss sein. Sollte jemand feststellen, dass er schon als Täter aktiv war, muss er bereit sein, über sein Verhalten nachzudenken und es zu korrigieren. Ihr könnt zu Beginn ein Meinungsbild mithilfe einer anonymen Zettelabfrage erstellen.
Nach der Auswertung der Zettel könnt ihr miteinander darüber reden, wie groß das Interesse am Thema ist und wie ihr die Chancen einschätzt, dass Cybermobbing in eurer Klasse in Zukunft nicht (mehr) vorkommt.

2. Informationsphase: Was sollte man über das Thema wissen?

In Teams könnt ihr auf Informationssuche gehen und dabei das empfohlene WebQuest durchführen.
Ihr könnt euch auch die kostenlose Broschüre von *klicksafe* bestellen oder downloaden. Es gibt auch Fachliteratur in Buchform zum Thema. Besorgt euch den einen oder anderen Titel.
Ihr könnt Filme zum Thema sichten. Unter dem Stichwort „Aktion gegen Mobbing" findet ihr zum Beispiel bei YouTube eine Reihe von Filmbeiträgen über Anti-Mobbing-Projekte von Schülern.
Die Informationsaufträge könnt ihr untereinander verteilen und euch dann gegenseitig über eure Ergebnisse in Kenntnis setzen (zum Beispiel in Gruppenarbeit oder in Form von Kurzvorträgen).

Am Ende der Informationsphase solltet ihr Antworten auf die folgenden Fragen gefunden haben:
- Cybermobbing: Was ist das? (Erklärungen, Ausmaß des Problems)
- Die Opfer: Was passiert mit jemandem, der gemobbt wird? (Im Internet sind zahlreiche Fälle dokumentiert.)
- Täter und Mitläufer: Warum machen Menschen so etwas? Warum wehren sich viele nicht dagegen?

- Was tun, wenn uns ein Fall von Mobbing bekannt wird? (Bei www.klicksafe.de werden Vorgehensweisen empfohlen.)
- Mobbing als strafbare Handlung: Mit welchen Folgen müssen ertappte Täter rechnen? (Recherchiert dazu die Paragrafen 185 bis 187 und 201a des Strafgesetzbuches.)

3. Kreativphase: Was können wir tun?

Überlegt euch, welche Aktionen sinnvoll sind und wie ihr andere von euren Zielen überzeugen könnt.

Ihr könnt zum Beispiel …

- eine Umfrage in anderen Klassen oder in der Schule durchführen und dazu einen Fragebogen vorbereiten, der Anonymität sichert. (Hast du schon einmal mitgekriegt, dass jemand gemobbt wurde? Warst du selbst einmal Opfer einer Mobbing-Aktion? etc.).
- Plakate entwerfen, Anti-Cyber-Buttons gestalten, kleine Warnschilder herstellen, die man an vielen Stellen anheften kann.
- Nachdenkbilder malen, symbolhafte Darstellungen sind oft besonders gut geeignet, Menschen zum Nachdenken anzuregen.
- euch eine Theaterszene ausdenken, einstudieren und vorspielen (vielleicht sogar selbst ein Anti-Mobbing-Video drehen).
- Artikel für die Schülerzeitung schreiben.
- Maßnahmen für Täter formulieren. Was muss mit Tätern geschehen, die ertappt werden und nicht bereit sind, mit dem Cybermobbing aufzuhören? Dazu kann man Maßnahmen überlegen und aufschreiben.

4. Präsentationsphase

Die Präsentation eurer Arbeitsergebnisse sollte ein Höhepunkt der Projektarbeit sein. Übt in der Klasse, bevor ihr eure Arbeitsergebnisse einem erweiterten Publikum vorstellt.

Schülerinnen und Schüler in Aktion gegen Mobbing

5. Reflexionsphase

Am Ende solltet ihr gemeinsam über die folgenden Fragen sprechen:

- Welche Erkenntnisse und Erfahrungen aus diesem Projekt sind für uns besonders wichtig?
- Was hat sich durch unser Projekt verändert?
- Haben wir unser Ziel erreicht?
- Was bleibt noch zu tun?

WebQuest

Thema: Projekt gegen Cyber-Mobbing
- Unser Rechercheauftrag:
- Mitglieder der Arbeitsgruppe sind:
- Zeit für die Recherche:

WebQuest-Adressen: www.
- klicksafe.de
Safer-Internet-Programm der EU
- mobbing-schluss-damit.de
Netzwerk von Vereinen, Firmen und anderen Organisationen; viele Tipps
- schau-hin.info
mit Hotline und Tipps zum Datenschutz
- schueler-gegen-mobbing.de
eine Initiative von Schülern für Schüler

Stand der Adressen: März 2016

Diese Broschüre gibt's kostenlos bei klicksafe.

6 Kann der Computer süchtig machen?
Wir besprechen einen Fall und prüfen uns selbst

Eine Einstiegsübung für alle:
- Wie hoch schätzt du die Gefahr ein, dass Jugendliche süchtig im Umgang mit Internet und Computer werden?

Notiert dazu einzeln eure Gedanken, bevor ihr die Geschichte von Mira lest.

A Fall Wie Mira die Kontrolle entglitt

Kannst du dir ein Leben ohne Facebook vorstellen? Mira, 15: Mittlerweile wieder. Aber lange nicht. Ich hatte mal einen ganz großen Facebook-Account, mit 5000 Freunden. Natürlich kannte ich die nicht alle. Das waren Leute, die vom Aussehen her irgendwie passten. Angefangen hat es damit, dass ich ungefähr hundert Leuten Freundschaftsanfragen geschickt habe, dann ging es weiter und weiter. Ich wurde geadded, und ich habe jeden angenommen. Wir haben uns meistens nur über Klamotten unterhalten. Aber

irgendwann haben mich dann Leute auf der Straße erkannt und angesprochen, die ich nicht kannte. Da habe ich den Account geschlossen. Mein Vater hatte es mitgekriegt und darauf bestanden.

Bis dahin war meinen Eltern nicht ganz klar gewesen, wie viel Zeit ich auf Facebook verbrachte. Ich habe ja auch andere Sachen am Computer gemacht, Hausaufgaben zum Beispiel, und alles Mögliche nachgelesen. [...]

Ich muss im Nachhinein schon sagen, dass mir das entglitten ist. Irgendwann hat es mich richtig aus der Bahn geworfen. Ich traf zwar noch Freunde, war also nicht nur in einer Ersatzwelt, aber wenn ich zu Hause war, war ich immer online und über Facebook erreichbar. Ich habe kein Buch mehr gelesen, nie mehr im Gras gelegen. Und ich war abhängig von den „Likes", also Komplimenten, die ich bekommen habe. Für mein Aussehen, für Fotos, die ich reinstellte, für meinen Status. Das ist der Stoff, der süchtig macht. Ich bin auf die Art auch mit schrägen Menschen in Kontakt gekommen.

Es war schwer, davon wegzukommen. Meine Mutter hat mir die Internet-Flatrate auf dem Handy gesperrt, damit ich nicht in Versuchung komme. Zu Hause wird mein Konsum limitiert. Aber es geht mir viel besser heute. Jetzt habe ich 105 Freunde. Ich kenne sie alle. Ich gehe dreimal in der Woche auf Facebook, aber ich liege wieder im Gras. Und ich stelle fest, wie viel Kraft mir Facebook geraubt hat.

(Aus: Gabriele Henkel, Kannst du dir ein Leben ohne Facebook vorstellen? in: Süddeutsche Zeitung, Wochenendbeilage Computer vom 11./12.08.2012, S. 7)

1. Woran hat Mira gemerkt, dass ihr die Kontrolle entglitt? Nenne die Merkmale.

2. „Es war schwer, davon wegzukommen", sagt Mira. Kannst du dir vorstellen, warum es schwierig ist, seine Gewohnheiten im Umgang mit dem Internet zu ändern? Suche nach Gründen.

B Bist du gefährdet? Fragebogen zur Selbsterkundung

Die Möglichkeiten des Computers in der digitalisierten Welt haben für Erwachsene, Kinder und Jugendliche eine große Faszination. Und wie alles, wofür man sich begeistert, kann diese Faszination zu übertriebenem Gebrauch bis hin zur Sucht führen. Unter Sucht versteht man im Allgemeinen die totale Abhängigkeit von einem Verhalten oder einem Stoff. Bis vor wenigen Jahren galt die Spielsucht als eines der größten Probleme im Umgang von Kindern und Jugendlichen mit dem Computer. Mit der Tatsache, dass man seinen Computer per Smartphone ständig mit sich herumträgt und immer online sein kann, hat sich mit der Erweiterung der Möglichkeiten auch die Zahl der Gefährdungen durch Abhängigkeit erhöht. Allgemeine Internetsucht ist das neuere Problem. Es liegt vor, wenn das Internet das eigene Leben völlig beherrscht und wenn die Kontakte und die Kommunikation in der virtuellen Welt der Chats und sozialen Netzwerke dazu führen, dass reale Begegnungen mit Freunden und Bekannten völlig an Bedeutung verlieren.

Niemand sollte sich davor fürchten, am Computer zu spielen oder Kontakte online zu pflegen. Dass der Umgang mit Smartphone, Tablets und PCs sinnvoll und bereichernd ist, wird von den meisten Expertinnen und Experten nicht bestritten. Wenn aber Computer und Handy wichtiger werden als alles andere auf der Welt, wenn man beginnt, einsames Chatten und Spielen vor einem Bildschirm oder Display für wichtiger zu halten als reale Kontakte mit Freunden und Bekannten, dann ist es Zeit, die Notbremse zu ziehen.

Den Fragebogen sollte jede Schülerin und jeder Schüler für sich selbst beantworten. Ihr könnt ihn auch kopieren, anonym ausfüllen lassen (auch von Schülerinnen und Schülern anderer Klassen) und mit einem PC auswerten. Gemeinsam könnt ihr in der Klasse überlegen, wie man sich vor Internet- und Computersucht schützen kann. Sinnvoll ist es auch, einen Artikel für die Schülerzeitung zu schreiben. Weitere Informationen findet ihr zum Beispiel unter www.onlinesucht.de.

Merkmale von Handy- und Computersucht	Trifft das auf dich zu?	
Handy	Ja	Nein
1. Man wird nervös und unruhig, wenn das Smartphone ausgeschaltet ist.		
2. Man ist in jeder freien Minute mit dem Handy beschäftigt, liest kein Buch, keine Zeitung und sonst etwas.		
3. Man guckt auch dann ständig auf das Display, wenn man mit anderen Leuten zusammen ist.		
4. Hat man sein Handy zu Hause vergessen, kann man seine Freizeit nicht genießen.		
Computer		
5. Vor dem Computer sitzend, verliert man völlig das Gefühl für die Zeit. Man bleibt regelmäßig viel länger davor sitzen, als man sich vorgenommen hat.		
6. Man schaltet den Computer nicht mehr aus und begründet das damit, dass es sonst zu viel Zeit in Anspruch nimmt, die Programme hochzufahren.		
7. Man legt keinen Wert mehr darauf, mit anderen gemeinsam zu essen. Man beeilt sich damit oder isst, wenn man am Computer sitzt.		
8. Man sagt Verabredungen mit Freunden kurzfristig ab mit der Begründung, man habe keine Zeit. Die gewonnene Zeit verbringt man vor dem Computer.		

Der Fragebogen wurde von Lehrern und Schülern der Ludwig-Simon-Gesamtschule gemeinsam erstellt.

Leben in der digitalen Medienwelt

Station 1

S M U H

Alltag ohne Smartphone

GANZ DER PAPA!!

Piero Masztalerz

- Beschreibe: Was zeigt die Karikatur?
- Deute: Welche Alltagsgewohnheiten werden kritisiert?
- Bewerte: Was kann man tun, damit der Blick auf das Handy nicht das gesamte Leben beherrscht?

Station 2

S M U H

Datenschutz

Füge die Satzteile stimmig zusammen. Übertrage sie als Merksätze in dein Heft.

1. Persönliche Daten sind …
2. Datenschutz hat die Aufgabe, …
3. Datenmissbrauch liegt vor, wenn …
4. Der Staat kann den Datenschutz im Netz nur begrenzt garantieren, weil …
5. Persönliche Daten sollte man nur an Leute weitergeben, die man …

A wenn Unbefugte sich Daten besorgen und sie zum Nachteil einer Person benutzen.
B auch im realen Leben persönlich kennt.
C jeden Einzelnen vor einem Missbrauch persönlicher Daten zu schützen.
D jeder auch persönlich für die Weitergabe seiner Daten verantwortlich ist.
E Informationen, die mit dem eigenen Leben verbunden sind.

Station 3

S M U H

Internet und Lernen

Hier bist du als Experte gefragt. Wähle eine, zwei oder alle drei Fragen zur Beantwortung aus.

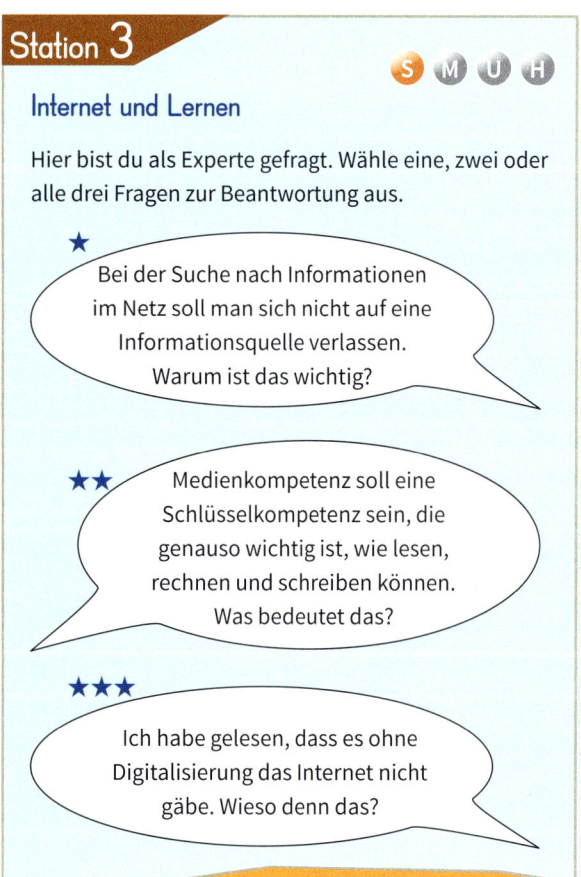

★
Bei der Suche nach Informationen im Netz soll man sich nicht auf eine Informationsquelle verlassen. Warum ist das wichtig?

★★
Medienkompetenz soll eine Schlüsselkompetenz sein, die genauso wichtig ist, wie lesen, rechnen und schreiben können. Was bedeutet das?

★★★
Ich habe gelesen, dass es ohne Digitalisierung das Internet nicht gäbe. Wieso denn das?

Station 4

S M U H

YouTube als Informationsquelle

Mit YouTube-Videos über das aktuelle Weltgeschehen kann man die Methode Videoanalyse durchführen. Wie geht man dabei vor? Notiere die einzelnen Schritte in einer sinnvollen Reihenfolge.

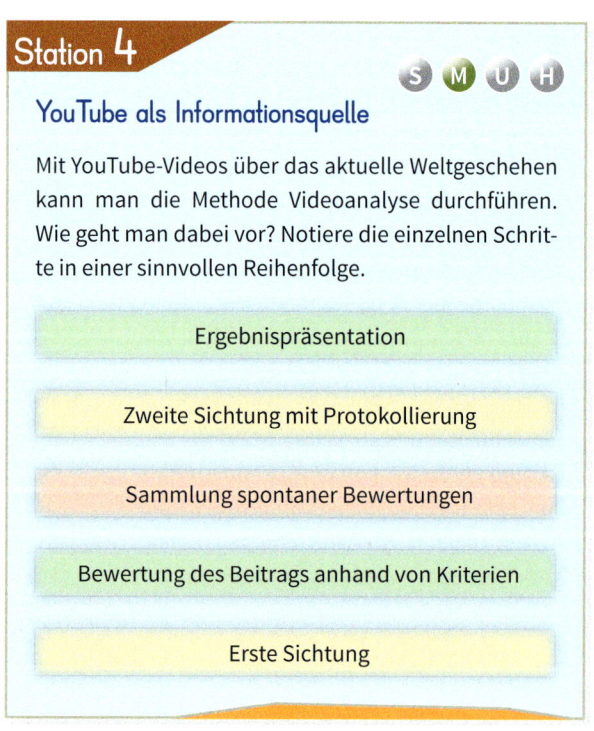

Ergebnispräsentation

Zweite Sichtung mit Protokollierung

Sammlung spontaner Bewertungen

Bewertung des Beitrags anhand von Kriterien

Erste Sichtung

S M U H

Projekt Cybermobbing

Diese Aufgabe könnt ihr einzeln, zu zweit und auch in einer Gruppe lösen.

A Was wollen wir mit unserem Projekt erreichen?
*
*

B Wie können wir uns Informationen beschaffen?
*
*

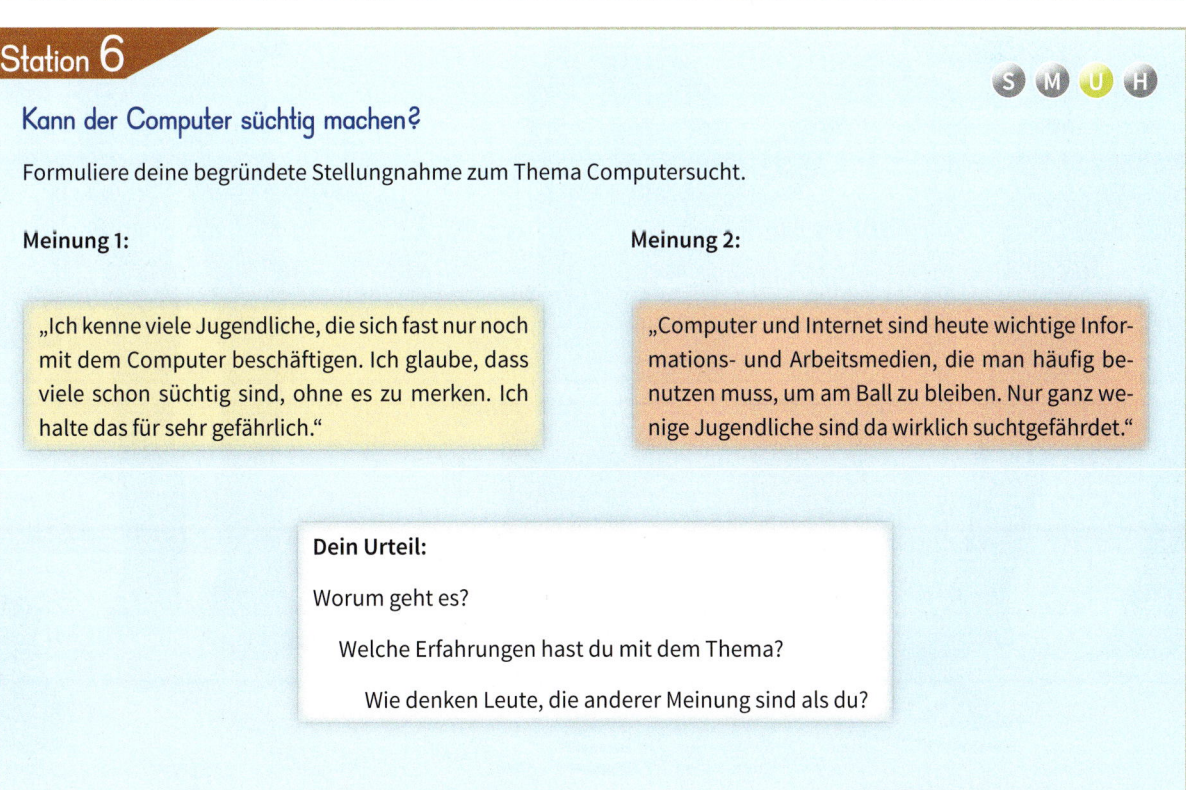

Achtung! Cybermobbing!

C Welche Aktionen sind sinnvoll (um andere zu überzeugen)?
*
*

C In welche Phasen lässt sich ein Projekt unterteilen?
*
*

S M U H

Kann der Computer süchtig machen?

Formuliere deine begründete Stellungnahme zum Thema Computersucht.

Meinung 1:

„Ich kenne viele Jugendliche, die sich fast nur noch mit dem Computer beschäftigen. Ich glaube, dass viele schon süchtig sind, ohne es zu merken. Ich halte das für sehr gefährlich."

Meinung 2:

„Computer und Internet sind heute wichtige Informations- und Arbeitsmedien, die man häufig benutzen muss, um am Ball zu bleiben. Nur ganz wenige Jugendliche sind da wirklich suchtgefährdet."

Dein Urteil:

Worum geht es?

Welche Erfahrungen hast du mit dem Thema?

Wie denken Leute, die anderer Meinung sind als du?

Verbraucherrechte kennen und wahrnehmen

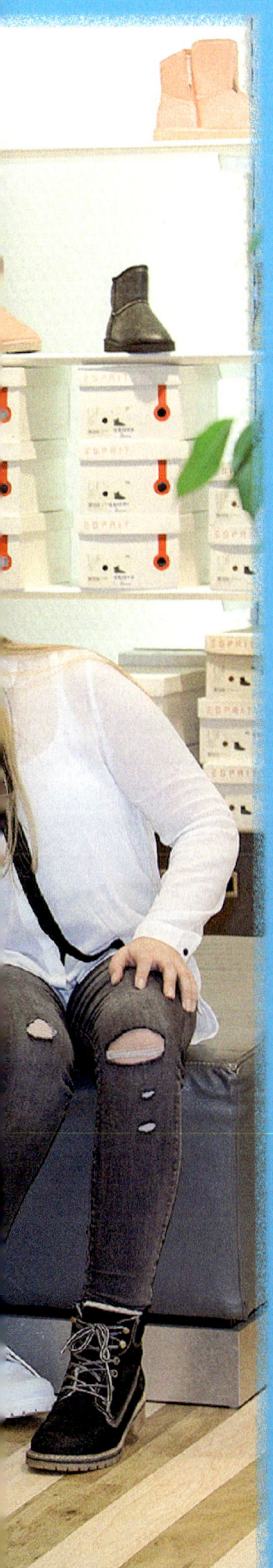

1. Allein nachdenken

Das Foto zeigt Jugendliche beim Shoppen. Worauf sollten sie bei ihren Einkäufen achten?

3. In der Klasse sammeln

Verbraucherrechte sind gesetzlich geregelt. Welche kennt ihr?

2. Zu zweit beraten

Große Kaufentscheidungen dürfen Minderjährige nur mit Zustimmung der Eltern treffen. Was könnten die Gründe dafür sein?

Bei der Arbeit an diesem Kapitel könnt ihr ...

- eure Rechte als Verbraucher auch in schwierigen Situationen wahrnehmen,
- Einkaufsfallen im Internet erkennen, um nicht darauf hereinzufallen,
- darüber diskutieren, wie man mit Werbung umgehen sollte,
- die Ursachen für Verschuldung erklären und Tipps zur Vermeidung formulieren,
- Fragen von Jugendlichen zum europäischen Verbraucherschutz beantworten.

Eigene Schwerpunkte könnt ihr setzen, indem ihr ...

- einen Flyer entwerft, in dem ihr anderen Jugendlichen Verbraucherrechte erklärt,
- bei einem selbst gewählten Produkt einen Geschmackstest durchführt und Bioprodukte mit konventionell hergestellten Waren vergleicht,
- Verpackungen von Lebensmitteln untersucht und Werbetricks aufdeckt.

1 Gekauft ist gekauft: Ist das immer rechtens?
Fälle lösen zum Verbraucherschutz

A Fall **Darf Rebekka mit ihrem Geld kaufen, was sie will?**

Fast alle Kinder und Jugendlichen verfügen über eigenes Geld: Taschengeld, Geldgeschenke oder Geld, das ihnen ihre Eltern für einen bestimmten Zweck geben. Dürfen sie eigentlich damit machen, was sie wollen, also ohne Einschränkungen einkaufen? Darum geht es in dem folgenden Fallbeispiel.

Rebekka mit ihrem neuen Laptop

Die 17-jährige Rebekka hat es geschafft: Sie hat einen der begehrten Ausbildungsplätze in ihrem Wunschberuf als Werbekauffrau ergattert. Allerdings liegt ihr Ausbildungsplatz mehr als 180 km von ihrem Heimatort entfernt – zu weit, um die Strecke jeden Tag zu pendeln. Unter der Woche wohnt sie deshalb in einem Wohnheim für Auszubildende. Das Wochenende verbringt sie zu Hause. Mit ihren Eltern vereinbart sie, dass sie mit der Ausbildungsvergütung von 590 Euro ihren Lebensunterhalt finanziert, also Essen, Kleidung, Körperpflege, Bücher, Fahrkarten und Vergnügungen wie Kino, Discobesuche bezahlt. Die Miete für das Zimmer überweisen die Eltern per Dauerauftrag. Da Rebekka sehr sparsam lebt, schafft sie es, innerhalb von vier Monaten über 400 Euro für einen neuen Laptop zurückzulegen. Den wünscht sie sich schon sehr lange, denn mit ihrem alten PC kann sie weder die neuesten Spiele spielen noch Filme anschauen. Aus zahlreichen Diskussionen weiß sie, dass ihre Eltern diese Anschaffung für unnötig halten und dagegen sind. „Dann hängst du noch mehr im Internet herum – und außerdem hast du doch einen PC auf deinem Zimmer", gaben sie ihr neulich deutlich zu verstehen.

Trotzdem kauft Rebekka einen neuen Laptop eines bekannten Herstellers und bezahlt ihn von ihren Ersparnissen. Am Abend vor ihrem Geburtstag erzählt sie ihren Eltern von dem Kauf*, sie hofft, dass ihre Eltern wegen des bevorstehenden Festes ihre Ablehnung aufgeben würden. Doch sie hat sich getäuscht: Ihre Eltern verlangen von ihr, den Laptop dem Händler zurückzugeben.

Muss sie das wirklich?

*Zum Begriff „Kaufvertrag" findest du weitere Informationen Im Glossar.

Auszug aus dem Bürgerlichen Gesetzbuch

§ 2 Eintritt der Volljährigkeit
Die Volljährigkeit tritt mit der Vollendung des achtzehnten Lebensjahres ein.

§ 106 Beschränkte Geschäftsfähigkeit Minderjähriger
Ein Minderjähriger, der das siebente Lebensjahr vollendet hat, ist in seiner Geschäftsfähigkeit beschränkt.

§ 108 Vertragsabschluss ohne Einwilligung
(1) Schließt der Minderjährige einen Vertrag ohne die erforderliche Einwilligung des gesetzlichen Vertreters, so hängt die Wirksamkeit des Vertrags von der Genehmigung des Vertreters ab.

§ 110 „Taschengeldparagraf"
Ein von den Minderjährigen ohne Zustimmung des gesetzlichen Vertreters abgeschlossener Vertrag gilt als von Anfang an wirksam, wenn der Minderjährige die vertragsmäßige Leistung mit Mitteln bewirkt, die zu diesem Zweck oder zu freier Verfügung von dem Vertreter oder mit dessen Zustimmung von einem Dritten überlassen worden sind.

Info: Wann ist ein Kauf gültig?

Jugendliche werden am 18. Geburtstag volljährig. Wenn sie älter als sieben Jahre und jünger als 18 Jahre sind, sind sie minderjährig und beschränkt geschäftsfähig. Das bedeutet für sie, dass sie beim Abschluss von Verträgen die Zustimmung der Eltern benötigen. Wenn die Eltern dem Vertrag zustimmen, den der Minderjährige schließen möchte, ist dieser beim Abschluss rechtsgültig.
Ein Kaufvertrag ist auch dann wirksam, wenn der Jugendliche die Kosten aus seinem Taschengeld aufbringen kann oder die Eltern oder zum Beispiel Verwandte ihm das Geld zur freien Verfügung oder genau für diesen Zweck gegeben haben.

Anwendung der allgemeinen Bestimmungen des Gesetzes im speziellen Fall Rebekkas:

im Gesetz	im Fallbeispiel
Minderjähriger	???
gesetzlicher Vertreter	???
als von Anfang an wirksam	Wirksam ab wann?
vertragsmäßige Leistung	Kauf des Laptops
zu diesem Zwecke	Was ist gemeint?
zu freier Verfügung	???
von Dritten	Wer könnte das sein?

1. Entscheide spontan: Muss Rebekka deiner Ansicht nach den Laptop zurückgeben?

2. Übertrage die „Vokabeln" des „Taschengeldparagrafen" auf Rebekkas Fall. Wie lautet der übersetzte Text von § 110?

3. Beantworte dann die Frage in der Überschrift zu dieser Doppelseite und vergleicht eure Ergebnisse in der Klasse.

4. Welchen Zweck haben gesetzliche Bestimmungen wie der „Taschengeldparagraf"? Haltet ihr sie für sinnvoll? Diskutiert darüber in der Klasse.

Wähle dein Thema!

- Lies die vier Fälle und wähle einen aus, der dich besonders interessiert.
- Bearbeite die Arbeitsaufträge dazu und vergleiche dein Ergebnis mit einem Partner, der denselben Fall bearbeitet hat.

1. Kann Marvin den Kauf rückgängig machen?

Ganz aufgeregt kommt Marvin nach Hause: „Stellt euch vor, endlich habe ich meine Traumschuhe gefunden. Die habe ich neulich in der Werbung gesehen und wollte sie unbedingt haben. Drei Geschäfte habe ich jetzt abgeklappert und erst im vierten hatte ich Glück. Mann, bin ich froh ..." Auch seine Mutter findet die neuen Schuhe sehr schön – obwohl sie mit 99 Euro nicht gerade billig waren. „Die sind ja der Hammer!", bewundert sein bester Freund am nächsten Morgen die Sportschuhe. „Sicherlich hast du ein Vermögen dafür ausgegeben, aber Markenschuhe haben eben ihren Preis." Da mischt sich Canan in das Gespräch ein: „Habt ihr gesehen, dass Sport Bredl seit einer Woche Räumungsverkauf hat? Alle Waren sind um 20 Prozent reduziert. Dort hättest du sie viel billiger bekommen." Marvin ärgert sich sehr. Am liebsten würde er die Schuhe sofort in das Geschäft zurückbringen und sich das Geld erstatten lassen. Doch geht das?

2. Defekter Akku: Muss Burhan den neuen Akku aus eigener Tasche bezahlen?

Burhan hat zum Geburtstag ein neues Handy bekommen – sein Wunschmodell. Glücklich präsentiert er seinen Kumpels seine neueste Errungenschaft. „Schaut mal, ich habe mir schon supertolle Apps heruntergeladen – alles kein Problem." Wenige Wochen später verwandelt sich seine ursprüngliche Freude in Wut: „Dieses blöde Handy, gestern erst habe ich es aufgeladen, nun ist der Akku schon wieder leer. Das kann doch nicht sein!" „Bist du sicher, dass du alles richtig gemacht hast?", wirft seine Freundin Sina ein. „Natürlich, ich bin doch nicht blöd, schließlich ist das nicht mein erstes Handy. Der Akku hat von Anfang an nicht richtig funktioniert – ich glaube, der ist nicht in Ordnung." „Oh, da hast du aber Pech, dein Geburtstag ist doch jetzt schon drei Monate her. Das hättest du gleich nach dem Kauf reklamieren müssen. Jetzt ist es zu spät. Der Austausch des Akkus wird für dich sicherlich teuer werden", meint Sina.

3. Reduzierte Jeans: Darf Jana trotzdem reklamieren?

Erschöpft, doch mit einigen Tüten beladen kehrt Jana von ihrem Einkaufsbummel zurück. „Das war ein voller Erfolg", erzählt sie ihrer Freundin Emma. Stolz zeigt sie ihre neue Jeans einer angesagten Marke. „Schau mal, die Jeans war auf 49 Euro reduziert. Da habe ich doch wirklich ein Schnäppchen gemacht." Die neue Jeans wird zum Lieblingsstück von Jana. Fast täglich trägt sie diese. Deshalb ist sie umso enttäuschter, als sie nach der dritten Wäsche feststellt, dass sich die Nähte an den Seiten bereits auflösen, obwohl sie die Waschhinweise im Etikett genau beachtet hat. „Das darf doch nicht passieren, ich habe doch ein Markenprodukt gekauft, die bringe ich zurück in den Laden", beklagt sie sich bei Emma. „Das geht doch nicht so einfach. Du musst auf jeden Fall den Kassenzettel vorlegen." Den Beleg hat Jana schnell zur Hand. Stutzig wird sie, als sie folgenden Hinweis liest. „Reduzierte Ware ist vom Umtausch ausgeschlossen." Bedeutet das, dass sie keine einwandfreie neue Jeans bekommt? Eine ganze Weile diskutieren die beiden Freundinnen über diese Frage. Dann fassen sie sich ein Herz und suchen gemeinsam das Geschäft auf, in dem Jana die Jeans gekauft hat.

4. Kofferkauf über eBay: Muss Nora den Koffer behalten?

Seit Wochen freut sich Nora auf ihren Schüleraustausch in Liverpool. „Für den Flug kannst du unseren alten Koffer nehmen, denn der wird beim Fliegen ganz schön strapaziert." Als Nora den Koffer jedoch auf die Waage stellt, wiegt der leere Koffer bereits 9,6 kg. „Da muss ein neuer Koffer her." „Ich habe eine Idee", meint ihre ältere Schwester. „Lass uns doch mal bei eBay nachschauen." Sie finden auch gleich ein passendes Modell, die Versteigerung läuft noch. Nach ein paar spannenden Stunden des Steigerns gelingt es ihnen, den Zuschlag für 34 Euro zu bekommen. Wenige Tage später nimmt ihre Mutter vom Briefträger ein großes Paket entgegen. „Ah, da ist ja mein Koffer, super!", freut sich Nora. Doch enttäuscht stellt sie fest, dass der Koffer viel kleiner ist, als sie dachte. Sie hatte beim Kauf mehr auf die schöne Farbe als auf die Größe geachtet. „Der ist ja viel zu klein. Den will ich nicht." „Ja, das hättest du dir früher überlegen müssen. Wir haben ihn doch extra ersteigert und damit gezeigt, dass wir genau diesen Koffer wollten. Da ist nichts zu machen", wendet ihre Schwester ein.

---

1. Worin besteht das Problem in dem von dir gewählten Fall? Fasse zusammen.

2. Schreibe auf, was du zu klären hast. Lies dann die Info „Verbraucherrechte und Verbraucherschutz" und notiere, was für die Lösung deines Falls wichtig ist.

3. Suche dir einen Partner, stellt euch die Fälle gegenseitig vor. Formuliert gemeinsam eine Lösung und begründet diese.

Was auch noch interessant sein kann:

- zu einem der vier Fälle eine Fortsetzung schreiben,
- einen Flyer entwerfen, in dem ihr Jugendlichen ihre Rechte als Verbraucher anschaulich erklärt.

C Verbraucherrechte und Verbraucherschutz

 Was sind Verbraucherrechte und warum sind sie wichtig? Erkläre und begründe.

2. Du willst mit einem Freund einen Kaufvertrag abschließen. Notiere:
a) Was musst du tun?
b) Welche Pflichten hat jeder von euch beim Abschluss des Vertrags?
c) Wann wäre der Vertrag zwischen euch ungültig?

3. Wie umfassend garantieren die Verbraucherrechte deinen Schutz als Kunde: sehr umfassend, einigermaßen, ziemlich unzureichend? Begründe deinen Standpunkt.

Abschluss eines Kaufvertrags

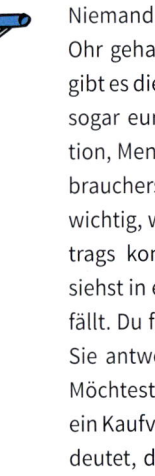

Niemand möchte beim Kauf einer Ware übers Ohr gehauen werden. Um dies zu verhindern, gibt es die Verbrauchergesetze, von denen viele sogar europaweit gelten. Sie haben die Funktion, Menschen beim Einkauf zu schützen. Verbraucherschutz* ist immer dann besonders wichtig, wenn es zum Abschluss eines Kaufvertrags kommt. Stell dir zum Beispiel vor, du siehst in einem Geschäft ein T-Shirt, das dir gefällt. Du fragst die Verkäuferin nach dem Preis. Sie antwortet: „Das T-Shirt kostet 19,80 Euro. Möchtest du es kaufen?" Du nickst. Damit ist ein Kaufvertrag abgeschlossen worden. Das bedeutet, dass du die Ware bezahlen musst und dir der Händler die Ware liefern muss. Die meisten Kaufverträge kommen auf diese Weise zustande, größere Käufe werden oft auch schriftlich abgeschlossen. Jugendliche unter 18 Jahren dürfen größere Käufe nur mit Zustimmung ihrer Eltern vornehmen. Auch Ratenvereinbarungen dürfen sie nicht abschließen.

Rücktrittsrecht

Man kann einen Kaufvertrag nicht ohne Grund rückgängig machen, etwa wenn einem etwas nicht mehr gefällt oder man irgendwo die Ware zu einem günstigeren Preis gesehen hat. Bei Waren, die man im Internet, im Versandhandel oder von einem Vertreter an der Haustür gekauft hat, hat man jedoch ein Widerrufsrecht. Das bedeutet, dass man den Kauf innerhalb von 14 Tagen rückgängig machen darf. Denn diese Ware hat man ja nur auf Fotos gesehen und konnte nicht selbst prüfen, ob sie wirklich so ist, wie man sich das vorgestellt hat. Wenn man an einer Internet-Auktion teilnimmt, beträgt diese Frist ebenfalls zwei Wochen. Ausgeschlossen sind davon allerdings Lebensmittel, CDs und einige weitere Produkte.

Reklamation

Der Kaufvertrag verpflichtet den Händler, Ware in einwandfreier Qualität zu liefern. Doch vielleicht stellt ihr erst zu Hause fest, dass etwa bei einer Jeans ein Knopf fehlt oder sich nach der ersten Wäsche die Nähte auflösen. In diesem Fall könnt ihr beim Händler reklamieren, auch wenn es sich um ein Sonderangebot oder reduzierte Ware handelt. Der Händler wird dann die Jeans kostenlos reparieren oder, falls das nicht möglich ist, euch eine neue aushändigen. Kann der Händler die Jeans weder reparieren noch eine neue liefern – zum Beispiel, weil es das Modell nicht mehr gibt –, könnt ihr einen Preisnachlass aushandeln oder verlangen, dass er euch das Geld zurückgibt. Alle Händler sind verpflichtet, berechtigte Reklamationen bis zu zwei Jahre nach dem Kauf anzuerkennen. Diese Verpflichtung nennt man Gewährleistungspflicht.

Ungültige Kaufverträge

Wenn der Händler den Kunden bewusst täuscht, ist der Vertrag von Anfang an ungültig. Das ist zum Beispiel der Fall, wenn er eine kostenlose Lieferung verspricht, dann aber doch Geld dafür verlangt. Oder wenn eine Verkäuferin verspricht, dass ein T-Shirt farbecht ist, und dieses die gesamte Wäsche in der Waschmaschine verfärbt. Das bezeichnet man als arglistige Täuschung. Von vornherein ungültig ist ein Vertrag auch dann, wenn er gegen Gesetze verstößt, zum Beispiel, wenn ein Händler einem 13-Jährigen Alkohol verkauft.

*Zum Begriff „Verbraucherschutz" findest du weitere Informationen im Glossar.

 Wie fit sind wir in Verbraucherfragen?

Wie fit ihr in Verbraucherfragen seid, könnt ihr auf dieser Seite testen. Ganz ähnlich wie bei der Führerscheinprüfung sollt ihr bei diesem Quiz entscheiden, ob eine, zwei oder alle drei Antworten richtig sind.

Euer Auftrag:

1. Bearbeitet den Test zunächst allein.

2. Vergleicht anschließend eure Ergebnisse zu zweit und stellt die Lösungen in der Klasse vor.

---

1. Ein Kaufvertrag ist

a) immer gültig, auch wenn er von Minderjährigen abgeschlossen wurde.

b) ungültig, wenn der Händler den Käufer bewusst getäuscht hat.

c) gültig, wenn der Käufer schriftlich, mündlich oder stillschweigend das Angebot angenommen hat.

---

2. Beschränkt geschäftsfähig zu sein, bedeutet,

a) dass Jugendliche selbst Kaufverträge schließen können, wenn sie den Kauf von ihrem Taschengeld finanzieren können.

b) dass Jugendliche für größere Käufe die Zustimmung ihrer Eltern benötigen.

c) dass Jugendliche keine Ratenkäufe tätigen dürfen.

---

3. Reklamationen

a) haben zur Folge, dass man sein Geld immer zurückbekommt.

b) sind nicht zulässig, wenn die gekaufte Ware ein Sonderangebot war.

c) müssen Händler bis zu zwei Jahre nach dem Kauf akzeptieren, wenn sie berechtigt sind.

---

4. Wenn eine Ware fehlerhaft ist,

a) kann man nichts machen, wenn man sie zum reduzierten Preis gekauft hat.

b) muss man das immer sofort nach dem Kauf reklamieren.

c) muss der Kunde akzeptieren, dass der Händler keine neue Ware liefert, sondern sie zunächst repariert.

---

5. Widerrufsrecht

a) bedeutet, dass man den Kauf rückgängig machen kann.

b) gilt nur für das Internet.

c) gilt für eine Frist von 14 Tagen.

---

6. Wenn man über das Internet einkauft,

a) ist es Aufgabe des Kunden, zu recherchieren, ob das Angebot etwas kostet.

b) muss der Verkäufer an deutlich sichtbarer Stelle über AGB und Widerrufsrecht informieren.

c) sollte man die AGB immer sorgfältig lesen.

Richtig sind folgende Aussagen: 1. = b, c; 2. = a, b; 3. = c; 4. = c; 5. = a, c; 6. = b, c

2 Klug shoppen: Wie kann man das lernen?
Kriterien für Einkaufsentscheidungen ermitteln

Eine Einstiegsübung für alle:
Welche Bedingungen muss ein Produkt erfüllen, damit du voll und
ganz zufrieden mit deinem Kauf bist?

A ☑ Fall Welche Pizza soll es ein? – drei Ansichten

Valeria, Tim und Niklas hatten Nachmittagsunterricht und laufen gemeinsam nach Hause.

Tim: Mann, habe ich jetzt ein Loch im Bauch. Ich habe heute Mittag nur ein Brötchen gegessen.

Niklas: Mir geht's genauso. Lass uns doch im Supermarkt eine Tiefkühlpizza kaufen, die können wir dann bei mir zu Hause aufbacken und essen.

Valeria: Gute Idee, auf zum Prima-Markt!

Im Supermarkt stehen sie vor dem riesigen Angebot und können sich nicht entscheiden, welche sie nehmen sollen.

Tim: Lass uns doch einfach die billigste nehmen. Hauptsache, es geht schnell!

Niklas: Mal langsam … Weißt du nicht, dass die Hersteller solcher Pizzas die allerbilligsten Zutaten verwenden, künstlichen Käse, minderwertige Salami und so? Das will ich auf keinen Fall essen. Da vergeht mir gleich der Appetit. Ich finde, wir sollten schon auf eine gute Qualität achten, zum Beispiel, welche Zutaten verwendet werden. Außerdem bin ich auf manche Zusatzstoffe allergisch.

Tim: Also gefährlich ist das Zeug auf keinen Fall – und krank wirst du davon auch nicht. In Deutschland ist es gar nicht erlaubt, gesundheitsschädliche Zutaten zu verwenden. Was soll denn so schlecht daran sein, auf den Preis zu achten? Die meisten Menschen können es sich nicht leisten, die teuerste Pizza zu kaufen.

Tim: Es kommt mindestens genauso auf die Qualität an, nur dann schmeckt eine Pizza richtig gut. Und wenn ich schon Pizza esse, dann möchte ich eine gute kaufen.

Valeria: Tim, ist dir denn deine Gesundheit egal? Mir nicht, deshalb möchte ich eine Bio-Pizza kaufen, am liebsten eine ohne Fleisch und Wurst. Da weiß ich dann genau, dass da keine Chemie und Zusatzstoffe drin sind.

Tim: Das wird ja noch teurer …

Valeria: Stimmt schon, Bio-Produkte sind teurer. Dafür wird für meine Pizza die Umwelt geschont. Denk doch mal nur daran, was Tiere für deine Salami-Pizza durchmachen müssen. Ich habe neulich erst im Fernsehen gesehen, was zum Beispiel Schweine in der Massenhaltung erdulden müssen. Das war furchtbar. Dann esse ich lieber seltener Pizza und kaufe ein Bio-Produkt.

Niklas: Das ist jetzt mir egal. Also, ich finde, dass Öko-Zeug schmeckt manchmal komisch.

Tim: Also, wenn wir so weiter diskutieren, stehen wir in zwei Stunden noch da. Wir müssen uns jetzt entscheiden …

1. Arbeite aus dem Text heraus, welchen Standpunkt Valeria, Tim und Niklas jeweils einnehmen.

2. Wie würdest du dich entscheiden? Begründe deinen Standpunkt.

AKTIV LERNEN

B Wie können wir eine vernünftige Kaufentscheidung treffen?

Im Alltag habt ihr vielleicht nach einem Kauf die Erfahrung gemacht, dass das Produkt nicht hält, was es versprach. Möglicherweise habt ihr euch spontan von einem interessanten Angebot verleiten lassen – und habt es hinterher bereut. Um Fehlkäufe zu vermeiden, ist es wichtig, bewusst einzukaufen und sich bei der Entscheidung an Kriterien zu orientieren, die einem wichtig sind.

Euer Auftrag:

1. Bewertet die Kriterien zunächst einzeln.

2. Vergleicht eure Ergebnisse mit einem Partner und einigt euch auf fünf wichtige Kriterien. Notiert sie.

3. Stellt eure Ergebnisse in der Klasse vor und wertet sie aus: Welche Kriterien wurden besonders positiv bewertet? Wie ist das Ergebnis zu erklären? Welche sind unsere Favoriten?

Was ist für den Einkauf wichtig?	sehr wichtig	wichtig	weniger wichtig	un-wichtig
1. Die Ware ist von guter Qualität.				
2. Das Produkt wird im Internet gut bewertet.				
3. Ich werde beim Kauf freundlich und gut beraten.				
4. Das Produkt ist besonders bedienungsfreundlich.				
5. Fast alle meine Freunde haben dieses Produkt gekauft.				
6. Die Ware ist nachhaltig* produziert.				
7. In dem Geschäft/Online-Shop kaufen überwiegend Jugendliche ein.				
8. Das Produkt ist billig.				
9. Meine Eltern finden das Produkt gut.				
10. Es handelt sich um eine bekannte Marke.				
11. Das Produkt gefällt mir besonders gut, zum Beispiel wegen seines Designs oder seines Materials.				
12. Das Produkt ist gerade besonders in Mode.				

* Weitere Informationen findet ihr dazu im Glossar.

C Wo können sich Verbraucher über Qualität und Preise informieren?

Wenn ihr eine Anschaffung plant, habt ihr viele Möglichkeiten, euch vor dem Kauf zu informieren. Welche fallen euch ein? Drei Möglichkeiten sind im Folgenden ausführlicher beschrieben.

1. Die Stiftung Warentest

 wurde von der Bundesregierung gegründet, um Bürger neutral und unabhängig von der Wirtschaft zu informieren. Sie testet zahlreiche Produkte und Dienstleistungen. Die Ergebnisse der Tests sind in der Zeitschrift „test" veröffentlicht. Die Testberichte können auch in verkürzter Form im Internet abgerufen werden.

Internetadresse:
www.test.de

2. Verbraucherzentralen

werden von den Ländern finanziert und haben die Aufgabe, Verbraucher vor dem Einkaufen zu informieren und zu beraten. Sie beraten auch Menschen, die Schwierigkeiten im Umgang mit Geld haben und ihre Schulden nicht mehr zurückzahlen können.

Internetadresse:
www.verbraucherzentrale.de

3. Verbraucherportale im Internet

Verbraucherportale sind Online-Plattformen, in denen sich Verbraucher über ihre persönlichen Erfahrungen mit Produkten und Dienstleistungen austauschen und Tipps zum Einkaufen geben. Bei den meisten Verbraucherportalen kann man die Bewertungen kostenlos abrufen, muss sich jedoch registrieren lassen, wenn man selbst einen Beitrag verfassen will.

Internetadressen:
www.ciao.de, www.yopi.de
www.holidaycheck.de

WebQuest

Thema: Vergleich von Informationsmöglichkeiten für Verbraucher
Adressen: Wählt aus jedem Block eine Internetadresse aus.
Untersuchungsfragen:
- Welche Dienstleistung bietet die Website?
- Wer erbringt die Dienstleistung?
- Was sind die Grundlagen für Bewertungen oder Empfehlungen von Produkten?

Was auch noch interessant sein kann:
- eine Verbraucher-Website mithilfe der Qualitätskriterien untersuchen,
- selbst ein Produkt testen, zum Beispiel einen Geschmackstest bei Orangensaft durchführen und konventionell hergestellte Bio-Produkte und fair gehandelte Produkte miteinander vergleichen.

Markterkundung

Markterkundung: Was ist das?

Wer auf dem Wochenmarkt das Angebot an Obst und Gemüse erkunden will, hat keine großen Probleme, das Beste herauszufinden. Man braucht nur von Stand zu Stand zu gehen. So kann man vor Ort die Qualität der Produkte prüfen und die Preise vergleichen. Für die meisten anderen Produkte ist eine Erkundung des Marktes viel schwieriger. Das Marktgeschehen verteilt sich nämlich auf viele Orte. Mehrere Geschäfte bieten gleiche und ähnliche Produkte an. Kaufen per Katalog oder per Internet ist ebenfalls möglich. Eine Markterkundung bedeutet hier, dass man sich möglichst umfassend über die verschiedenen Angebote informiert, die Angebote vergleicht und dann mithilfe der Einkaufskriterien „Preis, Qualität, Nachhaltigkeit" eine wohlüberlegte Kaufentscheidung trifft.

Wie kann man bei einer Markterkundung vorgehen?

1. Ein Produkt auswählen
Einigt euch in der Klasse auf ein Produkt, für das ihr den Markt erkunden werdet, zum Beispiel ein Fahrrad, ein Handy oder einen Fernseher. Die Erkundung selbst solltet ihr in eurer Freizeit durchführen. (Das kann man auch zu zweit oder in einer Gruppe tun.)

2. Informationen beschaffen
Informiert euch
- im Internet und in Katalogen,
- auf Verbraucher-Websites,
- in den Geschäften in eurer Gemeinde,
- mithilfe der Zeitschrift „Stiftung Warentest",
- durch Gespräche mit Fachleuten.

Thema: Eine Kaufentscheidung treffen

Versucht dabei, Antworten auf folgende Fragen zu finden:
- Worauf sollte man achten, wenn man dieses Produkt kauft?
- Mit welchem Preis muss man mindestens rechnen, wo liegt die Preisobergrenze?
- Wo könnt ihr das Produkt am billigsten einkaufen?
- Welche Produkte sind aus umweltschonenden Materialien hergestellt?
- Welche Zusatzleistungen, wie zum Beispiel Reparaturen, sind im Preis inbegriffen?

3. Informationen auswerten und in der Klasse präsentieren
Tragt alle Informationen zusammen und formuliert eine Kaufempfehlung für das Produkt eurer Wahl. Die Klasse kann darüber abstimmen, ob die Entscheidung sehr gut (3 Punkte), gut (2 Punkte) oder weniger gut (1 bis 0 Punkte) begründet wurde.

D Wie sollten Verbraucher mit Werbung umgehen?

Eine Einstiegsübung für alle
Betrachte das Foto. Welche Gedanken löst es bei dir aus? Denkt zuerst
allein nach und sprecht dann in der Klasse darüber.

 Verführt Werbung Kinder zum Genuss von Ungesundem?

Abenteuercamps, Sport-Events, gezielte Werbung für Kinder: Capri-Sonne buhlt um die kleinen Konsumenten. Verbraucher wählten den Hersteller nun zum Gewinner des Negativpreises „Goldener Windbeutel". Mehr als 51000 Verbraucher stimmten für das Getränk, das Foodwatch als „Wasser-Zucker-Aroma-Mixtur mit ein bisschen Fruchtsaft" bezeichnet. Die Verbraucherschützer kritisierten, dass Capri-Sonne durch „besonders aggressives Marketing" hervorsteche, das sich gezielt an Kinder

richte. Auf Platz zwei landete der Pudding der Marke „Paula". Hersteller Dr. Oetker bewirbt ihn als „kindgerecht" und mit einem bunten Reigen aus Werbeinstrumenten: Klingeltöne, eine Smartphone-App, Online-Karaoke für den Werbesong und Gewinnspiele. Auf den dritten Platz wählten die Verbraucher die Frühstücksflocken Kosmostars von Nestlé, die der Hersteller selbst als „vollwertigen Start in den Tag" beschreibt und eine „Vollwertgarantie" gibt – in Wirklichkeit besteht das Produkt zu einem Viertel aus Zucker. Die Foodwatch-Kritik richtet sich gegen die Art und Weise, wie die Produkte der Zielgruppe Kind schmackhaft gemacht werden. Weil der Anteil der übergewichtigen und fettleibigen Kinder in Deutschland deutlich steigt, kritisieren auch Ernährungswissenschaftler immer häufiger die Strategien der Lebensmittelbranche. Die Unternehmen bringen immer häufiger vermeintlich gesunde Produkte wie Joghurts, Frühstücksflocken oder eben Softdrinks auf den Markt, die besonders viel Fett oder Zucker enthalten.
Capri-Sonne ist als Preisträger nur ein Beispiel für zahlreiche Kinderprodukte, die ähnliche Strategien verfolgen.

(Nach: Nicolai Kwasniewski, Goldener Windbeutel 2013: Verbraucher finden Capri-Sonne-Werbung am dreistesten, in: www.spiegel.de, Zugriff: 23.04.2016)

 Fasse die Kritik an der Werbung für Kinderlebensmittel zusammen.

 Hältst du diese Art von Kritik für wichtig oder eher nicht? Begründe dein Urteil.

 Foodwatch fordert ein grundsätzliches Werbeverbot für Kinderlebensmittel. Erörtere pro und kontra und diskutiert darüber in der Klasse.

Wie glaubwürdig sind Werbeversprechen?

Lecker soll unsere Nahrung sein und natürlich gesund, darauf legen vor allem Mütter Wert. Darauf zielt auch die Werbung und preist viele Produkte als „idealen Begleiter für Schule und Freizeit". Die Werbung für Kinderjoghurt, Müslis oder Frühstücksflocken für Kinder, Kindergetränke oder auch Süßigkeiten wie Schokolade für Kinder verspricht, besonders viel Milch und dadurch viel Calcium oder viele Vitamine zu enthalten. Sehr oft sind solche Produkte noch dazu schön bunt verpackt oder es stecken kleine Geschenke wie Gutscheine oder Spielzeug mit drin, um zum Kauf zu verführen. Hast du nicht auch Lust, das Müsli nur wegen des Geschenks in den Einkaufswagen zu packen? Augen auf! Die Wahrheit steckt auf der Rückseite! Wer wissen will, was wirklich drin ist, muss auf der Rückseite der Verpackung nachschauen: Dort steht die Zutatenliste. Meist ist sie nur in recht kleinen Buchstaben gedruckt. Aber: Die Zutaten sind der Menge nach geordnet. Was ganz am Anfang steht, davon ist am meisten drin. Wenn die Zutatenliste mit Zucker oder Fett beginnt: Hände weg! Wenn ein Bild einer Frucht groß auf der Verpackung abgebildet ist und man diese Frucht in der Zutatenliste vergeblich sucht oder erst ganz hinten findet, findet man sie auch im Produkt wahrscheinlich nur unter dem Mikroskop. Und von Lebensmitteln, in denen jede Menge Aromen, Süßstoffe, Farbstoffe, Konservierungs- und weitere Zusatzstoffe stecken, lässt man am besten ganz die Finger.

(Nach: Simone Wichert: Werbelügen – Dreist, dreister, am dreistesten, 07.05.2010, in: www.br-online.de; Klaro, Kindernachrichten, Zugriff: 22.01.2016)

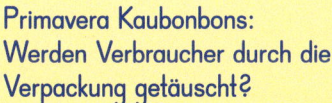

Primavera Kaubonbons: Werden Verbraucher durch die Verpackung getäuscht?

Einschätzung der Verbraucherzentrale: Der Name „Primavera Erdbeeren" sowie die Abbildung vieler frischer Erdbeeren auf der Schauseite der Verpackung können bei Verbrauchern unserer Ansicht nach den Eindruck erwecken, dass ein gewisser Anteil an Erdbeeren in dem Produkt verarbeitet wurde. Dies ist aber nicht der Fall. Stattdessen wird mit Aroma der Geschmack und mit mehreren Farbstoffen das Aussehen von Erdbeeren imitiert. Aus der Stellungnahme der Haribo GmbH & Co. KG, Bonn: Die auf der Verpackung gezeigten Abbildungen und die übrige Kennzeichnung entsprechen vollständig den derzeitig gültigen Gesetzen und Vorschriften. Die bildliche Darstellung von Erdbeeren weist auf den Geschmack hin und ist nach den Richtlinien für Zuckerwaren auch bei der Anwendung von Aromastoffen erlaubt.

(Aus: http://www.lebensmittelklarheit.de/cps/rde/xchg/lebensmittelklarheit/hs.xsl/3766.htm)

1. Erkläre, mit welchen Tricks Werbung arbeitet.
2. Wie sollten Verbraucher mit Werbung umgehen? Sammelt dazu Tipps in der Klasse.
3. Haribo hat sich bei der Verpackung von Primavera an die Gesetze gehalten und doch übt die Verbraucherzentrale Kritik. Erkläre, warum, und nimm Stellung dazu.

Was auch noch interessant sein kann:

- Werbeversprechen auf der Verpackung überprüfen. Sucht euer Lieblingsprodukt und vergleicht die Aussagen auf der Verpackung mit der Zutatenliste,
- weitere Beispiele irreführender Werbeversprechen recherchieren und in der Klasse vorstellen: www.abgespeist.de, www.lebensmittelklarheit.de.

3 Einkaufswelt Internet: nützlich oder eher riskant?
Tipps zum Online-Shopping formulieren

Eine Einstiegsübung für alle:
Hast du oder deine Familie schon einmal im Internet eingekauft? Wenn ja, welche Erfahrungen hast du damit gemacht? Tauscht euch dazu aus.

Boomender Online-Handel

Umsatz mit Endverbrauchern in Deutschland
in Milliarden Euro

2006	07	08	09	10	11	12	13	14	15*	16*
15,7	17,8	19,7	21,8	23,9	26,3	31,3	34,7	37,1	41,7	46,3

Mrd. €

Warenkorb

*Schätzung bzw. Prognose
Quelle: HDE   Stand Januar 2016   © Globus 10818

 **A** **Fälle** Zwei Fälle: Zugreifen oder Hände weg?

1. Kostenlose Spiele

Benny hat seit einiger Zeit ein Tablet, auf dem er bereits zahlreiche PC-Spiele installiert hat. Beim Surfen im Internet stößt er auf ein verlockendes Angebot: „100 PC-Spiele gratis für zehn Tage testen." Aus der Beschreibung geht hervor, dass nach Ablauf der zehn Tage automatisch ein Abovertrag beginnt, wenn der Tester nicht ausdrücklich widerspricht. Das monatliche Abo kostet 7,95 Euro.

2. Schnäppchenjagd

Katjana ist begeistert. Gerade eben hat sie in einem Internetshop einen Schal entdeckt, der prima zu ihrem neuen Sweatshirt passen würde. Das Gute daran: Er ist mit 13,95 Euro deutlich günstiger als im Laden. Und wenn die Farbe doch nicht genau passt, kann sie ihn ja immer noch zurückschicken, liest sie auf der Website.

B Hintergrundinfo: Online-Shopping

Ihr könnt im Internet einkaufen – solange ihr den Kauf mit eurem Taschengeld finanzieren könnt und eure Eltern damit einverstanden sind. Aboverträge dürfen Jugendliche grundsätzlich nicht abschließen.

Wer im Internet etwas bestellt, kann den Kauf innerhalb von 14 Tagen rückgängig machen. Das bezeichnet man als Widerspruchsrecht. Jeder Anbieter ist gesetzlich dazu verpflichtet, an deutlich sichtbarer Stelle darauf hinzuweisen. Wenn einem die bestellte Ware nicht gefällt, kann man sie zurückschicken. Das Porto für die Rücksendung haben seit 2014 grundsätzlich die Kunden zu tragen. Viele Händler kommen ihren Kunden jedoch entgegen und übernehmen die Kosten.

Im Internet gibt es viele Gratis-Angebote. Wenn ein Angebot kostenpflichtig ist, muss der Anbieter deutlich darauf hinweisen. Man muss dann einen Button „kostenpflichtig bestellen" drücken. Dennoch gibt es viele schwarze Schafe unter den Verkäufern, die diese Verpflichtung nicht so genau nehmen. Auf jeden Fall ist es empfehlenswert, sich die Website des Anbieters genau anzuschauen und die Allgemeinen Geschäftsbedingungen zu studieren. All diese Vorschriften zum Schutz der Verbraucher gelten EU-weit.

1. Beschreibe, vor welchen Entscheidungen Benny und Katjana stehen.

2. Wie sollen sie sich verhalten? Lies dazu die Hintergrundinfo, triff eine Entscheidung und begründe diese.

3. Welche Vor- und Nachteile seht ihr beim Online-Shopping? Sammelt in der Klasse Pro- und Kontra-Argumente und formuliert eine Antwort auf die Überschrift zu diesem Unterkapitel.

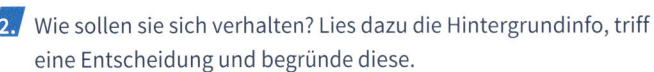

AKTIV LERNEN

C Worauf sollte man beim Online-Shopping achten?

	Unser Tipp:
1. Ungläubig starrt Tim auf die Rechnung. 7,95 Euro Versandkosten! Damit hatte er nicht gerechnet, denn er glaubte, mit dem Kauf eines MP3-Players ein besonders günstiges Schnäppchen gemacht zu haben. In seiner Freude, endlich sein Traummodell gefunden zu haben, hatte er ganz vergessen, die Allgemeinen Geschäftsbedingungen des Anbieters zu lesen.	?
2. Seit Tagen schon bietet Isa bei einer Online-Auktion mit. Die angebotene hochmodische Handtasche will sie unbedingt haben – und viele andere auch. Der anfangs sensationell niedrige Preis hat sich inzwischen verdreifacht. Doch Isa denkt nicht daran, auszusteigen, obwohl der Preis inzwischen ihre finanziellen Mittel weit übersteigt. Sie wird sich wohl bei ihren Freunden Geld leihen müssen.	?
3. Nachdem ihm seine Freunde vom Einkaufen im Internet vorgeschwärmt haben, beschließt Lari, es doch auch einmal zu versuchen. Er will sich eine neue Uhr kaufen und sucht über eine Suchmaschine nach Anbietern. Bereits beim ersten Treffer hat er Glück und findet eine preisgünstige modische Uhr. Ohne zu zögern, bestellt er sie. Tage später entdeckt er per Zufall die gleiche Uhr zu einem wesentlich günstigeren Preis in einem Kaufhaus in der Stadt.	?
4. Seit Tagen schon wartet Felix auf eine Sendung von Zierfischen für sein Aquarium. Er hat diese bei einem ausländischen Anbieter bestellt und auch den Betrag gleich überwiesen. Auf eine Beschwerde-Mail hat die Firma bislang nicht reagiert. Als er nun bei der Firma anrufen will, entdeckt er auf der Website, dass die Firma lediglich eine ausländische Adresse mit einer Postfachnummer angegeben hat. Da hat er wohl bei seiner Bestellung nicht genau hingeschaut und nicht erkannt, dass es sich hier um eine unseriöse Firma handelt.	?

Euer Auftrag:

Manch einer erlebt beim Einkauf über das Internet eine böse Überraschung. Die Erfahrungen anderer könnt ihr euch zunutze machen.

1. Formuliert – allein oder zu zweit – zu den Beispielen auf dieser Seite jeweils einen Tipp.

2. Stellt eure Arbeitsergebnisse in der Klasse vor.

4 Kaufen auf Pump — Was kann daran gefährlich werden?
Vorschläge zum Umgang mit Geld bewerten

A  **Fall** Vom Traumjob in die Schuldenkrise

Der folgende Text schildert die Geschichte einer jungen Frau, die mit Geld nicht wirtschaften konnte. Wie konnte es passieren, dass sie so viele Schulden anhäufte?

Der Traumjob

Franziska ist 19 Jahre alt. Sie ist sportlich, handwerklich begabt und reiten kann sie, seit sie acht ist. Nach ihrer Ausbildung zur Pferdewirtin bekam sie eine Stelle auf dem Reiterhof eines kleinen Familienhotels.

Das erste Gehalt ist ein großartiges Gefühl für Franziska. Doch wie viel von ihren 950 € bleiben ihr eigentlich zum Leben? Allein 300 € gehen ja schon für Miete und Nebenkosten weg. Dazu kommen Strom, Internet, Handy … Außerdem hat sie sich für die neue Wohnung auf Ratenzahlung eine neue Schlafcouch gegönnt. Die monatliche Rate ist 50 €. Franziska schätzt, dass ihr nach Abzug der regelmäßigen Festkosten noch 450 € pro Monat für den Rest des Lebens bleiben.

Die Schulden häufen sich

Eine Zeit lang sieht es so aus, als würde Franziska mit dem Geld auskommen. Doch irgendwann ist sie pleite. Und das, obwohl der Monat noch gar nicht rum ist. Sie nimmt sich vor, nächsten Monat besser auf ihre Ausgaben zu achten. Warum findet sie die schicksten Klamotten ausgerechnet alle in diesem Monat? Eigentlich kostet das mehr als die 60 €, die sie für Bekleidung eingeplant hat. Und die Karte für das Musikfestival am Wochenende kostet 55 €, aber schließlich fahren alle ihre Freunde hin. Und für das angesagte Smartphone braucht sie nur 30 € Zuzahlung. Am Ende des Monats ist Franziskas Konto plötzlich 150 € im Minus. Das Minus wird von Monat zu Monat größer, bis sie schließlich mit ihrem Gehalt am Monatsanfang kaum noch über null kommt.

Doch was als Nächstes passiert, macht alles noch schlimmer. Sie hat schon gemerkt, dass in den letzten Monaten immer weniger Gäste im Hotel waren. Die Kündigung ist wie ein Schlag in den Bauch. Franziska hat fast 1200 € Schulden auf der Bank und bekommt nur noch einmal 950 €.

[Inzwischen sammeln sich überfällige Rechnungen in ihrer Wohnung, Franziska öffnet sie nicht einmal mehr.]

Bei der Schuldnerberatung

Als sie sich heulend am Telefon einer Freundin anvertraut, bekommt sie von dieser einen Tipp: die Schuldnerberatung. Schon am nächsten Tag sitzt Franziska im Büro der

---

1. Verfasse zu jedem Foto einen erklärenden Text als Bildunterschrift.

2. Hatte Franziska nur Pech oder war sie an ihren Schulden selbst schuld? Begründe deine Ansicht.

Verbraucherzentrale NRW. Gemeinsam bringen sie erst mal Ordnung in ihre Unterlagen und erstellen einen Finanzplan, mit dem Franziska ihre Ausgaben in den Griff bekommt. Sie ist fest entschlossen, aus ihren Fehlern zu lernen: „Vor mir liegt ein harter Weg, bis die Schulden weg sind. Aber ich hab' gelernt, dass man sich seinen Problemen stellen muss …"

(Aus: Vom Traumjob in die Schuldenkrise © Verbraucherzentrale NRW, Mintropstr. 27, 40215 Düsseldorf; Text: Michael Schneiberg, Fotos: Ben Isselstein)

B Warum verschulden sich Jugendliche?

Besonders bei den 18- bis 20-Jährigen, die erstmals Verträge abschließen dürfen, locken Handys, Fitnessstudio-Abos und der schnelle Kauf im Internet. Die Jugendlichen leisten sich zu viel neue Jeans, Schuhe, ausufernde Partys, ein Smartphone. Die meisten Schulden haben die Menschen unter 25 Jahren bei Mobilfunkanbietern, Online- und Versandhändlern sowie Fitnessstudios. Später haut der Bankkredit für das erste Auto rein.

Doch die Verlockungen des Teenager-Lebens sind nicht der einzige Grund für die Pleite. „Leider imitieren [= nachmachen] die Jugendlichen das Verhalten ihrer Eltern", hat Stephanie Schmid vom Münchner Jugendverschuldungsprojekt „Schulschwein" beobachtet. Leben die Eltern den Konsum auf Pump vor, wird Schuldenmachen für die Kinder normal.

Schon lange bevor sie selbst Verträge abschließen dürften, machten diese Jugendlichen bei Verwandten und Freunden Schulden, betont Schmid. „In diesem Alter haben sich bereits viele Verhaltensweisen eingeschliffen." Vorbeugung muss schon in der Grundschule ansetzen, wo der Gruppenzwang das erste Mal zuschlägt. Denn schon im Grundschulalter gilt: Wer cool sein will, braucht das neueste Spielzeug und die richtigen Turnschuhe.

(Nach: Theresa Münch (dpa): Wie Jugendliche Schulden machen, in: www.n-tv.de, 14.05.2013, Zugriff: 11.02.2016)

3. Prüft anhand von Text und Grafik, welche Gründe für Verschuldung in Franziskas Fall zutreffen.

4. Was kann Franziska aus ihren Fehlern lernen? Sammelt in der Klasse Tipps zum klugen Umgang mit Geld.

Was auch noch interessant sein kann:

- eine Fortsetzung zu Franziskas Geschichte schreiben, in der sie lernt, gut mit ihrem Geld auszukommen,
- im Internet den „Kleinen Finanz-Führerschein" machen:
  www.schuldnerhilfe.de/finanzfuehrerschein/training.php.

Kredite

 Beschreibe, welche Arten von Krediten es gibt.

 Wann kann ein Kredit problematisch werden? Erkläre es.

 Ein Fahrradhändler bietet in der Zeitung für ein Mountainbike im Wert von 599 Euro Ratenkauf an. Die Laufzeit des Ratenkredits beträgt 24 Monate, die wöchentliche Rate 8 Euro. Ein Schnäppchen oder eher nicht? Begründe deine Antwort.

Was ist ein Kredit?

Wenn man sich etwas kaufen möchte und das Geld dafür nicht reicht, hat man zwei Möglichkeiten: Entweder man spart so lange, bis man die Summe zusammenhat, oder man leiht sich das Geld – entweder bei Verwandten und Freunden oder bei einer Bank. Geliehenes Geld bezeichnet man als Kredit*.

Wer einen Kredit bei der Bank aufnehmen will, muss mindestens 18 Jahre alt sein. Für den Kredit verlangt die Bank Zinsen, eine Art Gebühr. Das bedeutet, dass man für einen Kredit immer mehr Geld zurückzahlen muss, als man geliehen hat.

Sinnvoll ist ein Kredit, wenn man damit eine große Anschaffung wie ein Haus finanzieren will. Voraussetzung ist, dass man das Geld für die Rückzahlung aufbringen kann.

Kreditarten

Eine häufige Form ist der Ratenkredit, der auch als Darlehen bezeichnet wird. Man zahlt ihn in festen monatlichen oder jährlichen Beträgen zurück. Er eignet sich auch für größere Anschaffungen. Zusätzlich zu den Zinsen kommt noch eine Bearbeitungsgebühr. Je schneller man einen Kredit tilgen, das heißt zurückzahlen, kann, desto niedriger sind die Kosten des Kredits. Weil die Zinsen von Bank zu Bank unterschiedlich sind, lohnt es sich, die Preise zu vergleichen.

Viele Handelsketten bieten ihren Kunden Ratenkäufe an. Sie können Waren, die sie nicht sofort bezahlen können, in monatlichen Raten abbezahlen. Doch hier gilt: Ratenkäufe verteuern wegen der Zinsen den Preis einer Ware erheblich.

Daneben gibt es noch andere Kreditarten, zum Beispiel den Dispositionskredit. Dabei bekommt man von seiner Bank das Recht, sein Konto zu überziehen, also mehr Geld abzuheben, als auf dem Konto ist. Diesen Kredit kann man nutzen, wann immer man möchte. Allerdings sind die Zinsen dafür sehr hoch. Mit Kreditkarten kann man bargeldlos bezahlen. Das Besondere daran ist, dass man den Betrag erst am Monatsende bezahlen muss. Die Bank verlangt dafür auch keine Zinsen. Minderjährige bekommen nur in Sonderfällen eine Kreditkarte.

Was passiert, wenn man Kredite nicht mehr zurückzahlen kann?

Gerade Menschen, die sich im Umgang mit Geld schwertun, verlieren schnell den Überblick über ihre Finanzen, besonders wenn sie mehrere Kredite gleichzeitig zurückzahlen müssen. Wenn dann noch Schicksalsschläge wie Krankheit, Scheidung oder Arbeitslosigkeit hinzukommen, wachsen ihnen die Schulden über den Kopf.

In solchen Fällen kann eine Schuldnerberatung helfen. Gemeinsam mit dem Berater wird ein Zahlungsplan aufgestellt, die Schuldner bekommen auch viele Tipps, wie sie mit ihrem Geld wirtschaften können.

In manchen Fällen sind die Schulden allerdings so hoch, dass sie der Schuldner kaum jemals zurückzahlen kann. Dann kann man unter bestimmten Bedingungen eine Privatinsolvenz beantragen, d.h., man erklärt, dass man zahlungsunfähig ist. Das bedeutet, dass man über einige Jahre hinweg nur das Lebensnotwendige von seinem Einkommen behalten darf und alles weitere Geld zur Rückzahlung der Schulden verwendet. Danach ist man dann schuldenfrei.

*Zum Begriff „Kredit" findest du weitere Informationen im Glossar.

 AKTIV LERNEN

D **Was empfehlen wir beim Sparen, Geldausgeben oder Kauf auf Pump?**

Geldprobleme hat fast jeder einmal. In solchen Situationen sind gute Tipps zum richtigen Umgang mit Geld gefragt. TEAM hat sich bei Schülerinnen und Schülern umgehört.

Euer Auftrag:

1. Lest in Einzelarbeit die Vorschläge und nehmt eine erste Bewertung vor.

2. Tauscht euch zu zweit aus und einigt euch, ob der Vorschlag empfehlenswert ist oder nicht.

3. Einigt euch auf einen Vorschlag, der euer Favorit ist. Stellt ihn der Klasse vor und begründet eure Auswahl.

	empfehlenswert	nicht empfehlenswert
1. „Weil ich genau weiß, dass mein Handy für mich der große Verführer ist, habe ich eine monatliche Summe festgelegt, die ich dafür ausgebe. Wenn ich den Betrag überschritten habe, gebe ich das Handy meiner Mutter zur Aufbewahrung."	?	
2. „Ich spare fast mein ganzes Taschengeld, denn ich möchte so früh wie möglich den Führerschein machen. Wenn meine Freunde zum Kino oder Eisessen gehen, bleibe ich eben zu Hause. Das macht mir nichts aus."		
3. „Wenn ich mir etwas Größeres kaufen möchte, dann spare ich einfach einige Zeit darauf, Schulden mache ich deswegen nicht."		?
4. „Wenn ich mit meinem Taschengeld mal wieder nicht auskomme, jammere ich meiner Mutter so lange etwas vor, bis sie sich erweichen lässt und einen Geldschein zückt."		
5. „Ich habe mir ausgerechnet, wie viel ich ungefähr in der Woche ausgeben kann. Wenn ich in einer Woche einmal mehr ausgebe, versuche ich, es in der nächsten einzusparen."	?	
6. „Ich wünsche mir zu Weihnachten und zum Geburtstag immer Geld. Damit kann ich mir öfter mal eine Extra-Ausgabe leisten."		
7. „Ich schreibe mir immer in einem Vokabelheft genau auf, was ich an Einnahmen und Ausgaben habe."		?
8. „Ich leihe mir häufig Geld bei meinen Großeltern. Manchmal vergessen sie, dass ich noch Schulden habe, dann brauche ich nichts zurückzuzahlen."		
9. „Am Anfang eines Monats gebe ich gern viel Geld aus. Da kann es schon passieren, dass ich in der zweiten Hälfte kein Geld mehr habe. Dann warte ich eben mit meinen Einkäufen bis zum Ersten."	?	
10. „Ich überlege mir genau, was ich mit meinem Taschengeld kaufe. Wenn mir etwas sehr gut gefällt, dann leiste ich mir auch etwas – aber selten nur so aus einer Laune heraus."		

95

5 Warum ist Verbraucherschutz ein Thema für Europa?
Notwendigkeit begründen und Fragen beantworten

A Fünf Jugendliche – fünf Situationen – fünf Fragen

1. **Pablo** besucht in den Osterferien seine Großeltern in Spanien. Sein Zug verspätet sich um 3 Stunden.

Kann er dafür eine Entschädigung verlangen?

2. **Marie** kauft für ihren kleinen Bruder einen Plastikbagger. Sie sorgt sich, dass er sich damit verletzen kann.

Sind ihre Sorgen berechtigt?

3. **IIja** möchte sich im Supermarkt ein Müsli kaufen. Er ist gegen Nüsse allergisch.

Wie kann er herausfinden, ob das Müsli Spuren von Nüssen enthält?

5. **Merwan** ist Austauschschüler bei einer Familie in Italien. Er will seine Familie in Deutschland mit dem Handy anrufen.

Muss er dafür Roaming-Gebühren bezahlen?

4. **Lea** bekommt von ihrer Freundin ein französisches Parfüm geschenkt. Sie ist engagierte Tierschützerin und ist strikt gegen Tierversuche.

Kann sie das Parfüm bedenkenlos benutzen?

1. Entscheide dich für zwei oder mehrere Beispiele, die du bearbeiten möchtest. Lies dann die Infoseite und beantworte die Frage. Begründe deine Antwort.

2. Vergleicht eure Ergebnisse zu zweit und stellt sie in der Klasse vor.

B Europäische Verbraucherpolitik

Ziele

Nicht immer haben Verbraucherinnen und Verbraucher die notwendigen Kenntnisse und Erfahrungen, um zu erkennen, wann Produkte oder Dienstleistungen Gefahren für sie bergen oder sie getäuscht werden. Sie sind gegenüber Herstellern und Dienstleistern deshalb grundsätzlich benachteiligt. Diesen Nachteil will der Gesetzgeber ausgleichen. Als Verbraucherpolitik bezeichnet man zusammenfassend alle Maßnahmen, die den Verbraucher vor Gefährdungen seiner Sicherheit und Gesundheit sowie auch vor Täuschungen schützen.

Europäischer Verbraucherschutz

Viele Gesetze in Deutschland gehen auf europäische Regelungen zurück. Dabei hat die europäische Gesetzgebung Vorrang vor der nationalen Gesetzgebung. Das bedeutet, dass die europäischen Regelungen für die über 500 Millionen Verbraucher in Europa ohne Einschränkung gelten und sich die Gesetzgeber stets nach den europäischen Verordnungen und Gesetzen richten müssen.

Hier einige Beispiele:

- *Sichere Produkte:* Nur sichere Produkte dürfen in der EU verkauft werden. Dafür gibt es das CE-Zeichen, mit dem die Hersteller garantieren, dass sie alle Vorschriften eingehalten haben. So ist auch für alle elektrischen Geräte garantiert, dass sie bei sachgemäßer Verwendung unfallsicher sind.
- *Lebensmittel:* Alle Lebensmittel werden auf Hygiene und Schadstoffe streng kontrolliert. Außerdem müssen alle enthaltenen Zutaten auf der Verpackung aufgeführt werden.
- *Kosmetika:* Hier gelten besondere Vorschriften für die Zusammensetzung, Verpackung und Kennzeichnung der Inhaltsstoffe. Seit 2013 sind Tierversuche für Kosmetika verboten.

1. Erkläre, was man unter Verbraucherpolitik versteht und welche Ziele sie verfolgt.

2. Darf die Bundesregierung beschließen, dass Zutaten bei Lebensmitteln künftig nicht mehr auf Verpackungen abgedruckt werden? Begründe deine Antwort.

3. Manche Europa-Skeptiker kritisieren, dass sich die EU in zu viele Themen des Alltagslebens einmischt. Wie beurteilst du unter diesem Gesichtspunkt den europäischen Verbraucherschutz: überflüssig, ganz nützlich oder unbedingt notwendig?

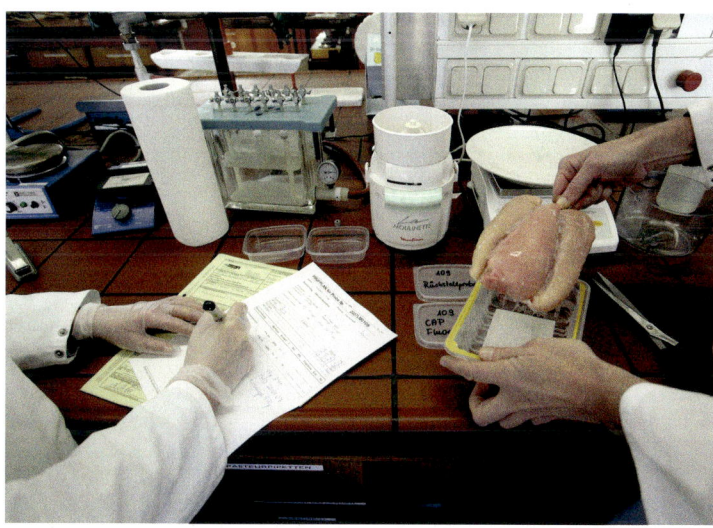

Lebensmittelkontrolleure bei der Arbeit

- *Telefonieren/Internetnutzung im Ausland:* Seit 2007 gelten Preisobergrenzen für Roaming-Gebühren (für die Nutzung des ausländischen Telefonnetzes und des Internets), die seither mehrmals gesenkt wurden. Ab 2017 entfallen Roaming-Gebühren komplett – es gibt allerdings Ausnahmen.
- *Preiskennzeichnung:* Verkaufspreise müssen pro Maßeinheit angegeben werden, damit der Verbraucher Preise vergleichen kann (zum Beispiel pro kg oder pro 100 g).
- *Fahrgastrechte:* Fahrgäste von Bussen, Schiffen, der Bahn und Fluggäste haben bei Verspätungen oder dem Ausfall einer Fahrt das Recht auf Entschädigung. Ab einer Verspätung von zwei Stunden bekommen sie zum Beispiel 50 % des Fahrpreises rückerstattet.

Jugend und Verbraucherschutz

Station 1

S M U H

Gekauft ist gekauft: Ist das immer rechtens?

Doppelte Handytasche

Steffen und Tim freuen sich aufs Wochenende – die beiden sind bei ihrer Freundin Jule zum Geburtstag eingeladen. Als Geschenk wollen sie Jule eine Tasche für ihr Handy schenken, weil sie es immer wieder verlegt. Nachmittags treffen sie sich in der Stadt zur Schnäppchenjagd. Schon nach kurzer Suche sind sie am Ziel: Tim zieht aus einem Stapel reduzierter Waren eine Tasche hervor. „Super, die sieht gut aus und ist von 16,99 € auf 9,99 € reduziert. Die nehmen wir." Zu ihrer Enttäuschung sind sie auf dem Geburtstag nicht die Einzigen, die auf diese Geschenkidee kamen. „Kein Problem, wir gehen einfach in das Geschäft und lassen uns das Geld zurückgeben. Dann kannst du dir etwas Neues kaufen", schlägt Steffen vor. Können Steffen und Tim den Kauf rückgängig machen?

Ja, weil …

Nein, weil …

Station 2

S M U H

Klug shoppen: Wie kann man das Lernen?

Einmal angenommen, du möchtest dir ein Fahrrad kaufen.

Die drei Fotos stellen drei Möglichkeiten dar, wie du dich vor dem Kauf informieren kannst.

a) Beschreibe sie in einem kurzen Text.
b) Erläutere, wodurch sie sich unterscheiden.
c) Wo würdest du dich vor einem größeren Kauf informieren? Begründe deine Entscheidung.

Station 3

S M U H

Einkaufswelt Internet: nützlich eher riskant?

Einmal angenommen, du kaufst sehr gerne im Internet ein und hast inzwischen einige Erfahrungen gesammelt.

Endlich hast du deine Eltern überzeugen können, es auch einmal damit zu versuchen. Natürlich berätst du sie gerne beim Einkaufen.

a) Worauf sollten sie bei der Suche nach einem Anbieter achten?
b) Was ist beim Abschluss eines Kaufvertrags wichtig?

Station 4

Kaufen auf Pump – Was kann daran gefährlich werden?

Svenja hat ständig Geldprobleme. Sie kann einfach nicht Nein sagen, wenn ihre Freunde sie ins Kino mitnehmen wollen. Sie fürchtet sich sehr davor, in der Clique nicht mehr mithalten zu können und zum Außenseiter zu werden. Ihr monatliches Taschengeld von 30 € hat sie bereits zur Monatsmitte ausgegeben, den Rest des Monats lebt sie auf Pump. Doch ihre Eltern helfen ihr immer wieder aus der Patsche, indem sie ihr Geld vorschießen. Meistens muss sie dieses Geld nicht mehr zurückgeben. Trotzdem hat sie bei ihren Eltern und ihrer Oma inzwischen fast 100 € Schulden angehäuft. Sie hat keine Ahnung, wie sie ihre Schulden loswerden kann.

a) Welche Ursachen haben Svenjas Geldprobleme?
b) Wie könnte sie künftig Schulden vermeiden? Formuliere drei Tipps zum Umgang mit Geld.

Wie kann ich nur meine Geldprobleme loswerden?

Station 5

Warum ist Verbraucherschutz ein Thema für Europa?

Ergänze folgende Satzanfänge:

Das Foto zeigt …

_____

Für den Umgang mit Lebensmitteln gibt es europäische Regelungen, weil …

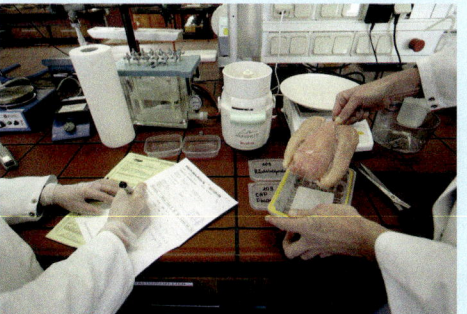

_____

Europäischen Verbraucherschutz halte ich für …, weil …

_____

5

Einblick in die Arbeitswelt

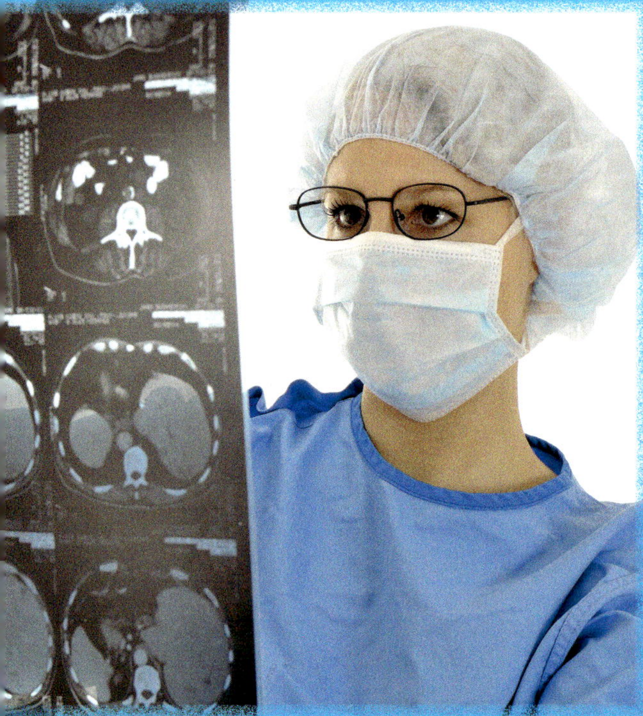

Merkmale von Arbeit, Veränderungen und deren Folgen untersuchen

1. Allein nachdenken

Was glaubst du: Welche Fähigkeiten werden in der modernen Arbeitswelt erwartet?

3. In der Klasse sammeln

Was interessiert euch besonders, wenn ihr an die Welt der Arbeit denkt?

2. Zu zweit beraten

Einmal angenommen, ihr könnt den Menschen auf den Fotos Fragen stellen. Was würdet ihr sie fragen?

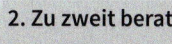

Im Verlauf dieses Kapitels könnt ihr ...

- Gemeinsamkeiten und Unterschiede verschiedener Arbeitsformen beschreiben,
- an einem Beispiel die Arbeitswelt von gestern mit der von heute vergleichen,
- Schaubilder über Veränderungen der Arbeitswelt interpretieren,
- beurteilen, welche Anforderungen in der Arbeitswelt gestellt werden,
- über den Stand der Gleichberechtigung zwischen Männern und Frauen diskutieren,
- einen Arbeitskampf analysieren.

Eigene Schwerpunkte könnt ihr setzen, indem ihr ...

- Erwachsene über ihre Arbeit befragt,
- einen der in diesem Kapitel dargestellten Berufe auswählt und dazu weitere Informationen im Internet sammelt.

1 Menschen und ihre Arbeit
Fallorientiert Gemeinsamkeiten und Unterschiede ermitteln

Eine Einstiegsübung für alle
Arbeit gehört für die meisten Menschen zum Leben. Warum ist Arbeit so wichtig?

 **Fallbeispiele**

Arbeit kann sehr vielfältige Formen annehmen. Die folgenden Texte stellen euch drei Menschen und ihre Tätigkeit vor. Wo haben sie Gemeinsamkeiten, worin unterscheidet sich ihre Arbeit?

1. Oleg Brüning arbeitet auf einer Intensivstation

Arbeitsalltag
Blauer Alarm in Zimmer 3! Wenn das blaue Licht im Flur aufleuchtet, eilt der Gesundheits- und Krankenpfleger Oleg Brüning sofort an das Bett des Patienten. Es kann sein, dass ein wichtiges Gerät nicht richtig arbeitet – hier geht es um Leben und Tod. Oleg Brüning arbeitet seit drei Jahren auf der Intensivstation in der Herzchirurgie. Hierher kommen Patienten sofort nach der Operation und werden noch einige Tage besonders betreut. Zu seinen Aufgaben gehört die Überwachung der zahlreichen Ge-

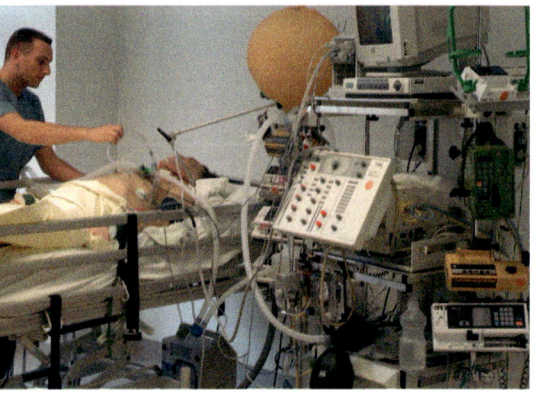

räte, an die die Patienten angeschlossen sind, er muss die Verbände wechseln, Medikamente verabreichen, die Blut- und Urinwerte kontrollieren, die Krankenakten auf dem Laufenden halten, entscheiden, wann in schwierigen Situationen ein Arzt hinzugezogen werden muss.
Bereits um 6 Uhr hat sein Dienst begonnen. Dafür hat er heute schon um 14:00 Uhr Feierabend. Sein Beruf ist auch körperlich sehr anstrengend, zum Beispiel, wenn er die bettlägerigen Patienten neu betten muss. Oleg Brüning arbeitet in Wechselschicht. Nächste Woche arbeitet er von 14 bis 20 Uhr. Alle zwei Wochen hat er auch am Wochenende Dienst, dafür bekommt er während der Woche zwei Tage frei.

Ausbildung
Nach seinem Realschulabschluss absolvierte er die 3-jährige Ausbildung zum Gesundheits- und Krankenpfleger. Anschließend arbeitete er zunächst einige Jahre in der Chirurgie, bevor er dann neben seinem Beruf die zweijährige Ausbildung zum Intensivpfleger absolvierte.

Einschätzung
An seiner Arbeit gefällt ihm vor allem das Gefühl, etwas Wichtiges zu tun und Verantwortung für das Wohlergehen seiner Patienten zu tragen. Er empfindet seinen Beruf als besonders abwechslungsreich, denn immer wieder passieren unvorhersehbare Dinge – kein Mensch ist eben gleich. Nicht so sehr gefällt ihm, dass er für diese anstrengende und verantwortungsvolle Tätigkeit seiner Meinung nach ziemlich wenig verdient: Er bekommt als Fachkraft circa 2 800 Euro im Monat, nach Abzug aller Steuern und Abgaben bleiben ihm knapp 1 600 Euro zum Leben. Aber wenigstens ist er sozial abgesichert, wenn er zum Beispiel arbeitslos würde.

(Zusammengestellt nach Informationen aus: www.planet-beruf.de; Zugriff: 08.02.2016)

So könnt ihr vorgehen:

1. Bildet Dreiergruppen und teilt die Fälle untereinander auf.

2. Stellt euch die Beispiele gegenseitig vor.

3. Vergleicht in der Gruppe die Beispiele unter folgenden Gesichtspunkten: Tätigkeit, Ausbildung, Arbeitszeit, Verdienst, Urlaub/soziale Sicherung, positive/negative Seiten der Arbeit.

Tipp: Ihr könnt eure Ergebnisse übersichtlich in einer Tabelle darstellen.

2. Berit Meixner leitet einen Büroservice

Arbeitsalltag

Gleich wenn sie morgens ihr Büro betritt, fährt die 36-jährige Berit Meixner ihren PC hoch und liest E-Mails. Ein bisschen müde ist sie heute, denn gestern Abend wurde es wieder einmal spät. Sie musste noch einen Eilauftrag eines Kunden fertigstellen, der die Unterlagen unbedingt benötigt. Als Inhaberin eines Büroservices erledigt sie für kleine Unternehmen die Büroarbeit: Sie schreibt E-Mails, Briefe, Rechnungen, übernimmt den Telefondienst und führt Buch über Einnahmen und Ausgaben. Zu ihren Kunden zählen Handwerker, Ingenieurbüros, Einzelhändler und Kleinunternehmen jeder Art, die sich keine eigene Verwaltung leisten.

Ausbildung

Zuvor hat die gelernte Kauffrau für Bürokommunikation vier Jahre in einem Bauunternehmen gearbeitet. Dort hat sie Praxiserfahrung gesammelt, bis sie ihr eigenes Unternehmen gegründet hat. Kein Tag ist wie der andere – doch genau das liebt sie an ihrem Beruf. Die Anfangsjahre waren hart, sie musste um jeden Auftrag kämpfen. Oft wusste sie nicht, wovon sie ihre Miete bezahlen sollte – denn als Selbstständige war und ist sie auf Kunden angewiesen. Hat sie keine Aufträge, bleibt auch das Geld aus. Mittlerweile hat sie einen festen Kundenstamm und die Geschäfte laufen gut. Ihr Einkommen schwankt – je nachdem, wie viele Aufträge sie erhalten hat. Ihr selbst bleiben in guten Monaten rund 5 500 Euro, in schlechten nur 2 800 Euro. Davon gehen Miete, Materialkosten, Steuern und Versicherungen sowie die Löhne für die Aushilfen ab. Anders als eine Angestellte ist sie zum Beispiel nicht automatisch rentenversichert, sondern muss selbst für ihre Alterssicherung sorgen.

Einschätzung

An diese Besonderheiten ihres Berufs hat sie sich inzwischen gewöhnt. Seit zwei Jahren kann sie es sich erlauben, ihr Büro im Sommer für zwei Wochen zu schließen. Darüber ist sie sehr froh, denn in manchen Wochen arbeitet sie weit über 40 Stunden und fühlt sich am Wochenende ziemlich ausgelaugt. Doch kann sie sich auf der anderen Seite auch Freiheiten herausnehmen – zum Beispiel bei schönem Wetter mal eine Runde mit ihrem Hund spazieren gehen. Dann arbeitet sie eben abends ein bisschen länger. „Auf keinen Fall würde ich heute mit meinen festangestellten Kolleginnen tauschen. Ich bin mein eigener Boss – und entscheide selbst, was ich mache", erzählt sie. Und die Anerkennung ihrer Kunden gibt ihr Tag für Tag das Gefühl, gute Arbeit zu leisten. Das bedeutet ihr viel.

(Nach Informationen aus einem persönlichen Gespräch erzählt)

3. Julia Ninic arbeitete ehrenamtlich in einem Waisenhaus

Meinen Wunsch, an einem sozialen Projekt zu arbeiten, habe ich lange in mir getragen. Es sollte auch immer Äthiopien sein. Geld spenden ist das eine, und es ist sehr, sehr, sehr wichtig. Aber für mich war klar, ich möchte vor Ort sein und mit Kindern arbeiten, ihnen ein Lächeln schenken!

Dann war der Tag des Abfluges gekommen – mein Abenteuer Äthiopien hat begonnen. Ich habe dann mein Waisenhaus kennengelernt. So viele zauberhafte Kinder, sehr hektisch und alle mit leuchtenden Augen.

Arbeitsalltag

Mein Tag war in der Regel wie folgt: Am Morgen bin ich in das TV-Zimmer gegangen, wo die Babys und die Kinder (3 – 10 Jahre) waren. Sobald ich die Tür öffnete, hatte ich schon überall an meinem Körper Kids hängen und es kamen Rufe: Juuuuuuliiii-aaaa! Schoooool?! Ein wundervoller Start! Nachdem ich alle Kids und Babys begrüßt hatte, ging es in den Klassenraum. Dort habe ich Englisch und Mathe unterrichtet für die 3 – 10-Jährigen, Jungs und Mädchen, gesunde und behinderte Kinder. Die verschiedenen Altersstufen waren dabei eine tolle Herausforderung. Natürlich wurde auch gemalt und gesungen. Dann gab es um 12 Uhr eine Mittagspause. Danach war ich bei den Babys: kuscheln, füttern, Aufmerksamkeit schenken. Wenn es nicht geregnet hat, bin ich mit den Babys und den älteren Kindern rausgegangen. Mit den älteren habe ich Fußball und Handball gespielt.

Einschätzung

Ich bin auch öfter mit den Einheimischen ins Gespräch gekommen, was immer sehr freundlich war und mich immer mehr hat eintauchen lassen in die Welt der Äthiopier. Dazu hat auch meine Gastfamilie sehr viel beigetragen. An den Wochenenden bin ich mit den anderen Freiwilligen sehr viel gereist. Äthiopien hat wirklich eine tolle Landschaft, viele schöne Ecken, und es war auch gut, aus der Stadt rauszukommen. Ich habe die Kinder am Wochenende sehr vermisst, aber es ist auch wichtig, mal den Kopf freizubekommen und sich mit den anderen Freiwilligen auszutauschen.

Für mich war mein Abenteuer eine der besten Entscheidungen, die ich je getroffen habe. Ich habe viel gelernt, auch über mich. Auch wenn ich schon davor sehr dankbar war über mein Leben, hat die einzigartige Zeit noch mehr in mir ausgelöst. Natürlich habe ich mich nicht verändert, aber ich habe sehr viel mitnehmen dürfen aus einem Land, was materiell nichts hat. Ich habe versucht, den Kindern jeden Tag ein Lächeln zu schenken. Ich bin sehr glücklich und dankbar, dass ich diese Erfahrung machen durfte.

Julia bekam für ihre Arbeit kein Geld. Sie bezahlte sogar für ihren Flug, Unterbringung und Verpflegung.

(Nach: Julia Ninic, Kuscheln, Spielen, Tränen trocknen, in: www.projects-abroad.de, Zugriff: 17.04.2016)

Was auch noch interessant sein kann:

● Menschen in eurer Umgebung befragen, was Arbeit für sie bedeutet.

B Arbeit

Merkmale

Oh je, schon wieder eine Klassenarbeit! Wenn ihr eine gute Note schreiben wollt, müsst ihr euch darauf zu Hause vorbereiten, indem ihr lernt oder, anders ausgedrückt, arbeitet. Lernen ist Arbeit, denn es weist alle Merkmale von Arbeit auf:

- Ihr habt ein *Ziel*, nämlich eine gute Note zu schreiben.
- Das Lernen ist *geplant*, denn ihr müsst dafür Zeit einplanen.
- Ihr setzt dafür *körperliche oder geistige Fähigkeiten* ein.
- Es dient zum Zweck der *Existenzsicherung* (als Schüler) oder befriedigt ein *Bedürfnis*, in diesem Fall das Bedürfnis nach Anerkennung.

Ganz anders ist es, wenn ihr euch nach dem Lernen mit Freunden trefft. Das könnt ihr spontan tun und ihr müsst für diese Zeit auch keine besonderen geistigen und körperlichen Fähigkeiten einsetzen. Das ist eure Freizeit. Arbeit begegnet euch in vielen Formen, als Hausarbeit, Gartenarbeit, Vereinsarbeit und natürlich Berufsarbeit. Damit verbringen die meisten Erwachsenen immerhin ein Drittel ihres Tages.

Gründe

Warum arbeiten Menschen? Ganz klar, um Geld für den Lebensunterhalt zu verdienen. Doch für sehr viele Menschen geht es um weit mehr als um die monatliche Gehaltsüberweisung. Bei ihrer Arbeit kommen sie mit Menschen zusammen und knüpfen neue Kontakte. Experten haben herausgefunden: Arbeiten gibt dem Leben einen Rhythmus. Wer arbeitet, kann erst so richtig seine Freizeit genießen. Viele Menschen bekommen durch ihre Arbeit das Gefühl vermittelt, etwas wert zu sein und etwas zu leisten. Wie wichtig Arbeit für ihre Lebenszufriedenheit ist, merken viele erst, wenn sie arbeitslos werden oder in den Ruhestand gehen. Dann fehlt ihnen die Arbeit oft sehr.

1. Erläutere, welche Merkmale Arbeit hat.

2. Die meisten Menschen arbeiten nicht nur wegen des Geldes. Nenne weitere Gründe, warum Menschen arbeiten.

3. Erstelle eine Übersicht, in der du die verschiedenen Arten von Arbeit und ihre Merkmale darstellst.

Was am Job wichtig ist

Zustimmung der 16- bis 35-Jährigen in Prozent

Teamarbeit und gute Atmosphäre	85 %
Sinn und Erfüllung	81
Sicherer Arbeitsplatz	81
Abwechslung	77
Lernen, Weiterbildung	72
Selbstständigkeit, flache Hierarchien	71
Geld	70
Flexible Arbeitszeiten und -orte	64
Umgang mit Menschen	64
Kreativität, Selbstverwirklichung	59
Verantwortung	58
Karriere	51
Freizeit/Urlaub, wenig Stress	45
Internationales Arbeitsumfeld	39

G 4176 © Globus Quelle: Heidelberger Leben Trendmonitor 2011

Arten von Arbeit

Weil Arbeit ganz unterschiedliche Tätigkeiten umfasst, hat man sie in verschiedene Gruppen unterteilt. Zunächst einmal unterscheidet man zwischen unbezahlter Arbeit und bezahlter Arbeit, die man als Erwerbsarbeit bezeichnet. Sie heißt deswegen so, weil man mit seiner Arbeit seinen Lebensunterhalt verdient. Viele Menschen sind in einem Unternehmen angestellt und arbeiten zum Beispiel in einem Büro als Sachbearbeiter oder in einer Fabrik in der Montage von Autos. Sie werden auch als abhängig Beschäftigte bezeichnet und bekommen jeden Monat ein festes Gehalt von ihrem Arbeitgeber. Selbstständige arbeiten auf eigene Rechnung. Sie führen ein eigenes Unternehmen und sind zum Beispiel als Kaufleute, Ärzte oder Rechtsanwälte tätig.

Wenn eure Eltern Hausarbeiten erledigen, Kinder versorgen oder den Garten pflegen, leisten sie unbezahlte Arbeit, denn sie bekommen keinen Lohn dafür. Unbezahlte Arbeit wird sehr häufig auch in Vereinen, in der Kirche oder in politischen Parteien geleistet.

2 Wie verändert sich die Arbeitswelt?
Schaubilder analysieren, Zukunftstrends beurteilen

Eine Einstiegsübung für alle
Vergleiche die beiden Fotos. Welche Unterschiede zwischen der Büroarbeit früher und heute fallen dir auf?

 **Fälle Heute Assistentin — früher Sekretärin**

1. Veronika Lechner — heute Direktionsassistentin am Max-Planck-Institut

Im Max-Planck-Institut für Quantenoptik tüfteln Wissenschaftler aus mehr als 40 Nationen an den Herausforderungen von morgen. Meist wird englisch gesprochen, so können sich alle Nationen verständigen. Mit ihrem spanischen Chef wechselt Veronika Lechner oft zwischen den drei Sprachen Englisch, Deutsch und Spanisch. Sie ist seit 2008 Assistentin des Spaniers Ignacio Cirac. Das Spanische beherrscht sie nach vielen Jahren als Reiseleiterin aus dem Effeff. Ihre Liebe zu Land und Sprache begann nach ihrer Ausbildung zur Reiseverkehrskauffrau.

Wie sie ihre Stelle bekam
Es war ein richtiger Glücksfall für sie, als die Mutter ihr 2008 eine Stellenanzeige aus der Zeitung schickte: Das Max-Planck-Institut

Assistentin 2017

suchte eine Assistenzkraft mit hervorragenden Spanischkenntnissen. Sie bewirbt sich und wird zum Vorstellungsgespräch eingeladen. In einem dreistündigen Gespräch, mal spanisch, mal deutsch, wird sie „auf Herz und Nieren" geprüft. Alles fällt durchweg positiv aus und so beginnt sie als Direktionsassistentin.

Ihre Aufgaben
Die Erfahrungen aus der Reisebranche kann Veronika Lechner sehr gut brauchen, denn ihr Chef ist als bekannter Wissenschaftler sehr viel unterwegs. „Wenn er an internationalen Konferenzen teilnimmt, Vorträge hält oder seine Gastprofessur in Kalifornien wahrnimmt, organisiere ich die Reisen."
Wenn der Chef unterwegs ist, hält Veronika Lechner Stellung im Garchinger Institut. „Ich mag es, eigenverantwortlich zu arbeiten und auch selbst Entscheidungen zu treffen." Zwar gibt es keinen typischen Arbeitstag am Max-Planck-Institut, doch die Aufgaben sind wie in vielen anderen Büros auch: „Wenn ich morgens komme, checke ich erst einmal die Mails und schaue, welche Termine bei mir und bei meinem Chef anstehen." Und dann geht es meist auch schon los mit Anfragen und Aufgaben. Ein bisschen anders als in so manchem Büro sind vielleicht die Absender einiger Anfragen. Es kann schon mal ein spanischer Minister darunter sein oder gar das spanische Königshaus.
Darauf legt Professor Cirac besonderen Wert: dass die Assistentin sich als Teil der Gruppe der Wissenschaftler in der Abteilung Theorie begreift. „Sie trägt ebenso zum Erfolg unserer Arbeit bei wie alle anderen auch." Und natürlich macht es ihr einfach Freude, wenn sie mal wieder Unmögliches möglich gemacht hat: zum Beispiel für einen neuen ausländischen Mitarbeiter des Instituts eine bezahlbare Wohnung im Raum München zu finden.

(Nach: Annette Rompel: Von Nanopartikeln und Nobelpreisträgern, in: working@office, 10/2012, S. 81 f.)

2. Uschi Hogner – früher Chefsekretärin

Gerne erinnert sich die 67-jährige Uschi Hogner an ihren früheren Beruf zurück. Sie hatte es in den vierzig Berufsjahren in ihrem Unternehmen ganz weit nach oben gebracht – ins Chefsekretariat. Doch bis dahin war es ein langer Weg.

Wie sie ihre Stelle bekam

Gleich nach dem Besuch der Handelsschule mit noch nicht einmal zwanzig Jahren begann sie in dem Unternehmen als sogenannter Anlernling. Damals musste sie einfache Hilfsarbeiten im Büro verrichten: Botengänge erledigen, Post sortieren, Unterlagen ordnen. Weil sie sich geschickt anstellte, bekam sie im Lauf der Jahre immer anspruchsvollere Aufgaben, bis sie mit über vierzig Jahren Sekretärin des Kaufmännischen Direktors bei der ZEAG in Heilbronn wurde, einem großen Energieunternehmen.

Ihre Aufgaben

Gleich morgens, noch bevor der Chef zur Arbeit erschien, kochte sie für ihn Kaffee und stellte die Unterlagen in einer Arbeitsmappe zusammen, die er für den Tag brauchte. Wenig später rief Dr. Studer zum Diktat. Wie jede Sekretärin damals beherrschte sie perfekt Steno, das ist eine Kurzschrift. Damit konnte man fast in Sprechgeschwindigkeit mitschreiben. Später am Vormittag sortierte sie die Briefe, die per Post eingetroffen waren, und bereitete Antworten vor. Der restliche Tag verging dann oft mit dem Übertragen des Stenodiktats in die Schreibmaschine. Dabei musste sie gut aufpassen, keine Tippfehler zu machen, denn eine Korrekturtaste gab es damals noch nicht.

Zu ihren Aufgaben gehörte es auch, Telefonanrufe entgegenzunehmen oder Anrufer abzuwimmeln, fast immer auf Deutsch. Wenn ihr Chef telefonieren wollte, stellte sie die Verbindung zum Gesprächspartner her. Handys gab es ja noch nicht. Jeder, der mit dem Chef sprechen wollte, musste sich im Vorzimmer anmelden. Nur sie entschied über den Zugang zum Chef, weil sie den Überblick über seine Termine hatte. Damals notierte sie alle Termine ihres Chefs in einem Papierkalender. Kamen Besucher, hatte sie diese zu empfangen und zu bewirten. Doch damals gab es noch nicht so viele Besprechungen wie heute. Uschi Hogners Arbeit war ganz auf ihren Chef ausgerichtet, ein eigenes Aufgabengebiet hatte sie nicht. Wenn er im Büro war, hatte sie möglichst auch anwesend zu sein, auch wenn es spät wurde. War er im Urlaub, nahm sie ebenfalls Urlaub.

Sekretärinnen, die wie Uschi Hogner nur einem Chef zuarbeiten, gibt es auch heute noch, doch sie werden immer seltener.

(Zusammenfassung eines Gesprächs mit Uschi Hogner)

Sekretärin 1974

1. Wähle eines der beiden Beispiele aus, das du bearbeiten möchtest, und mache dir Notizen zum beruflichen Werdegang und den Aufgaben einer Sekretärin.

2. Suche dir einen Partner, der das andere Beispiel bearbeitet hat. Informiert euch gegenseitig über eure Arbeitsergebnisse und vergleicht die Beispiele: Was hat sich verändert? Findet mindestens drei Unterschiede.

3. Präsentiert eure Ergebnisse der Klasse. Wie beurteilt ihr die Veränderungen in diesem Beruf – eher positiv oder eher negativ? Dabei könnt ihr euch an folgenden Kriterien orientieren: Ausbildung, Anforderungen im Beruf, Aufgaben.

Veränderungen in der Arbeitswelt

1. Warum ist lebenslanges Lernen heute besonders wichtig? Nenne Gründe.

2. Beschreibe mithilfe des Textes und des Schaubildes, wie sich die Arbeitswelt durch den Einsatz neuer Technologien verändert hat.

3. Manchen Menschen machen Veränderungen Angst, andere sehen sie positiv. Wie siehst du das? Verfasse eine Stellungnahme.

Neue Technologien verändern die Arbeitswelt

Veränderungen durch technische Erfindungen hat es immer gegeben. So brachte zum Beispiel die Entdeckung und Verwendung von elektrischem Strom völlig neue Maschinen hervor: Schwere körperliche Arbeit wurde den Menschen nun von Elektromotoren abgenommen. Elektrisches Licht ermöglichte es, rund um die Uhr zu arbeiten, die Schichtarbeit entstand.

Die Zahl der industriellen Arbeitsplätze sank, weil Maschinen menschliche Arbeit übernahmen. Heute braucht man nur noch wenige, aber gut ausgebildete Fachkräfte, welche die komplizierten Maschinen bedienen können.

Der Einsatz neuer Technologien revolutionierte auch die Arbeit in Büros: Büroarbeit ist heute vor allem Bildschirmarbeit am PC oder an mobilen Geräten.

Das Internet und die Vernetzung (= Verbindung) von vielen Computern ermöglichen es Menschen, an ganz verschiedenen Orten der Welt eng zusammenzuarbeiten.

Sie können zum Beispiel zu Hause aus für ihr Unternehmen arbeiten.

Wirtschaft 4.0 – die Arbeitswelt von morgen

Durch das Internet können sich nicht nur Menschen eng vernetzen. Neue technologische Entwicklungen und spezielle Software ermöglichen neuerdings, dass auch Maschinen ohne Zutun des Menschen sich untereinander vernetzen und sich sozusagen „unterhalten" können. So kann zum Beispiel das Fenster der Heizung mitteilen, dass die Außentemperatur gesunken ist und stärker geheizt werden muss. In der Produktion kann eine Maschine ohne menschliches Zutun Kontakt zu einer Zulieferfirma aufnehmen und Nachschub an bestimmten Teilen anfordern, die für die Produktion benötigt werden. Die Vernetzung von Maschinen bezeichnet man auch als die vierte industrielle Revolution. Sie steht erst am Anfang und wird die Arbeitswelt tiefgreifend verändern, zum Beispiel zur Entwicklung ganz neuer Produkte und Dienstleistungen führen. Viele heute beliebte Berufe werden aussterben, neue werden entstehen. Schon heute sind in praktisch jedem Beruf sehr gute IT-Kenntnisse erforderlich.

Neue Herausforderungen in der Arbeitswelt

Weil sich die Arbeitswelt so rasch wandelt, müssen alle Berufstätigen damit rechnen, vielleicht mehrmals im Laufe ihres Berufslebens den Beruf oder den Arbeitsort zu wechseln. Einmal erlerntes Wissen wird noch rascher veralten, gefordert ist lebenslanges Lernen.

Manche Menschen empfinden ihre Arbeit heute daher als stressiger. Andere wiederum halten Veränderungen für positiv, weil ihre Arbeit dadurch abwechslungsreicher wird.

Von Industrie 1.0 bis Industrie 4.0

Grad der Komplexität

Erste Industrielle Revolution
durch Einführung mechanischer Produktionsanlagen mithilfe von Wasser- und Dampfkraft

Erster mechanischer Webstuhl, 1784

Zweite Industrielle Revolution
durch Einführung arbeitsteiliger Massenproduktion mithilfe von elektrischer Energie

Erstes Fließband, Schlachthöfe von Cincinnati, 1870

Dritte Industrielle Revolution
durch den Einsatz von Elektronik und IT zur weiteren Automatisierung der Produktion

Erste Speicherprogrammierbare Steuerung (SPS), Modicon 084, 1969

Vierte Industrielle Revolution
auf Basis von „Cyberphysical Systems"

Zeit

1800   1900   2000   heute

Quelle: DFKI (2011)

Schaubilder analysieren mit der Vier-Fragen-Deutung

Welche Bedeutung haben Schaubilder?

Schaubilder liefern uns wichtige Zahlen, die man kennen sollte, wenn man über ein Thema informiert sein will. Sie sind in einer eigenen Sprache verfasst. Nur so gelingt es, sehr komplizierte Sachverhalte auf kleinstem Raum darzustellen. Wer ein Schaubild verstehen will, muss genau hinschauen und auch auf Einzelheiten sorgfältig achten. Schaubilder begegnen uns überall: in Schulbüchern, Zeitungen, Zeitschriften, auch im Fernsehen und im Internet. Wer sie richtig lesen kann, kann sich schnell über wichtige aktuelle Erscheinungen informieren und sich eine Meinung bilden.

Wie analysiert man Schaubilder?

Zur Interpretation von Schaubildern schlagen wir euch die „Vier-Fragen-Deutung" vor, die ihr auf jedes Schaubild anwenden könnt.

1. Wovon handelt das Schaubild?
Wandert mit euren Augen über das Schaubild und findet heraus, welche Thematik es behandelt. Eventuell müsst ihr unbekannte Begriffe mithilfe eines Lexikons erklären.

2. Welche Bedeutung haben die Zahlen?
Achtet genau darauf, ob es sich bei den Zahlen um Prozentangaben, absolute Zahlen oder um Mengen- oder Größenangaben handelt.

3. Welche Informationen will ich mir langfristig merken?
Schaubilder enthalten sehr viele Informationen. Entnehmt dem Schaubild eine oder zwei Informationen, die ihr für besonders wichtig haltet.

4. Warum ist das Schaubild gemacht worden?
Versucht herauszufinden, warum das Schaubild erstellt wurde. Will es uns informieren, will es uns zu Veränderungen aufrufen, will es unsere Meinung in eine bestimmte Richtung lenken?

Thema: Veränderungen in der Arbeitswelt

Beispiel

1. Das Schaubild stellt dar, wie sich Frauen- und Männerlöhne in West- und Ostdeutschland entwickelt haben. Der Titel weist darauf hin, dass Frauen immer noch weniger als Männer verdienen.

2. Die durchschnittlichen Bruttostundenverdienste werden in Euro angegeben. Sie werden zwischen 2010 und 2014 in jährlichen Abständen erfasst, der Lohnabstand wird in Prozent dargestellt.

3. Die wichtigste Information ist, dass Frauen im gesamten Zeitraum deutlich weniger als Männer verdienen. Der Unterschied zwischen Frauen- und Männerlöhnen im Westen hat sich nur geringfügig verringert, im Osten ist der Unterschied in dem erfassten Zeitraum sogar größer geworden. Ostlöhne liegen deutlich unter den Löhnen im Westen.

4. Das Schaubild will zum Nachdenken anregen sowie Politiker und Arbeitgeber zum Handeln auffordern. Diese sollen endlich die Lohnlücke schließen.

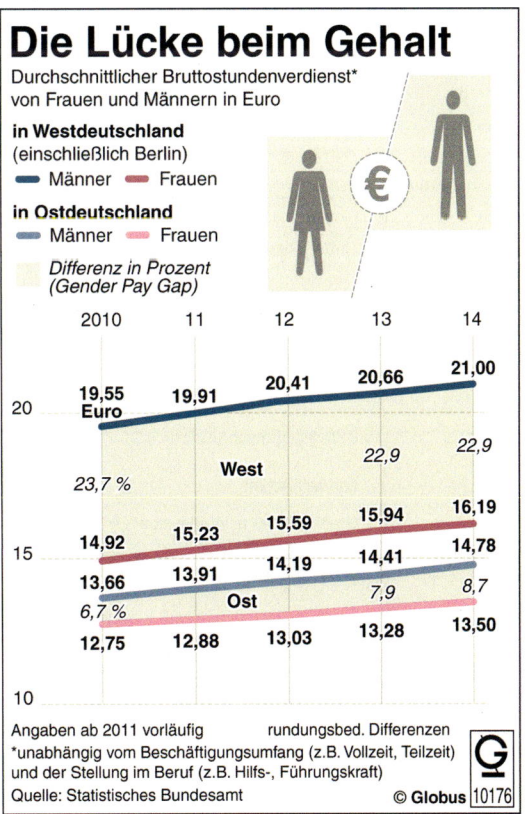

Die Lücke beim Gehalt — Durchschnittlicher Bruttostundenverdienst* von Frauen und Männern in Euro. Angaben ab 2011 vorläufig, rundungsbed. Differenzen. *unabhängig vom Beschäftigungsumfang (z.B. Vollzeit, Teilzeit) und der Stellung im Beruf (z.B. Hilfs-, Führungskraft). Quelle: Statistisches Bundesamt. © Globus 10176

C Was sagen Schaubilder über Veränderungen in der Arbeitswelt aus?

Die Vier-Fragen-Deutung könnt ihr nun anwenden und die Schaubilder auf dieser Seite analysieren.

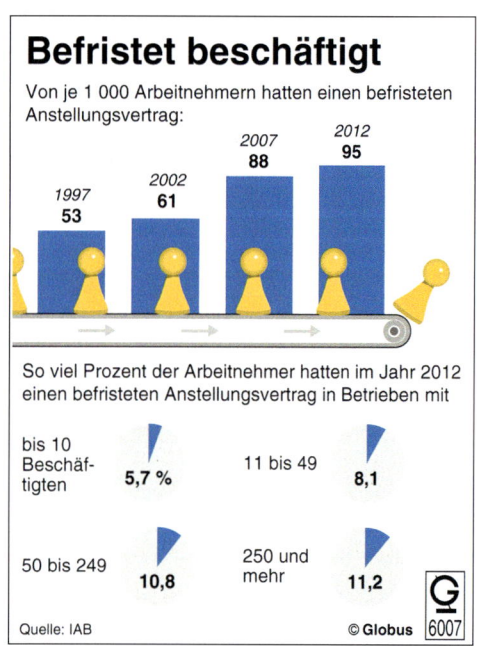

Befristet beschäftigt

Von je 1 000 Arbeitnehmern hatten einen befristeten Anstellungsvertrag:

1997	2002	2007	2012
53	61	88	95

So viel Prozent der Arbeitnehmer hatten im Jahr 2012 einen befristeten Anstellungsvertrag in Betrieben mit

bis 10 Beschäftigten	5,7 %	11 bis 49	8,1
50 bis 249	10,8	250 und mehr	11,2

Quelle: IAB   © Globus 6007

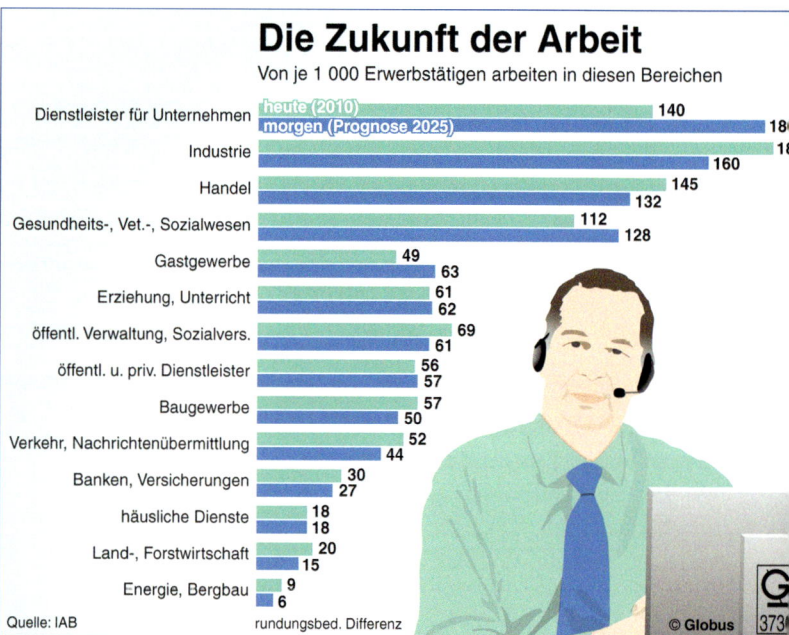

Die Zukunft der Arbeit

Von je 1 000 Erwerbstätigen arbeiten in diesen Bereichen

heute (2010) / morgen (Prognose 2025)

Bereich	heute (2010)	morgen (Prognose 2025)
Dienstleister für Unternehmen	140	18
Industrie	160	18
Handel	145	132
Gesundheits-, Vet.-, Sozialwesen	112	128
Gastgewerbe	49	63
Erziehung, Unterricht	61	62
öffentl. Verwaltung, Sozialvers.	69	61
öffentl. u. priv. Dienstleister	56	57
Baugewerbe	57	50
Verkehr, Nachrichtenübermittlung	52	44
Banken, Versicherungen	30	27
häusliche Dienste	18	18
Land-, Forstwirtschaft	20	15
Energie, Bergbau	9	6

Quelle: IAB   rundungsbed. Differenz   © Globus 373

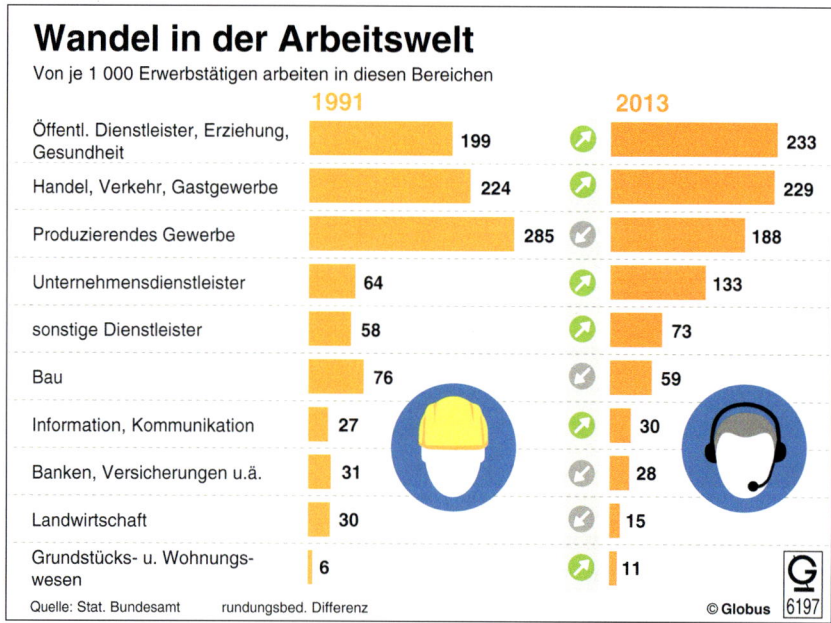

Wandel in der Arbeitswelt

Von je 1 000 Erwerbstätigen arbeiten in diesen Bereichen

Bereich	1991		2013
Öffentl. Dienstleister, Erziehung, Gesundheit	199	↗	233
Handel, Verkehr, Gastgewerbe	224	↗	229
Produzierendes Gewerbe	285	↘	188
Unternehmensdienstleister	64	↗	133
sonstige Dienstleister	58	↗	73
Bau	76	↘	59
Information, Kommunikation	27	↗	30
Banken, Versicherungen u.ä.	31	↘	28
Landwirtschaft	30	↘	15
Grundstücks- u. Wohnungswesen	6	↗	11

Quelle: Stat. Bundesamt   rundungsbed. Differenz   © Globus 6197

1. Jeder in der Klasse wählt ein Schaubild aus und analysiert es.
2. Sucht euch in der Klasse einen Partner, der dasselbe Schaubild bearbeitet, und vergleicht eure Ergebnisse.
3. Stellt das Schaubild der Klasse vor.

D Wie sieht die Arbeitswelt von morgen aus? – Fünf Megatrends

1. Ständig erreichbar

Den „festen Arbeitsplatz" wird es bald nicht mehr geben. Schon heute arbeiten viele mobil, schlagen ihr Büro dank Laptop und Blackberry mal hier und mal dort auf. Damit sind für Unternehmen die Mitarbeiter ständig und überall verfügbar. Für die Beschäftigten lösen sich Zeitgrenzen auf. Arbeitstage, die um neun Uhr beginnen und um 17 Uhr enden, werden seltener. Immer mehr Menschen arbeiten selbstbestimmt, legen Arbeitszeit und Freizeit eigenständig fest: Die große Herausforderung wird sein, die Balance zu finden und Grenzen selbst zu ziehen.

2. Feste Jobs werden seltener

Auf dem Weg in die Wissensgesellschaft und Kreativarbeit entstehen neue Arbeitsformen. Projektarbeit, Honorar- und Zeitverträge sind damit verbunden. Die Firmen fordern mehr Flexibilität: Leiharbeit und befristete Jobs nehmen deshalb zu. Das kann für gering qualifizierte Menschen zum Fluch werden. Sie müssen sich mit unsicheren und schlecht bezahlten Arbeitsplätzen begnügen. Doch es gibt auch eine andere Seite. Wer gut ausgebildet, kreativ ist und sich in IT gut auskennt, pfeift auf den festen Job, weil er den Arbeitsalltag selbst gestalten will.

3. Arbeitnehmer werden älter

Der Anteil der 60- bis 64-Jährigen unter den Arbeitnehmern hat sich seit dem Jahr 2000 auf 41 Prozent verdoppelt. Lebenslanges Lernen und Beschäftigungsfähigkeit bis ins hohe Alter hinein gewinnen an Bedeutung.

4. Fachkräftemangel

Kluge Köpfe werden dafür verantwortlich sein, ob Firmen morgen wachsen oder nicht. Schon heute gibt es in bestimmten Branchen und Regionen zu wenig gute Leute, etwa im Maschinenbau, bei Elektro- und Fahrzeugingenieuren, bei examinierten Altenpflegern, bei Erziehern oder Ärzten.

5. Weltweite Konkurrenz von Arbeitskräften

Der Arbeitsmarkt von morgen ist international. Seit dem Zusammenbruch des kommunistischen Systems im Osten Europas kamen knapp eine Milliarde Arbeitnehmer neu auf den Weltmarkt und begannen, mit denen des Westens zu konkurrieren. Besonders die Löhne gering qualifizierter Beschäftigter sanken. Ein Weg aus der Misere ist gute Bildung. Je besser die Arbeitnehmer qualifiziert sind, desto besser sind ihre Chancen in der Konkurrenz mit China und anderen Ländern.

(Aus: Sibylle Haas: Mobiler, weiblicher, älter, Zukunft der Arbeit, in: Süddeutsche Zeitung, 29.11 2011)

Eine weitere Herausforderung: die Integration von Flüchtlingen in die Arbeitswelt

Weit über eine Million Flüchtlinge aus Kriegsgebieten sind in den letzten Jahren nach Deutschland gekommen, um hier Schutz zu suchen. Viele dieser Menschen wollen dauerhaft in Deutschland leben und arbeiten. Nur ein geringer Teil hat eine Berufsausbildung oder gar ein Studium in seiner Heimat abgeschlossen. Einige können sogar weder schreiben noch lesen. Die Flüchtlinge in unsere Arbeitswelt zu integrieren, wird in den nächsten Jahren eine große Herausforderung. Sie müssen zunächst die deutsche Sprache fließend beherrschen, benötigen Praktikums- und Ausbildungsplätze und später Arbeitsplätze.

---

1. Wähle zwei Trends aus, die du für besonders wichtig für deine persönliche Zukunft hältst. Nenne für jeden gewählten Trend eine positive und eine negative Auswirkung.

2. Tausche dich mit einem Partner aus und bewertet gemeinsam: Bietet die Arbeitswelt der Zukunft eher Risiken oder eher Chancen für euch?

3. „Bildung ist die beste Investition in die Zukunft", heißt es häufig. Erkläre ausgehend von dem Text und dem Schaubild, was gemeint ist.

3 Wie werden wir fit für die Arbeitswelt?
Einen Selbstcheck durchführen

Auf dieser Doppelseite berichten zwei Berufstätige und Personalverantwortliche, welche Kompetenzen in der Arbeitswelt erwartet werden. Ihr könnt die Materialien arbeitsteilig in Dreiergruppen (A zwei Personen, B eine Person) erarbeiten.

 Anforderungen aus der Sicht von Berufstätigen

Beispiel 1: Unterschiedliche Anforderungen in Lehre, Studium und Beruf

Nach meinem Abitur habe ich eine zweieinhalbjährige Ausbildung zur Verlagskauffrau gemacht. Man erwartete von mir Pflichtbewusstsein, Einsatzfreude und dass ich mich mit meiner Firma identifiziere. Meine Vorgesetzten achteten auch darauf, dass ich überdurchschnittliche Leistungen in der Berufsschule und einen guten Abschluss vorzeigen konnte. Nach einem Jahr beruflicher Tätigkeit habe ich mich für ein Studium entschieden und einen Studienplatz für Medienwissenschaften ergattert. In einem Studium gelten ganz andere Anforderungen: Hier sind Eigeninitiative und Disziplin gefragt. Man muss sich selbst dazu zwingen können, lange am Schreibtisch vor dicken Büchern zu sitzen, während die Freunde auf Partys gehen. Meiner Meinung nach sollten Studenten auch Lust darauf haben, sich mit Theorie zu beschäftigen, und sich in den Seminaren gut präsentieren können. Wer nicht gerne liest, sollte sich das mit dem Studium überlegen. Jetzt bin ich bei einer Firma angestellt, die Filmbeiträge für einen Fernsehsender produziert. Hier muss man ein Teamplayer sein und sich ständig neuen Anforderungen stellen. Wenn wir Events vorbereiten, müssen wir alle bis zur Grenze der Belastbarkeit gehen können und dürfen dabei nicht aufhören zu lächeln. Wer nicht flexibel und entscheidungsfreudig ist, hat in einem Medienberuf keine Chance.

Sandrine Lassara. Redakteurin, 28 Jahre

Beispiel 2: Zweimal Ausbildung, um fit für den Beruf zu sein

Für mich stand schon auf der Realschule fest, dass ich einmal einen praktischen Beruf ergreifen werde. Den ganzen Tag im Büro zu sitzen, hätte ich mir nie vorstellen können. Deshalb entschied ich mich für eine Ausbildung zum Zimmerer. Ein Zimmerer erstellt und renoviert alte Holzkonstruktionen an Häusern, vor allem Dachstühle. Gut gefiel mir, dass wir am Bau immer im Team arbeiten, da muss sich jeder auf den anderen verlassen können. Mein Ausbildungsleiter erwartete von mir, dass ich körperlich fit für die schwere Arbeit am Bau bin. Bei Wind und Wetter muss ich in großen Höhen im Freien arbeiten – und schwindelfrei muss ich natürlich auch sein. Abends war ich von der anstrengenden körperlichen Arbeit oft total erledigt. Schon früh bekam ich verantwortungsvolle Aufgaben übertragen. Dabei musste ich lernen, sehr sorgfältig zu arbeiten. Denn es hat natürlich schlimme Folgen, wenn ich zum Beispiel Fehler beim Vermessen mache. Nach meiner Ausbildung arbeitete ich drei Jahre in meinem erlernten Beruf. Doch während dieser Zeit wurde mir klar, dass ich beruflich weiterkommen möchte. Auch konnte ich mir nicht vorstellen, noch mit 60 Jahren diese schwere Arbeit zu verrichten. Deshalb entschied ich mich für eine Vollzeit-Weiterbildung zum Bautechniker. Wieder für zwei Jahre ganztags zu lernen, fiel mir anfangs nicht leicht – doch die Aussicht auf eine interessante Stelle mit deutlich besserer Bezahlung motiviert mich immer wieder. Nach meinem Abschluss als Techniker möchte ich als Bau-

stellenleiter arbeiten. Solche Leute sind zurzeit sehr gefragt.

Andreas Hagner, Zimmerer/Techniker, 29 Jahre

B Anforderungen aus der Sicht der Unternehmen

Prof. Dr. Markus Köhler, Partner und Ausbildungsleiter der Wirtschaftskanzlei OPPENLÄNDER Rechtsanwälte, Stuttgart. Die Kanzlei bildet Rechtsanwaltsfachangestellte aus.

Pasquale Buccio, Inhaber eines Stuckateur-Betriebs in Trier mit 20 Mitarbeitern. Er bildet seit vielen Jahren Stuckateure aus.

1. Wirtschaftsanwälte arbeiten mit Argumenten und Fachbegriffen. Wir schauen daher auf die Deutschnoten und ob Zeugnisse Aussagen über die Motivation zulassen. Im Rahmen eines halben Schnuppertags prüfen wir die Auffassungsgabe sowie die Bereitschaft und Fähigkeit, mitzudenken. Letztlich entscheidet der persönliche Eindruck über die Aussicht, motiviert und konzentriert an der Erbringung einer Qualitätsdienstleistung im Team mitzuarbeiten.

3. Zu den Hauptaufgaben von Stuckateuren gehört das Verputzen und Isolieren von Decken, Wänden und Fassaden, oft in denkmalgeschützten Häusern. Wer Stuckateur werden will, muss Freude daran haben, etwas mit seinen Händen zu gestalten. Man sollte geschickt sein und Fingerspitzengefühl für gestalterisches Arbeiten mitbringen. Azubis müssen Interesse und Engagement zeigen, sich in das Arbeitsteam gut einfügen und einen respektvollen Umgangston pflegen. Mit unseren teuren Maschinen sollten sie pfleglich und verantwortungsbewusst umgehen können. Auf Pünktlichkeit und Pflichtbewusstsein legen wir ebenfalls viel Wert, wie andere Handwerksbetriebe auch. Vor der Einstellung vereinbaren wir in der Regel ein Praktikum.

Siegfried Czock, Ausbildungsleiter beim Technologie- und Dienstleistungsunternehmen Bosch. Bosch bildet in über 30 technischen, kaufmännischen und IT-Berufen aus.

2. Bei den Bewerbern sehen wir uns zunächst die Noten der letzten drei Zeugnisse an, vor allem in Deutsch, Englisch und Mathe. Wichtig ist aber auch, ob sich jemand in der Schule, im Verein oder anderweitig gesellschaftlich engagiert hat – ob er also Bereitschaft gezeigt hat, Verantwortung zu übernehmen. Damit lässt sich einiges ausgleichen, wenn nicht alle Noten gleichermaßen gut sind.

1. Jeder notiert während der Lesephase Anforderungen und Kompetenzen, die in seinem Text genannt werden.

2. Informiert euch gegenseitig und füllt gemeinsam folgende Tabelle aus:

Geforderte Kompetenzen			
im Bewerbungsverfahren	in der Ausbildung	im Studium	in den ersten Berufsjahren

3. Überlegt gemeinsam, welche Kompetenzen man bereits in der Schulzeit – zumindest teilweise – erwerben kann.

Was auch noch interessant sein kann:

die Eltern oder andere Berufstätige über die Anforderungen in ihrem Beruf befragen.

Wie wichtig sind Soft Skills für den Erfolg im Beruf?

Einmal angenommen ...

Für eine Stelle in einem großen Ingenieurbüro sind zwei Bewerber in die Endauswahl gekommen. Johannes hat exzellente Noten, ist jedoch ein Einzelgänger, der nicht gerne mit anderen zusammenarbeitet. Er redet nur das Notwendigste, sein Äußeres ist ungepflegt und er tritt sehr unsicher auf. Florian hat ebenfalls gute Noten und freut sich darauf, mit anderen im Team zusammenzuarbeiten. Er ist sehr freundlich und gepflegt, hat gute Umgangsformen, tritt überzeugend auf und bringt viel Engagement für den neuen Job mit. Für welchen Bewerber wird sich der Personalchef wohl entscheiden? Wahrscheinlich wohl für Florian. Das Beispiel zeigt, dass es im Job nicht nur auf das Fachwissen ankommt.

Warum sind Soft Skills so wichtig?

Wer beruflich erfolgreich sein will, muss auch sogenannte Soft Skills mitbringen. Der Begriff kommt aus dem Englischen und bedeutet übersetzt „weiche Kompetenzen". So bezeichnet man zusammengefasst alle persönlichen und sozialen Kompetenzen, die einen befähigen, mit anderen Menschen, aber auch gut mit sich selbst umzugehen. Internationale Studien gehen davon aus, dass beruflicher Erfolg zu 50 Prozent von Fachwissen abhängt. Die anderen 50 Prozent gründen auf den Soft Skills. Anders als zum Beispiel Vokabeln kann man Soft Skills nicht von einem auf den anderen Tag lernen, sondern man muss sie über einen langen Zeitraum hinweg trainieren. Am besten fängt man damit schon in der Schule an.

Motivation — Teamfähigkeit — Gruppe — SOFT SKILLS — Toleranz — Ziele Mitarbeiter — Handlungen Kooperation — Kompetenzen Kritikfähigkeit Menschenkenntnis — Respekt sozial

---

Wichtige Soft Skills

Persönliche Kompetenzen

- Zuverlässigkeit
- Lern- und Leistungsbereitschaft
- Verantwortungsbereitschaft – Selbstständigkeit
- Ausdauer – Durchhaltevermögen – Belastbarkeit
- Kreativität und Flexibilität
- Sorgfalt – Gewissenhaftigkeit
- Konzentrationsfähigkeit
- Fähigkeit zur Kritik und Selbstkritik
- Äußeres Erscheinungsbild

Soziale Kompetenzen

- Bereitschaft zur Zusammenarbeit – Teamfähigkeit
- Höflichkeit – Freundlichkeit
- Konfliktfähigkeit
- Toleranz – Bereitschaft, andere Meinungen zu akzeptieren

(Nach: www.gaboe.de/schule/kooperationen/fit-fuer-ausbildung, Zugriff: 15.02.2014)

 Definiere den Begriff „Soft Skills" und erläutere ihn an Beispielen.

 Begründe, warum Soft Skills wichtig für den beruflichen Erfolg sind.

 „Soziale Kompetenzen wie Teamfähigkeit kann man doch nicht lernen", meint Alex. Nimm Stellung zu dieser Aussage und sprecht in der Klasse darüber.

 D Selbstcheck: Wie fit bin ich bereits für die Arbeitswelt?

Euer Auftrag:

1. Entscheidet allein Punkt für Punkt, was auf euch zutrifft.

2. Tauscht euch dann mit einem Partner aus und sammelt gemeinsam Ideen, wie ihr an euren Schwächen arbeiten könnt.

3. Stellt eure drei besten Ideen der Klasse vor.

	Das kann ich	Das kann ich teilweise	Das muss ich noch lernen
1. Ich erledige Aufgaben zuverlässig, auch wenn ich nicht kontrolliert werde.			
2. Ich lerne gerne und bin bereit, mich anzustrengen.			
3. Ich übernehme gerne Verantwortung für Aufgaben und stehe für Fehler gerade.			
4. Ich bin ausdauernd und gebe nicht auf, wenn etwas schwierig wird.			
5. Ich bin kreativ und bringe eigene Ideen in eine Aufgabe ein.			
6. Ich arbeite sorgfältig und mache wenig Flüchtigkeitsfehler.			
7. Ich kann mich über einen längeren Zeitraum konzentrieren.			
8. Ich kann mir die Zeit gut einteilen, zum Beispiel beim Lernen für eine Klassenarbeit.			
9. Ich kann Kritik annehmen und daraus lernen.			
10. Ich achte auf ein gepflegtes Äußeres.			
11. Ich arbeite gerne mit anderen in der Gruppe zusammen.			
12. Ich habe gute Umgangsformen und bin freundlich, auch wenn ich eine Person nicht mag.			
13. Ich kann bei Streitigkeiten fair und lösungsorientiert diskutieren.			
14. Ich akzeptiere auch andere Meinungen und Verhaltensweisen.			
15. Ich kann gut vor anderen reden und auch schwierige Dinge verständlich darstellen.			

4 Wie steht es um die Gleichberechtigung in der Arbeitswelt?

Den aktuellen Stand ermitteln und bewerten

Eine Einstiegsübung für alle
Angenommen, du beobachtest in der Fußgängerzone die beiden Personen auf dem Foto bei ihrer Aktion. Welche Gedanken löst das bei dir aus?

A Licht und Schatten in Sachen Gleichberechtigung

Es gibt Bewegung, aber noch lange nicht genug: Frauen haben in der Arbeitswelt auch heute mit teils erheblichen Nachteilen zu kämpfen – ob es nun darum geht, den eigenen Lebensunterhalt zu bestreiten oder fürs Alter vorzusorgen. Wo liegen die größten Defizite? Und wo gibt es Fortschritte?

Berufliche Qualifikation

Frauen in Deutschland sind heute so gut ausgebildet – wie nie zuvor. So konnte 2011 nach neuesten Daten gut ein Viertel der erwerbstätigen Frauen einen Hochschul- oder vergleichbaren Abschluss vorweisen und

bei den jüngeren Frauen im Job lag dieser Anteil mit 35 Prozent sogar noch über dem der gleichaltrigen Männer (31). Zugleich sank der Frauenanteil an den gering qualifizierten Arbeitskräften. Das bedeutet aber nicht unbedingt, dass Frauen auch Jobs machen, die ihrer Ausbildung entsprechen: 2014 sahen sich 14 Prozent der berufstätigen Frauen für ihre Arbeit überqualifiziert und damit ein spürbar größerer Anteil als bei den Männern.

Erwerbstätigkeit und Arbeitsbedingungen

„Die Zahl der Erwerbstätigen ist in den vergangenen Jahren deutlich gestiegen – auch weil mehr Frauen berufstätig sind. Trotzdem arbeiten sie im Vergleich zu Männern noch immer seltener. Vor allem ab Familiengründung zieht sich ein Teil der Frauen zumindest zeitweise vom Arbeitsmarkt zurück – um später häufig in Teilzeit oder über Minijobs wieder einzusteigen. Beide Modelle werden von Frauen nach wie vor deutlich häufiger genutzt als von Männern.

Bezahlung

Der Dreh- und Angelpunkt in Sachen Chancengleichheit im Job. Auch wenn das Problembewusstsein gewachsen ist, verdienen Frauen in Deutschland im Schnitt brutto noch immer rund 22 Prozent weniger als Männer. Damit ist die Lohnkluft in Deutschland so groß wie in kaum einem anderen Land Europas – und sie ist erstaunlich stabil. Gründe werden darin gesehen, dass Frauen andere, geringer bezahlte Tätigkeiten machen, häufiger in Branchen mit tendenziell geringerem Verdienst beschäftigt sind, wie etwa im Gesundheitswesen oder im Einzelhandel, und häufiger in Teilzeit arbeiten. Der Arbeitgeberverband BDA sieht die Lohnlücke deshalb auch als Ergebnis persönlicher Entscheidungen, die sich auf die berufliche Entwicklung auswirken.

Karrierechancen

Bisher haben es nur wenige Frauen in die höchsten Etagen der Unternehmen in Deutschland geschafft – und auch auf die seit 2016 geltende Frauenquote reagieren viele Firmen schleppend. 2014 war ein Viertel der Führungskräfte in der obersten Leitungsebene weiblich und auf der Führungsebene darunter lag der Frauenanteil bei 39 Prozent. Chefinnen gibt es dabei häufiger in kleinen Unternehmen und in Branchen, in denen traditionell viele Frauen beschäftigt sind wie Gesundheit, Erziehung und Unterricht. Weniger starre Arbeitszeiten würde aus Sicht von Arbeitsmarktforschern helfen, Karrierehürden beiseitezuräumen.

(Nach: Christine Schultze, So gut ausgebildet wie nie zuvor, in: Rhein-Neckar-Zeitung, 08.03.2016)

Thomas Plaßmann

B TEAM kontrovers: Fast alles erreicht oder noch viel zu tun?

> Frauen haben in den letzten Jahren fast alles in Sachen Gleichberechtigung erreicht. Dass es noch Unterschiede gibt, liegt vor allem an den Frauen selbst und ihren Entscheidungen für schlecht bezahlte Berufe.

> Frauen sind Männern gegenüber immer noch stark benachteiligt. Da gibt es noch viel tun. Frauenberufe müssen wesentlich besser bezahlt werden und auch die Möglichkeiten der Kinderbetreuung ausgebaut werden.

1. Welche Zahlen in den Materialien vermitteln dir besonders wichtige Informationen über den Stand der Gleichberechtigung? Notiere sie.

2. Suche dir einen Partner und einigt euch auf drei Zahlen. Stellt eure Auswahl in der Klasse vor.

3. Legt zu zweit eine Tabelle an, in der ihr die Fortschritte und das noch nicht Erreichte sammelt.

Licht	Schatten

4. Beurteile den aktuellen Stand der Gleichberechtigung anhand selbst entwickelter Kriterien. Diskutiert anschließend in der Klasse über die Aussagen der beiden Sprechblasen.

5 Wie kann man unterschiedliche Interessen unter einen Hut bringen?

Einen Arbeitskampf analysieren

Eine Einstiegsübung für alle

Wiederholt legten unter anderem Lokführer, Piloten und Erzieherinnen ihre Arbeit nieder, um für höhere Löhne und bessere Arbeitsbedingungen zu streiken. Hast du Verständnis für solche Aktionen oder eher nicht? Tausche dich darüber mit einem Nachbarn aus.

 **A** **Fall** Lokführer streiken

Hunderttausende Fahrgäste vom Streik betroffen

Düsseldorf: Schon vor dem offiziellen Streikbeginn am Mittwochmittag bekommen die Kunden der Bahn den Arbeitskampf zu spüren. Fernzüge fallen aus oder fahren nur einen verkürzten Weg. Im Regionalverkehr gibt es erhebliche Probleme. Hunderttausende Fahrgäste in NRW sind betroffen. Ihr Ärger wächst.

Schon seit dem frühen Mittwochmorgen sorgt der für 14 Uhr angekündigte Streik der Lokführer für Zugausfälle. Nach Angaben der Bahn fällt jede dritte Fern-Verbindung aus.

(Aus: www.rp-online.de, Meldung vom 15.10.2014, Zugriff: 10.10.2015)

Zahlreiche Meldungen dieser Art stießen im Herbst 2014 auf großes Interesse in der Öffentlichkeit. Verständnis und Ärger über die Ereignisse bei der Deutschen Bahn hielten sich die Waage.

Der Grund: Die Gewerkschaft der Lokführer (GDL) hatte ihre Mitglieder zum Streik aufgerufen. Die Folge: Es kam zu einer der längsten Tarifauseinandersetzungen, die Deutschland je erlebt hatte. Der Tarifkonflikt zwischen der Deutschen Bahn und der GDL steht stellvertretend für die Art, wie in der Arbeitswelt in Deutschland ein Interessenkonflikt gelöst werden kann.

Die Hintergründe

Die GDL vertritt rund 20 000 Lokführer bei der Deutschen Bahn und bei einigen privaten Bahnunternehmen. Sie forderte eine Lohnerhöhung von 8 Prozent sowie eine Verkürzung der wöchentlichen Arbeitszeit von 39 auf 38 Stunden. Die Deutsche Bahn bot zu Beginn der Auseinandersetzung eine rund zweiprozentige Lohnerhöhung an.

Das war aber nicht der einzige Konflikt, der diesen langen Arbeitskampf zur Folge hatte. Die GDL vertritt neben den Lokführern auch einen Teil des Zugpersonals. Für diese Mitglieder wollte die GDL die gleichen Forderungen durchsetzen. Das lehnte die Bahn entschieden ab, weil der größere Teil des Zugpersonals von einer anderen Gewerkschaft vertreten wird, der Eisenbahn- und Verkehrsgewerkschaft (EVG). Die Bahn bestand darauf, nur mit dieser Gewerkschaft über die Verbesserungen der Löhne und Ar-

Lokführer im Arbeitskampf

beitsbedingungen beim Zugpersonal zu verhandeln. Würde man mit zwei Gewerkschaften über die gleiche Berufsgruppe beraten, wären unterschiedliche Tarifabschlüsse die Folge. Das wollte die Bahn auf jeden Fall verhindern.

An diesen gegensätzlichen Vorstellungen scheiterten mehrere Verhandlungsrunden.

Stationen des Konflikts

10. Juli 2014: Beginn der Verhandlungen zwischen der Deutschen Bahn und der GDL über einen neuen Tarifvertrag

31. August – 6. September 2014: nach dem Scheitern erster Verhandlungen örtlich begrenzte Warnstreiks

2. Oktober 2014: Urabstimmung – 91 Prozent der Mitglieder stimmen für bundesweite Streiks.

7. Oktober – 21. Mai 2015: insgesamt 9 bundesweite Streiks, die zu erheblichen Zugausfällen und Verspätungen führen, darunter mit 127 Stunden im Personenverkehr der längste Streik in der Geschichte der Bahn. Vor allem Pendler sind davon betroffen.

27. Mai – 30. Juni: Schlichtungsverfahren. Als Schlichter sind für die GDL der thüringische Ministerpräsident Bodo Ramelow (Linke) und für die Deutsche Bahn der ehemalige brandenburgische Ministerpräsident Matthias Platzeck (SPD) tätig. Während der Schlichtung darf nicht gestreikt werden (Friedenspflicht).

2. Juli 2015: Deutsche Bahn und GDL akzeptieren das Ergebnis der Schlichtung.

1. September 2015: Die Mitglieder der GDL stimmen in einer erneuten Urabstimmung mit 94 Prozent dem Verhandlungsergebnis zu.

Worauf einigten sich die Tarifpartner?

Die GDL konnte zwar ihre Kernforderung nach Tarifverträgen für das gesamte Zugpersonal durchsetzen, musste jedoch größtenteils die mit der EVG ausgehandelten Regelungen akzeptieren. Die GDL-Mitglieder erhalten in zwei Stufen 5,1 Prozent mehr Lohn, ab 2018 verkürzt sich ihre Arbeitszeit um eine Stunde auf 38 Stunden pro Woche. Wenn künftig Verhandlungen scheitern und die GDL mit Streiks droht, ist ein Schlichtungsverfahren verpflichtend.

Der GDL-Chef bewertet das Ergebnis „als absolut überzeugend und als schönsten Lohn nach einer harten Tarifauseinandersetzung". Für die Deutsche Bahn ist das wichtigste Ergebnis, dass die Streikgefahr gebannt ist.

---

1. Den Konflikt könnt ihr mithilfe der folgenden Fragen untersuchen:

- Wer sind die Beteiligten?
- Welche Interessen vertreten sie?
- Welche Möglichkeiten haben sie, ihre Interessen durchzusetzen?
- Wie verläuft der Konflikt?
- Worauf einigen sich die Tarifpartner?

Tipp: Texte einzeln bearbeiten, Ergebnisse vergleichen und der Klasse präsentieren

2. Diskutiert nach der Bearbeitung in der Klasse über die Stellungnahmen (B).

B TEAM kontrovers: War der Streik der Lokführer berechtigt?

Wie alle anderen Beschäftigten wollen auch Lokführer angemessen bezahlt werden, das ist ihr gutes Recht. Dabei blieb ihnen keine andere Wahl, als zu streiken. Dass der Bahnverkehr dadurch behindert wurde, war zwar bedauerlich, aber unvermeidbar.

Mit den Streiks hat eine kleine Gruppe rücksichtslos ihre Interessen auf Kosten der Allgemeinheit durchgesetzt. Darunter hatten alle Bahnreisenden zu leiden. Deshalb hätten die Lokführer zu anderen Mitteln greifen müssen, um ihre Interessen durchzusetzen.

C Tarifautonomie

1. Erkläre, was man unter Tarifautonomie versteht und welchem Ziel sie dient.

2. Was geschieht, wenn sich Arbeitgeber und Gewerkschaften in Tarifverhandlungen nicht einigen können? Beschreibe die Regelungen.

3. Erläutere den Ablauf eines Arbeitskampfes anhand des Schaubilds.

Gewerkschaften und Arbeitgeber als Interessenverbände

Bei Tarifverhandlungen stehen sich Arbeitgeberverbände und Gewerkschaften gegenüber. Beide vertreten die Interessen ihrer Mitglieder mit dem Ziel, einen aus ihrer Sicht möglichst vorteilhaften Abschluss zu erzielen. Solche Zusammenschlüsse von Menschen mit denselben Zielen nennt man Interessenverbände. Sie spielen in der Wirtschaft und Politik eine sehr wichtige Rolle. Arbeitgeber und Gewerkschaften dürfen die Arbeitsbedingungen und Löhne ohne Einmischung des Staates in eigener Verantwortung aushandeln. Dieses Recht bezeichnet man als Tarifautonomie*. Sie bildet ein grundlegendes Element der Wirtschaftsordnung in der Bundesrepublik Deutschland. Ziel ist, Konflikte fair zu regeln und den sozialen Frieden zu erhalten.

Regeln im Arbeitskampf

Wenn sich Arbeitgeber und Gewerkschaften in Verhandlungen nicht einigen können, steht ein Arbeitskampf vor der Tür, für den es gesetzliche Regelungen gibt. Wenn beide Seiten es wollen, kann zunächst eine Schlichtung versucht werden. Hier versucht eine von beiden Seiten akzeptierte Person, zwischen den Parteien zu vermitteln, indem sie einen Kompromissvorschlag aushandelt, der den Charakter einer Empfehlung hat. Scheitert die Schlichtung, kann die Gewerkschaft nun ihre Mitglieder in einer Urabstimmung zu einem Streik aufrufen. In der Urabstimmung müssen 75 Prozent der Mitglieder dem Streik zustimmen, damit er durchgeführt werden kann. Ein Streik kann Tage, aber auch Wochen dauern. Während dieser Zeit erhalten die Streikenden keinen Lohn, dafür aber eine (geringere) Unterstützung von ihrer Gewerkschaft. Eine mögliche Gegenmaßnahme der Arbeitgeber gegen einen Streik ist die Aussperrung. Das bedeutet, dass für eine bestimmte Zeit die Betriebe im Tarifgebiet geschlossen und die Lohnzahlungen eingestellt werden. Am Ende eines Arbeitskampfes steht der Abschluss eines Tarifvertrages, in dem die Löhne und Arbeitsbedingungen für die Beschäftigten einer Branche festgelegt sind.

* Weitere Erklärungen zur Tarifautonomie findet ihr im Glossar.

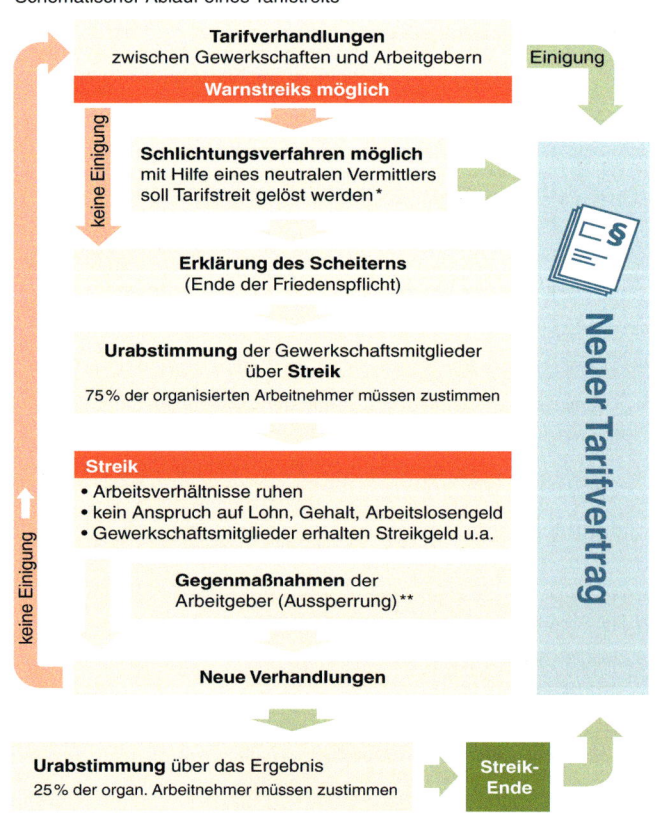

Vom Arbeitskampf zum Tarifvertrag

Schematischer Ablauf eines Tarifstreits

Tarifverhandlungen zwischen Gewerkschaften und Arbeitgebern

Einigung

keine Einigung

Warnstreiks möglich

Schlichtungsverfahren möglich mit Hilfe eines neutralen Vermittlers soll Tarifstreit gelöst werden*

Erklärung des Scheiterns (Ende der Friedenspflicht)

Urabstimmung der Gewerkschaftsmitglieder über **Streik** 75 % der organisierten Arbeitnehmer müssen zustimmen

keine Einigung

Streik
• Arbeitsverhältnisse ruhen
• kein Anspruch auf Lohn, Gehalt, Arbeitslosengeld
• Gewerkschaftsmitglieder erhalten Streikgeld u.a.

Gegenmaßnahmen der Arbeitgeber (Aussperrung)**

Neue Verhandlungen

Urabstimmung über das Ergebnis 25 % der organ. Arbeitnehmer müssen zustimmen

Streik-Ende

Neuer Tarifvertrag

dpa•16461

*im öffentl. Dienst zwingend, wenn von einer Seite gefordert
**im öffentlichen Dienst nicht praktiziert

 D Nach welchen Spielregeln verläuft ein Arbeitskampf?

Bei jeder Tarifrunde ist es das gleiche Ritual: Die XXXXXXXX fordern mehr, als sie durchsetzen können; die XXXXXXXX bieten weniger an, als sie schließlich zugestehen müssen. XXXXXXXX sind nur unter ganz bestimmten Voraussetzungen möglich. Nach dem Scheitern der Schlichtung setzt die Gewerkschaft eine XXXXXXXX über einen Streik an, der in der Regel mindestens drei Viertel der XXXXXXXX zustimmen müssen. Auf den Streik können die Arbeitgeber mit XXXXXXXX reagieren.

(Kampfmaßnahmen, Mitglieder, Gewerkschaften, Urabstimmung, Aussperrung, Arbeitgeber)

E Der Kompromissvorschlag des Schlichters findet nicht die Zustimmung beider Tarifparteien.

C Stimmen mindestens 25 % dem Verhandlungsergebnis zu: Ende des Tarifkonflikts.

K Der alte **Tarifvertrag** läuft aus oder wird gekündigt.

L Ein neutraler Schlichter legt in einem **Schlichtungsverfahren** einen Kompromissvorschlag vor.

H Als Gegenreaktion zum Streik kann die Arbeitgeberseite mit **Aussperrung** reagieren.

A Die Gewerkschaft führt eine **Urabstimmung** über einen Streik durch. Mindestens 75 % stimmen dem Streik zu.

F Es kommt zum **Streik**.

B Die Gewerkschaftsmitglieder stimmen in einer weiteren Urabstimmung über das Verhandlungsergebnis ab.

D Die Verhandlungen scheitern, weil keine Einigung erzielt werden kann.

J In der ersten Runde von Tarifverhandlungen kommt es oft zu Warnstreiks von Gewerkschaftsseite.

I Die Tarifverhandlungen werden wieder aufgenommen. Es gelingt nach Streik oder Aussperrung eine Einigung.

G Gewerkschaft und Arbeitgeber legen Angebote vor und treffen sich zu **Tarifverhandlungen**.

Euer Auftrag:

1. Legt die Reihenfolge der Spielregeln vom Beginn der Tarifverhandlungen bis zum Ende des Arbeitskampfes fest: 1 = K, 2 = …

2. Stellt eure Ergebnisse in der Klasse vor.

3. Ergänzt anschließend den Lückentext und notiert ihn als Merkhilfe in euer Heft.

Tipp: Partnerarbeit

Einblick in die Arbeitswelt

Station 1

S M U H

Menschen und ihre Arbeit

Arbeit ist durch mehrere Merkmale gekennzeichnet. Auch verschiedene Arten von Arbeit lassen sich unterscheiden. Warum Menschen arbeiten – dazu gibt es eine Reihe von Gründen. Hier sind Merkmale, Arten und Gründe wild durcheinandergeraten.

Ordne sie so klar und anschaulich wie möglich.

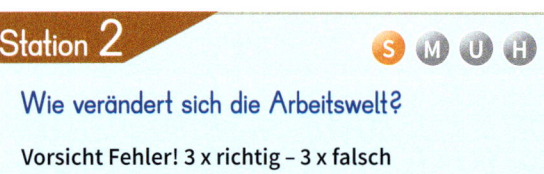

Arbeit hat ein Ziel.	Unbezahlte Arbeit	Arbeit dient der Existenzsicherung/Befriedigung von Bedürfnissen.	Arbeit erfordert geistige und körperliche Fähigkeiten.	Geld verdienen
	Bezahlte Arbeit			Erwerbsarbeit
Kontakt mit anderen Menschen	Lebensrhythmus Arbeit – Freizeit	Arbeit ist geplant.	Höhere Lebenszufriedenheit	Ehrenamtliche Arbeit

Station 2

S M U H

Wie verändert sich die Arbeitswelt?

Vorsicht Fehler! 3 x richtig – 3 x falsch
Korrigiere die falschen Aussagen und notiere den fehlerfreien Text in dein Heft.
Der Einsatz von Computern hat die Arbeit in fast allen Berufen sehr verändert. **(?)** Trotzdem arbeiten heute noch die meisten Beschäftigten in Berufen, in denen sie keine Computerkenntnisse benötigen. **(?)** Die Vernetzung von Computern und das Internet haben dazu geführt, dass Menschen an unterschiedlichen Orten der Welt eng zusammenarbeiten können. **(?)** Junge Menschen können sich darauf verlassen, dass einmal erworbenes Wissen ihr Leben lang aktuell bleibt. **(?)** Deshalb spricht man heute von einer Wissensgesellschaft, weil alle Berufstätigen ihr Wissen ein Leben lang anwenden können. **(?)** Allerdings müssen sie sich darauf einstellen, vielleicht mehrmals im Leben den Beruf oder Arbeitsort zu wechseln. **(?)**

Station 3

S M U H

Wie werden wir fit für die Arbeitswelt?

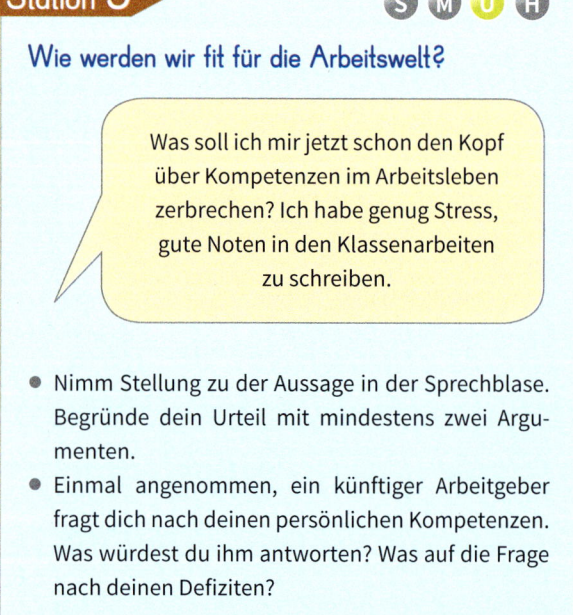

Was soll ich mir jetzt schon den Kopf über Kompetenzen im Arbeitsleben zerbrechen? Ich habe genug Stress, gute Noten in den Klassenarbeiten zu schreiben.

- Nimm Stellung zu der Aussage in der Sprechblase. Begründe dein Urteil mit mindestens zwei Argumenten.
- Einmal angenommen, ein künftiger Arbeitgeber fragt dich nach deinen persönlichen Kompetenzen. Was würdest du ihm antworten? Was auf die Frage nach deinen Defiziten?

Wie steht es um die Gleichberechtigung in der Arbeitswelt?

Die Frauen auf dem Foto demonstrieren gegen ihre Benachteiligung im Arbeitsleben.
Ergänze die Texte in den Sprechblasen.

Wie kann man unterschiedliche Interessen unter einen Hut bringen?

Benutze die Bildergeschichte, um den Ablauf eines Tarifkonfliktes einschließlich eines Arbeitskampfes vom Beginn der Verhandlungen über das Scheitern bis zur endgültigen Einigung in mindestens sechs Schritten zu erklären.

6 Wie arbeiten Unternehmen?

Fast ein eigener Stadtteil: die Produktionsanlagen der Thyssen-Krupp AG in Duisburg, wo unter anderem Stahl produziert wird.

Aufgaben klären, Gemeinsamkeiten und Unterschiede ermitteln

1. Allein nachdenken

Welche Unternehmen fallen dir spontan ein? Notiere die Namen.

3. In der Klasse sammeln

Was sind die wichtigsten Unterschiede und Gemeinsamkeiten?

2. Zu zweit beraten

Betrachtet eure Listen: Wodurch unterscheiden sich diese Unternehmen?

Im Verlauf dieses Kapitels könnt ihr ...

- erklären, wie man ein Unternehmen gründet,
- ein Unternehmen eurer Region in einem Kurzvortrag vorstellen,
- eine unternehmerische Entscheidung in einer Konkurrenzsituation treffen,
- Lösungsvorschläge für einen Konflikt um betriebliche Mitbestimmung erarbeiten.

Eigene Schwerpunkte könnt ihr setzen, indem ihr ...

- ein Unternehmen auswählt und eine Besichtigung plant und durchführt,
- ein Interview mit einem Erwachsenen über seine Arbeit im Unternehmen führt,
- Meldungen in der Presse über bekannte Unternehmen der Region sammelt und daraus eine Wandzeitung erstellt.

1 Können auch Schüler ein erfolgreiches Unternehmen gründen?

Eine Expertenbefragung durchführen

In zahlreichen Schulen haben Schülerinnen und Schüler Firmen gegründet, die ganz ähnlich wie richtige Unternehmen arbeiten. Wie das funktioniert, schildert die Schülerfirma „Plattenspiel" auf ihrer Homepage:

 **A** **Fall** **Die Schülerfirma „Plattenspiel"**

Wir sind 14 motivierte Jugendliche der 11. Klasse des Gymnasiums Andreanum aus Hildesheim, die es sich zur Aufgabe gemacht haben, alte Schallplatten zu neuen, kreativen Produkten zu recyceln. [...]
Der Sinn einer Schülerfirma ist es, dass man sich auf das sorgfältige und korrekte Vorgehen im späteren Beruf vorbereiten kann, indem man in einer selbst gegründeten Firma arbeitet und Erfahrungen sammelt. [...]

Plattenspiel – eine erfolgreiche Schülerfirma

Die Gründung der Schülerfirma „Plattenspiel"

Zu Beginn des Schuljahrs war das Wichtigste, eine gute Geschäftsidee zu finden. Nach Stunden der Überlegungen und des Brainstormings stand dann unsere Geschäftsidee fest. Wir wollten aus alten Schallplatten neue Produkte und Deko-Objekte kreieren. Der nächste Schritt war die Aufteilung in verschiedene Abteilungen: die Finanzabteilung, die Verwaltung, die Technikabteilung, das Marketing und die Vorstandsvorsitzenden.

Seit unserer Gründung treffen wir uns jeden Donnerstag für mindestens anderthalb Stunden, um die weiteren Aufgaben und das Vorgehen der Firma in nächster Zeit abzusprechen. Von Anfang an war es unser Ziel, am 29. November unsere Produkte in einem Stand auf dem Weihnachtsmarkt zu präsentieren, von daher war über die ganze Zeit eine gewisse Anspannung und ein deutlicher Zeitdruck spürbar. So entwickelten wir schnell die ersten Produkte und fingen an, diese zu produzieren. [...] Aber auch die Marketingabteilung hatte viel zu tun. Unter anderem entwarfen sie die Website, ein Logo, die Visitenkarten und einen Flyer. Außerdem begeisterten sie die Sparkasse Hildesheim für unsere Idee, welche uns nun als Werbepartner unterstützt.

Mit ihrer Hilfe gab es für die Marketingabteilung, die Finanzabteilung und die Vorstandsvorsitzenden auch eine Weiterbildungsmöglichkeit in Form des Unternehmertreffs in Hildesheim.

(Nach: www.plattenspiel.de, Zugriff: 24.02.2016)

1. Erkläre am Beispiel von „Plattenspiel", wie eine Schülerfirma gegründet wird und wie sie arbeitet.

2. Erläutere, welche Aufgaben die Mitarbeiter haben. Welche würde dich am meisten reizen? Begründe deine Entscheidung.

3. Was haben Schülerfirmen mit „normalen" Unternehmen gemeinsam, wodurch unterscheiden sie sich?

B Unternehmensgründung

Die Gründung

Grundsätzlich kann jeder, der das 18. Lebensjahr vollendet hat und damit „geschäftsfähig" ist, ein Unternehmen gründen. Zwischen dem 7. und 18. Lebensjahr benötigen Jugendliche die Zustimmung ihrer Eltern. Schülerfirmen müssen von der Schulleitung genehmigt werden.

Bei einer Betriebsgründung muss vieles organisiert werden. Daher lassen sich viele künftige Unternehmer zunächst ausführlich beraten, wie sie dabei vorgehen können. Hilfe und Beratung findet man bei den Industrie- und Handelskammern, bei speziellen Unternehmensberatern oder Rechtsanwälten. In Gesprächen klären die Berater, ob die künftigen Unternehmer persönlich für ihr Vorhaben geeignet sind. Man muss zum Beispiel bereit sein, Risiken einzugehen, lange Arbeitszeiten in Kauf zu nehmen und in der Anfangszeit wenig zu verdienen. Daneben benötigt er/sie auch kaufmännische Kenntnisse. Für bestimmte Unternehmensgründungen, z. B. Rechtsanwaltskanzleien, braucht die Unternehmensleitung einen entsprechenden Qualifikationsnachweis. Anschließend geht es darum, einen ausführlichen Geschäftsplan (Businessplan) zu entwickeln. Darin wird die Idee genau beschrieben, die Konkurrenzsituation dargestellt, der künftige Standort, die Größe und Art des Betriebes festgelegt.

Die Bedeutung von Produktionsfaktoren

Eine gute Idee allein reicht noch nicht aus, damit ein Unternehmen seine Arbeit aufnehmen kann. Dazu braucht es Güter. Alle Mittel, die benötigt werden, um Leistungen für Kunden zu erbringen, bezeichnet man als Produktionsfaktoren.

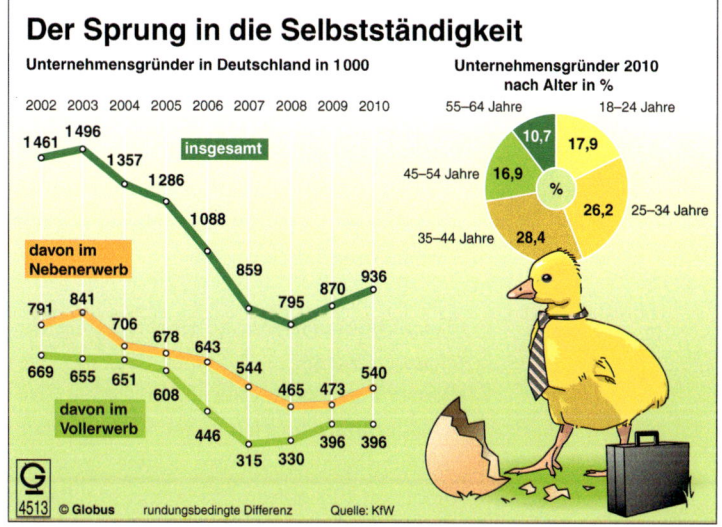

Der Sprung in die Selbstständigkeit

Unternehmensgründer in Deutschland in 1000

2002 2003 2004 2005 2006 2007 2008 2009 2010

insgesamt: 1461, 1496, 1357, 1286, 1088, 859, 795, 870, 936

davon im Nebenerwerb: 791, 841, 706, 678, 643, 544, 465, 473, 540

davon im Vollerwerb: 669, 655, 651, 608, 446, 315, 330, 396, 396

Unternehmensgründer 2010 nach Alter in %
- 18–24 Jahre: 17,9
- 25–34 Jahre: 26,2
- 35–44 Jahre: 28,4
- 45–54 Jahre: 16,9
- 55–64 Jahre: 10,7

G 4513 © Globus   rundungsbedingte Differenz   Quelle: KfW

- **Boden und natürliche Ressourcen:** Dazu gehört das Grundstück, auf dem das Gebäude steht, aber auch natürliche Ressourcen wie Luft und Wasser.
- **Arbeit:** Jeder Betrieb benötigt Mitarbeiter für Produktion, Verwaltung und Vertrieb.
- **Kapital:** Zunächst einmal braucht ein Gründer Geld (= Geldkapital). Die meisten Betriebsgründer haben Geld gespart, um die Gründung zu finanzieren. Die Ersparnisse reichen jedoch meistens nicht aus. Deswegen wenden sie sich an eine Bank, um sich Geld zu leihen. In einem Gespräch mit ihrem Bankberater müssen sie überzeugend erklären, warum sie glauben, mit dieser Idee Geld zu verdienen. Wenn die Bank den Kredit genehmigt, kann der Unternehmer alle Maschinen, Einrichtungsgegenstände, EDV und auch Rohstoffe kaufen (= Sachkapital).

---

1. Welche Kenntnisse und Fähigkeiten brauchen erfolgreiche Unternehmerinnen und Unternehmer?

2. Wie geht man vor, wenn man ein Unternehmen gründen will? Erläutere die einzelnen Schritte.

3. Versucht, Gründe zu finden, warum die Zahl der Unternehmensgründungen schwankt. Dabei könnt ihr euch an Stichwörtern wie Nachfrage, Krisen, besondere Ereignisse und anderen orientieren.

C Welche Chancen und Risiken bietet die Gründung eines Unternehmens?

Team befragte dazu Robert Rudnick (33 Jahre), einen der drei Gründer von Coffee Circle. Das Unternehmen wurde 2009 gegründet. Das Besondere an der Firma: Sie führt Bio-Kaffee direkt aus Äthiopien ein, bezahlt den Kaffeebauern überdurchschnittliche Löhne und finanziert mit den Erlösen gleichzeitig Entwicklungsprojekte, die die Situation der Kaffeebauern verbessern sollen.

Team: Wie kamen Sie auf die Idee, Coffee Circle zu gründen?

Robert Rudnick: Meine beiden Coffee Circle-Mitgründer und ich waren vorher Unternehmensberater, die mit Kaffee beruflich nichts zu tun hatten. Zwei von uns halfen beim Aufbau einer Schule für Waisenmädchen in Äthiopien mit. Dort haben wir gemeinsam die Idee für Coffee Circle entwickelt. Wir wollten etwas Neues schaffen: herausragende Kaffees direkt handeln und Entwicklungshilfe zeitgemäß und transparent umsetzen.

Team: Was reizte Sie daran, Unternehmer zu werden?

Robert Rudnick: Wir wollten etwas Eigenes schaffen, für das man Herz und Seele einsetzt, Geld ist nicht der wichtigste Antrieb, sondern mit Gleichgesinnten ein sinnvolles Geschäftsmodell aufzubauen und zu verwirklichen.

Team: Wie haben Sie die Gründung Ihres Unternehmens vorbereitet?

Robert Rudnick: Wir haben uns den Anbau und die Handelskette eines Kaffees angeschaut und überlegt, was wir daran alles fairer, direkter und transparenter machen möchten. Dann haben wir den deutschen Kaffeemarkt genauer unter die Lupe genommen und festgestellt: Klar, der deutsche Kaffeemarkt ist eigentlich gesättigt. Aber diese Idee, die wir haben, die gibt es so noch nicht.

Team: Welche Fähigkeiten braucht man Ihrer Ansicht nach, um ein Unternehmen erfolgreich zu führen?

Robert Rudnick: Eine Portion Wahnsinn, Kreativität und Durchhaltevermögen.

Team: Welche Risiken gehen Sie als Unternehmer ein?

Robert Rudnick: Finanzielle Risiken, denn viele Unternehmen scheitern und man steht am Ende verschuldet da. Gesundheitliche Risiken, denn der Stress und die Arbeitsbelastung sind enorm. Persönliche Risiken, denn das Privatleben kommt leider viel zu kurz.

Team: Gibt es auch Dinge, die Ihnen an Ihrem Beruf nicht so sehr gefallen?

Robert Rudnick: Es wäre schön, wieder mehr Zeit für das Privatleben zu haben. Wie überall geht es auch bei uns hoch und runter. Es kommen Rückschläge oder auch mal Probleme mit Mitarbeitern. Aber ich würde nichts anderes lieber machen wollen.

Team: Wie erfolgreich ist das Unternehmen?

Robert Rudnick: Wir sind bereits erfolgreich, weil wir Produkte von höchster Qualität anbieten und die Lebensbedingungen von 15 000 Menschen verbessern konnten. Das ist nicht zu verachten! Um wirtschaftlich profitabel zu werden, brauchen wir aber noch etwas Zeit.

---

1. Beschreibe: Worin bestand der Anreiz, das Unternehmen zu gründen, und was ist das Besondere des Unternehmens?

2. Robert Rudnick spricht von der Geschäftsidee, der Vorbereitung sowie von Chancen und Risiken einer Gründung. Stelle sie in einer Tabelle dar.

3. Innovative Unternehmen müssen oft hohe Risiken eingehen. Glaubst du, dass dazu viele oder eher wenige junge Menschen bereit sind? Begründe deine Ansicht.

Expertenbefragung

Was ist das?

Es gibt Themen, die sind kompliziert und schwer zu durchschauen, sodass man sich als Laie schwertut, sich ein Urteil zu bilden. In solchen Fällen kann man einen Experten in die Schule einladen und befragen. Will man mehr über die Rolle und Bedeutung von Unternehmen erfahren, ist es sinnvoll, eine Unternehmerin oder einen Unternehmer einzuladen.

Wie geht das?

1. Experten auswählen

Experten gibt es in jeder Stadt. Zunächst solltet ihr überlegen, wen ihr befragen wollt. Ihr könnt einen oder auch mehrere Experten einladen. Mögliche Ansprechpartner zum Thema Unternehmensgründung findet ihr in diesem Fall bei der Industrie- und Handelskammer, Unternehmensverbänden oder Banken.

2. Fragen sammeln

Sammelt in der Klasse Fragen, die ihr stellen wollt. Legt fest, wer welche Fragen stellen soll.

3. Expertenbefragung vorbereiten

Folgende Checkliste erleichtert die Organisation:

- Schulleitung informieren
- Experten einladen, Termine, Zeitumfang
- Verabschiedung und Themen absprechen
- Raumfrage klären und Raum einrichten
- Diskussionsleiter bestimmen
- Protokollführer (mindestens zwei Schülerinnen oder Schüler) bestimmen
- Fotografen bestimmen

4. Expertenbefragung durchführen

Experten sind Gäste, von denen ihr etwas wollt. Das verpflichtet euch zu gutem Benehmen und aktiver Mitarbeit. Eine Befragung kann folgendermaßen ablaufen:

- Begrüßung der Experten am vereinbarten Treffpunkt durch den Lehrer oder die Klassensprecher

Thema: Unternehmensgründung

- Vorstellungsrunde der Experten
- Fragerunde: Hier könnt ihr die vorbereiteten Fragen stellen. Denkt auch daran, auf die Antworten einzugehen und falls erforderlich nachzufragen.
- Verabschiedung

5. Ergebnisse auswerten und dokumentieren

Haltet eure Informationen fest. Ihr könnt das für euch tun, indem ihr zum Beispiel ein Gedächtnisprotokoll in euer Heft schreibt. Ihr könnt aber auch andere informieren, indem ihr eine Wandzeitung erstellt und im Schulgebäude aufhängt, einen Artikel für eure Schülerzeitung verfasst oder einen Bericht an die örtliche Tageszeitung mit der Bitte um Veröffentlichung schickt.

2 Was haben Uwes Schlemmereck und Apple gemeinsam?

Recherchieren über Unternehmen in der Region

Eine Einstiegsübung für alle:
Womit verdienen die auf den Fotos dargestellten Unternehmen ihr Geld?

A Viele Unternehmen — ein gemeinsames Ziel

In dem folgenden Text fehlen die Zwischenüberschriften: Unternehmensarten – Anzahl – Definition – Kundenorientierung – Gemeinsamkeiten – Management – Risiken. Wo gehören sie hin?

1. Gliedere den Text bei einem zweiten Lesedurchgang und füge die Zwischenüberschriften ein.

Die meisten Menschen kennen McDonalds, Nokia, Motorola, Apple, Sony, Douglas und Hennes & Mauritz. Vielleicht kennen sie auch noch Aldi, Kaufhof und BMW. Aber kennen sie General Electric (eines der größten Unternehmen der Welt) oder Prym (ein Spezialist für Druckknöpfe, der 1642 gegründet wurde) oder Uwes Schlemmereck?

In Deutschland allein gibt es 3,4 Millionen Unternehmen. Zu dieser Liste gehört der Kiosk in meiner Straße, der von einem fleißigen serbischen Ehepaar betrieben wird. Dazu zählt auch das deutsche Traditionsunternehmen Siemens, das weltweit fast eine halbe Million Mitarbeiter hat. Dazu gehören die Bahn, die Post, der Bauernhof meines Bruders, C&A, Burger King, Porsche, das Friseurgeschäft um die Ecke, der Eisverkäufer, das Fitnessstudio und die Diskothek. Sogar einige Schulen und Universitäten sind Unternehmen. Eine Definition für Unternehmen lautet: Sie verkaufen etwas und versuchen dabei, etwas zu verdienen. Alle Unternehmen eint eine Hauptaufgabe: Sie sind für die Versorgung zuständig, für die Erfüllung der Wünsche ihrer Kunden. Das ist ihre Rolle in der Marktwirtschaft.

Damit die Kunden zufrieden sind, müssen die Unternehmen Unbrauchbares in Brauchbares verwandeln: Stahl in Autos, einen Schuppen in eine Diskothek, Hackfleisch in einen Hamburger und Arbeitskraft in eine Dienstleistung: Post austragen ist so eine Dienstleistung, kellnern oder Unterricht geben.

Eines haben alle Unternehmen gemeinsam, die großen, die kleinen, die alten, die jungen: Sie müssen genügend Kunden gewinnen oder anders gesagt: möglichst viel verkaufen. Nur dann bewähren sie sich auf ihren Märkten, nur dann können sie überleben. Was ein Unternehmen herstellt und anbietet, legt in der Marktwirtschaft die Unternehmensleitung fest, auch Management genannt. Das Management orientiert sich in seinen Entscheidungen natürlich auch daran, was seiner Meinung nach viele Akteure auf dem Markt haben wollen. Es orientiert sich daran, was sich verkaufen lässt. Denn das Management verfolgt ein Ziel: Gewinn zu machen, also mehr Geld einzunehmen als auszugeben. Damit das funktioniert, muss das Unternehmen den Menschen das liefern, was sie brauchen oder sich wünschen.

Indirekt entscheidet also der Wunsch des Kunden darüber, was hergestellt wird. Oft läuft natürlich etwas schief. Das Management schätzt den Kunden oder auch die Konkurrenz falsch ein. Jahr für Jahr bringen Unternehmen neue Schokoriegel, Waschmittel, Pflegecremes auf den Markt, doch die meisten setzen sich nicht durch und bleiben in den Regalen liegen. Vier von fünf neuen Produkten scheitern, weil die Kunden sie nicht kaufen. Das ist das Risiko des Unternehmens: Es trifft Entscheidungen, die in die Zukunft gerichtet sind.

(Nach: Winand von Petersdorff: Das Geld reicht nie – Warum T-Shirts so billig, Handys umsonst und Popstars so reich sind, Frankfurt 2012, 3. Auflage, S. 49 f.)

2. Was haben alle Unternehmen gemeinsam, was unterscheidet sie?

3. Das Management trägt in jedem Unternehmen große Verantwortung. Erkläre, warum das so ist.

Was auch noch interessant sein kann:

- ein Unternehmen auswählen, eine Besichtigung planen und durchführen,
- Meldungen in der Presse über bekannte Unternehmen sammeln und daraus eine Wandzeitung erstellen.

In jedem Unternehmen fallen immer wiederkehrende grundsätzliche Aufgaben an. Sie werden als betriebliche Grundfunktionen bezeichnet. Im Folgenden könnt ihr am Beispiel eines fiktiven Industriebetriebs erarbeiten, welche das sind.

Beispiel: Die Sonnen-Werke

Die Sonnen-Werke produzieren natürliche Grundstoffe für die Getränke- und Lebensmittelindustrie und Fruchtsaftgetränke. Gegründet wurden sie in den Siebzigerjahren des letzten Jahrhunderts. Sie sind auch heute noch ein Familienunternehmen.

Am Stammsitz des Unternehmens in Langenhagen bei Hannover werden Produkte hergestellt, aber auch viele wichtige Entscheidungen für das Unternehmen getroffen: welche Produkte auf dem Markt angeboten werden sollen, wie und wohin die Produkte verkauft werden, in welchen Ländern man neue Betriebe errichten will. Damit das Unternehmen konkurrenzfähig bleibt, entwickelt die Forschungs- und Entwicklungsabteilung ständig neue Produkte.

Beschaffung

Da in Deutschland keine Südfrüchte wachsen, werden viele Rohstoffe für die Fruchtsäfte aus Nord- und Südamerika und aus dem Mittelmeerraum eingeführt. Einkäufer sorgen dafür, dass die Rohstoffe zu möglichst günstigen Preisen beschafft werden. In der Folge muss der Transport per Schiff oder Zug organisiert werden. Täglich passieren Hunderte von Lkws die Pforte der Sonnen-Werke. Wer in dem Bereich Beschaffung arbeitet, muss dafür sorgen, dass einerseits immer genügend Nachschub für die Produktion vorhanden ist, andererseits dürfen auch nicht zu viele Lkws bestellt werden, denn nicht benötigte Rohstoffe zu lagern, kostet zusätzlich Geld. Auch genügend Personal muss beschafft werden. In Spitzenzeiten haben die Sonnen-Werke oft nicht genügend eigenes Personal, sie mieten es von Zeitarbeitsfirmen. Zusammengefasst hat die Beschaffung die Aufgabe, die Produktionsfaktoren Arbeit, Kapital und Werkstoffe in der richtigen Menge, zur passenden Zeit und zu möglichst günstigen Preisen zu organisieren.

Produktion

In der Produktion werden die Konzentrate gemischt, erhitzt und in große Tanks abgefüllt. Anschließend werden sie entweder an Kunden in der Getränkeindustrie geliefert oder für die eigene Produktion weiterverarbeitet, indem man Wasser, Zucker und Geschmacksstoffe hinzufügt. Das genaue Rezept bleibt allerdings geheim, denn schließlich will man ja nicht, dass die Produkte von anderen Unternehmen nachgeahmt werden. Anschließend werden die Fruchtsaftgetränke abgefüllt. Weil die Maschinen, mit denen die Getränke hergestellt werden, sehr teuer sind und daher gut ausgelastet sein müssen, arbeiten die Mitarbeiter in der Produktion in zwei Schichten, in Spitzenzeiten wird sogar rund um die Uhr gearbeitet. Zusammengefasst hat dieser Bereich die Aufgabe, den Ablauf der Produktion zu planen, die Qualität der Produkte zu kontrollieren und zu entscheiden, was in welcher Menge wie produziert wird.

Absatz

Mitarbeiterinnen und Mitarbeiter des Vertriebs sorgen dafür, dass die bestellten Produkte an die Kunden geliefert werden. Inzwischen hat das Unternehmen Kunden in über 90 Ländern. Für die Vermarktung sind Kaufleute und Marketingspezialisten zuständig: Sie berechnen unter anderem die Preise, beraten und informieren die Kunden und überlegen auch, wie durch Werbemaßnahmen der Verkauf der Produkte gesteigert werden kann. Zusammengefasst umfasst dieser Aufgabenbereich alle Tätigkeiten, die darauf zielen, die Produkte eines Unternehmens bekannt zu machen, den Vertrieb und Verkauf zu organisieren.

Ein Blick ins Unternehmen: Wer nimmt welche Aufgaben wahr?

1. Johannes Bartel plant zusammen mit Vertretern von zwei Supermarkt-Ketten eine Sonderverkaufsfläche, um ein neues Fruchtsaftgetränk bei den Konsumenten bekannter zu machen.

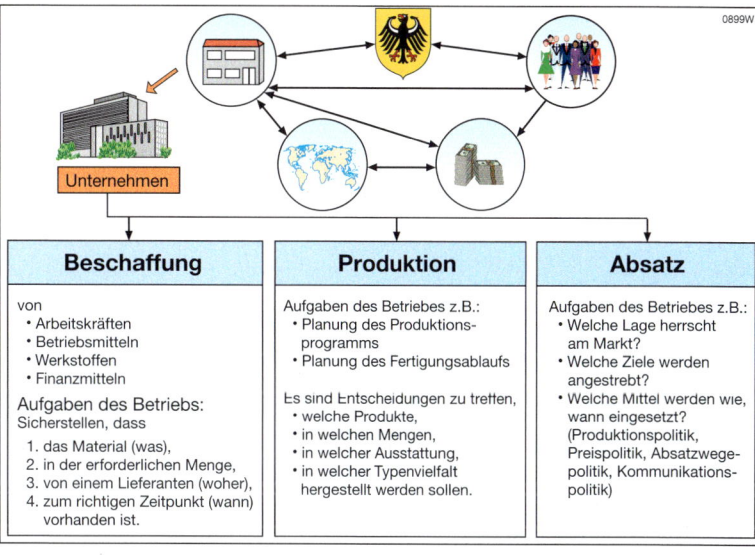

Beschaffung

von
- Arbeitskräften
- Betriebsmitteln
- Werkstoffen
- Finanzmitteln

Aufgaben des Betriebs:
Sicherstellen, dass
1. das Material (was),
2. in der erforderlichen Menge,
3. von einem Lieferanten (woher),
4. zum richtigen Zeitpunkt (wann) vorhanden ist.

Produktion

Aufgaben des Betriebes z.B.:
- Planung des Produktionsprogramms
- Planung des Fertigungsablaufs

Es sind Entscheidungen zu treffen,
- welche Produkte,
- in welchen Mengen,
- in welcher Ausstattung,
- in welcher Typenvielfalt hergestellt werden sollen.

Absatz

Aufgaben des Betriebes z.B.:
- Welche Lage herrscht am Markt?
- Welche Ziele werden angestrebt?
- Welche Mittel werden wie, wann eingesetzt? (Produktionspolitik, Preispolitik, Absatzwegepolitik, Kommunikationspolitik)

2. Serap Karioglu telefoniert mit einem Zulieferer in Südamerika, weil sich eine Rohstofflieferung verzögert.

3. Im großen Konferenzraum tagen zwei Abteilungsleiter mit der Geschäftsführung. Bei der Waren-Endkontrolle wiesen mehrere Getränkekartons Qualitätsmängel auf, die man sofort beheben möchte.

4. Katja Niemeyer berät sich in einer Video-Konferenz mit Kollegen der Niederlassung in Polen. Sie überlegen, dem dortigen Großhändler einen Rabatt anzubieten, um den Absatz in Polen anzukurbeln.

5. Vor dem Werkstor schaut Tim Wiseler immer wieder nervös auf seine Uhr. Er erwartet dringend drei Lkws aus den Niederlanden. Wegen eines Hafenstreiks konnten sie in Rotterdam erst verspätet beladen werden.

1. Erläutere anhand des Textes die Aufgaben in den Bereichen Beschaffung, Produktion und Absatz.

2. Ordne die Punkte 1 bis 5 den passenden Grundfunktionen zu.

3. Gleich neben den Sonnen-Werken hat eine Software-Firma ihren Sitz. Nenne für jede betriebliche Grundfunktion mindestens zwei Beispiele.

C **Warum sind Unternehmen so wichtig?**

Einmal angenommen …

Ihr wacht eines Morgens auf – und in Deutschland wären auf einen Schlag alle Unternehmen verschwunden. Dann würde euer Leben sicherlich ganz anders aussehen: Eure Eltern müssten ihr Getreide und Gemüse selbst anbauen, das Brot zu Hause backen, die Stoffe für eure Kleidung weben und diese nähen, euer Geschirr töpfern, euer Haus und eure Möbel ganz allein bauen und auch versuchen, euer Auto selbstständig zu reparieren – kurz, sie wären den ganzen Tag über damit beschäftigt, das Lebensnotwendige zu organisieren. So haben die Menschen tatsächlich vor einigen Tausend Jahren gelebt. Doch sie erkannten schnell, wie vorteilhaft es für alle ist, wenn sich jeder auf eine Tätigkeit spezialisiert, die er besonders gut kann: Ein Schneider kennt sich in der Herstellung von Kleidung aus und kann schneller und billiger Kleidung nähen als etwa ein Bauer. Auch ein Töpfer ist ein Fachmann und weiß, wie man besonders schnell die schönsten Krüge und Teller herstellt. Beide können also mehr produzieren und die Produkte sind von besserer Qualität.

Arbeitsteilig konnten nun unsere Vorfahren mehr produzieren, als sie zum Leben brauchten. Überschüssige Waren verkauften sie auf dem Markt. Von dem Gewinn kauften sie wiederum Dinge, die sie selbst nicht herstellten. Die ersten Unternehmen waren geboren.

Heute ist die Arbeitsteilung natürlich viel komplizierter. Es gibt Hunderte von Berufen, für die man oft eine lange und schwierige Ausbildung braucht. Deshalb wäre es auch unsinnig, wenn etwa die hoch bezahlte Computerspezialistin Anja Klug versuchen würde, in ihrer Arbeitszeit Jeans selbst zu nähen. Sie müsste dafür viel Zeit investieren, mal ganz davon abgesehen, dass bei ihren Kleidungsstücken sicherlich die Nähte schief und krumm würden – denn sie hat das Schneidern ja nicht gelernt. Sie kann sich ganz darauf konzentrieren, Computerprogramme zu entwickeln, und verdient damit auch mehr Geld als eine Schneiderin. Die anderen Tätigkeiten nehmen ihr Unternehmen ab. Im Supermarkt kann sie Waren einkaufen, die zahlreiche Unternehmen hergestellt haben, sie kann in der Autowerkstatt ihr kaputtes Auto reparieren lassen, kann sich beim Friseur die Haare schneiden lassen, und wenn sie nicht selbst kochen möchte, kann sie ein Restaurant besuchen. Unternehmen nehmen also unserer Computerspezialistin die Arbeit ab. Weil Menschen sehr erfinderisch sind und immer neue Produkte und Dienstleistungen entwickeln, gibt es sehr viele Unternehmen.

Löhne und Gehälter · *Arbeitsplätze* · *produzierte Güter* · *Unternehmen* · *Gewinne* · *Dienstleistungen* · *Steuern* · *Sozialleistungen*

---

1. Erkläre, wie unser Leben ohne Unternehmen aussehen würde.

2. Stelle dar und beurteile: Warum ist es für Anja Klug sinnvoller, ihre Jeans zu kaufen, anstatt sie selbst zu nähen?

Was auch noch interessant sein kann:

- eine Fantasiegeschichte zum Thema „Mein Tag ohne Unternehmen" verfassen,

- eine Fantasiegeschichte zum Thema „Unser Land ohne Unternehmen" schreiben.

D Recherche: Wie präsentieren sich Unternehmen unserer Region im Internet?

Fast alle Unternehmen sind inzwischen im Internet vertreten. Eine Internetrecherche bietet daher eine gute Möglichkeit, einen ersten Einblick in ein Unternehmen aus eurer Region zu gewinnen.

1. Schritt: Sucht ein Unternehmen aus, das ihr vorstellen wollt

Für die Recherche eignen sich eher größere Unternehmen, da sie auf ihrer Website meist mehr Informationen bieten als sehr kleine Unternehmen. Hinweise auf Unternehmen in eurer Region findet ihr zum Beispiel im Wirtschaftsteil eurer Tageszeitung oder auch auf den „Gelben Seiten" (www.gelbeseiten.de). An Adressen kommt ihr am einfachsten über eine Suchmaschine (zum Beispiel www.google.de).
Einige Vorschläge findet ihr auch auf dieser Seite.

2. Schritt: Führt die Internetrecherche durch

An folgenden Fragen könnt ihr euch bei der Recherche orientieren:
- Welche Produkte stellt das Unternehmen her bzw. welche Dienstleistungen bietet es an?
- Seit wann existiert das Unternehmen? Welche Geschichte hat es?
- Wie viele Mitarbeiterinnen und Mitarbeiter hat das Unternehmen?
- Wo befindet sich der Stammsitz des Unternehmens?
- Gibt es weitere Niederlassungen in Deutschland oder im Ausland? Wie ist die wirtschaftliche Situation des Unternehmens?
- Sind offene Stellen zu besetzen?
- Welche Bedeutung hat Nachhaltigkeit und Umweltschutz in dem Unternehmen?

Was solltet ihr noch beachten?
Auf ihrer Website wollen sich die Unternehmen natürlich möglichst positiv darstellen, die Präsentation im Internet ist ein Teil der Öffentlichkeitsarbeit der Unternehmen. Ihr

Nordrhein-westfälische Unternehmen im Internet — einige Vorschläge:

www.rheinmetall.com	www.vodafone.de	www.aldi.com
www.rag.de	www.hochtief.de	www.oetker-gruppe.de
www.telekom.de	www.bayer.de	www.eon.com
www.tengelmann.de	www.eon.de	www.henkel.de

werdet also im Allgemeinen keine kritischen oder negativen Informationen finden. Es ist daher sinnvoll, zusätzlich über Suchmaschinen (zum Beispiel „google") über das Unternehmen zu recherchieren.

3. Schritt: Wie könnt ihr eure Ergebnisse präsentieren?

Die Ergebnisse eurer Recherche könnt ihr eurer Klasse auf einer Folie oder mithilfe einer Computerpräsentation vorstellen.

- Sprecht auch über die Frage: Könntet ihr euch vorstellen, in diesem Unternehmen zu arbeiten? Begründet eure Ansicht.

 E **Unternehmensformen**

1. Beschreibe, nach welchen Kriterien man Unternehmen unterscheiden kann.

2. Entwickle eine Schaubild, in dem du die verschiedenen Unternehmensformen übersichtlich darstellst.

3. Obwohl das persönliche Risiko für Unternehmer sehr hoch ist, sind die meisten Unternehmen Einzelunternehmen. Suche nach Gründen, warum sich diese Unternehmer nicht einfach für die Rechtsform einer GmbH entscheiden.

Unterscheidung von Unternehmen nach dem Angebot

Zahlreiche Unternehmen stellen etwas her: Der Bäcker backt Brötchen, die Textilfabrik fertigt Kleider an, in der Autofabrik werden Autos produziert, eine Getränkefabrik stellt Limonade her. Weil all diese Betriebe etwas produzieren, nennt man sie Produktionsbetriebe.

Andere Unternehmen verkaufen Waren an Kunden, zum Beispiel Kleidergeschäfte, Blumenläden, Kaufhäuser, Secondhand-Läden. Weil sie ihre Kunden beim Kauf beraten, für sie also eine Dienstleistung erbringen, sind sie Dienstleistungsbetriebe. In diesem Wirtschaftszweig wird also nichts produziert, sondern Betriebe beraten die Kunden oder erbringen eine Leistung für sie: Die Frisörin schneidet die Haare, das Reisebüro berät Kunden und bucht Urlaubsreisen, die Bank legt für Kunden Geld an und gewährt Kredite. Vier von fünf Beschäftigten in Deutschland arbeiten in Dienstleistungsbetrieben.

... nach der Größe

Ein anderes Unterscheidungsmerkmal für Unternehmen ist die Größe. Nach der Zahl der Mitarbeiter unterscheidet man zwischen Kleinunternehmen (bis 10 Beschäftigte), mittelständischen Unternehmen (10 bis 500) und Großunternehmen mit mehr als 500 Beschäftigten.

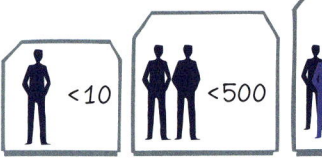

... nach der Organisation

Wenn man von einem Betrieb spricht, meint man den Ort oder die Räumlichkeiten, in denen etwas produziert oder eine Dienstleistung erbracht wird. Mit der Bezeichnung Betrieb ist also immer ein bestimmter Standort verbunden. Im Unterschied zu Betrieben jedoch können Unternehmen mehrere Standorte haben, also zum Beispiel in Düsseldorf, Bonn und Mailand. Im alltäglichen Sprachgebrauch werden die Begriffe Betrieb und Unternehmen häufig gleichbedeutend verwendet. Eine noch größere Einheit bilden Konzerne. Sie untergliedern sich häufig in viele einzelne Unternehmen oder Betriebe, die weitgehend selbstständig und unabhängig voneinander arbeiten. Die meisten Konzerne sind weltweit tätig.

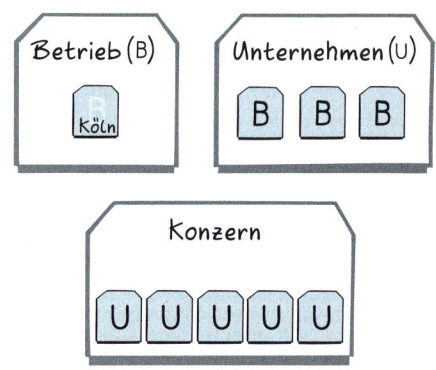

... nach den Besitzverhältnissen

Einzelunternehmen

Weitaus die meisten Unternehmen gehören nur einer Person, sie heißen deshalb *Einzelunternehmen*. Hinter dem Namen der Firma steht oft der Zusatz e. K. Das bedeutet eingetragener Kaufmann. Der Eigentümer ist gleichzeitig Chef des Unternehmens, kann allein entscheiden und trägt die ganze Verantwortung. Das hat manchmal auch Nachteile: Wenn das Unternehmen in eine Krise gerät und Schulden macht, muss der Einzelunternehmer diese mit seinem privaten Geld bezahlen. Diese Rechtsform wird gerne für kleine Firmen gewählt, die nicht so viel Kapital für die Gründung oder den Erhalt des Betriebes benötigen.

Gesellschaften

Manchmal führen auch mehrere Personen ein Unternehmen. Sie heißen Gesellschafter, weil sie für die Gründung des Unternehmens Geld, Gebäude oder Maschinen gegeben haben, ihnen also ein Teil der Gesellschaft gehört. Sie wählen die Geschäftsleitung. Auch sie müssen mit ihrem privaten Vermögen haften, wenn das Unternehmen Geld benötigt oder Verluste macht. Andererseits profitieren sie auch in vollem Maß, wenn das Unternehmen hohe Gewinne erwirtschaftet. Weil mehrere Personen das Unternehmen besitzen, spricht man von *Personengesellschaften*.

Personengesellschaften

Kapitalgesellschaften (GmbH/AG)

Bei *Kapitalgesellschaften* haften die Gesellschafter nur mit dem Geld, also dem Kapital, das sie dem Unternehmen zur Verfügung gestellt haben. Wenn das Unternehmen zahlungsunfähig wird und/oder schließen muss, ist ihr privater Besitz gerettet, ihr persönliches Risiko ist also viel geringer. Deshalb heißt eine solche Gesellschaft auch „Gesellschaft mit beschränkter Haftung" (GmbH). Für die Gründung eines solchen Unternehmens müssen die Eigentümer zusammen mindestens 25 000 Euro aufbringen.

Auch Aktiengesellschaften (AG) sind Kapitalgesellschaften. Hier wird das Kapital von sehr vielen Menschen gestellt, die Aktien kaufen und damit einen kleinen Teil des Unternehmens erwerben. Sie heißen deshalb Aktionäre. Aktien werden an Wertpapierbörsen gehandelt. Um eine Aktiengesellschaft zu gründen, braucht man mindestens 50 000 Euro. Aktionäre können auf die Entwicklung des Unternehmens Einfluss nehmen: Auf der jährlichen Hauptversammlung wählen sie den Vorstand (die Geschäftsleitung) und den Aufsichtsrat, der den Vorstand kontrolliert. Pro Aktie hat jeder Aktionär eine Stimme. Je nachdem, ob ein Unternehmen Gewinne oder Verluste macht, schwankt der Wert einer Aktie. Im schlimmsten Fall können Aktionäre das für den Kauf eingesetzte Geld verlieren. Aktiengesellschaften sind gesetzlich verpflichtet, ihre Gewinne und Verluste regelmäßig in einem Lagebericht zu veröffentlichen.

Den Zusatz „AG" muss das Unternehmen im Namen führen. Die Rechtsform einer AG wählt ein Unternehmen dann, wenn es viel Kapital braucht, um etwa neue Maschinen zu kaufen oder neue Standorte aufzubauen. Das erforderliche Geld beschafft es sich über den Verkauf von Aktien.

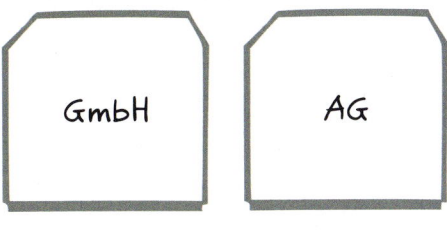

Kapitalgesellschaften

3 Unternehmen im Wettbewerb: Wie können sie erfolgreich sein?

Eine unternehmerische Entscheidung treffen und begründen

 A Fall TopShirt bekommt Konkurrenz

Die Schülerfirma TopShirt wurde vor wenigen Monaten gegründet. Sie bedruckt T-Shirts und Kapuzenpullis mit selbst entworfenen Motiven und verkauft diese an Schülerinnen und Schüler, Eltern und Lehrer der Schule. Wegen des tollen Designs kommen die Shirts bei den Käufern sehr gut an, besonders erfolgreich war die junge Firma mit ihren Produkten auf dem Weihnachtsbasar. Seit in der Zeitung ein Bericht erschien, hat sie auch neue Kunden außerhalb der Schule dazugewonnen.

Einmal im Monat trifft sich der Vorstand der Firma zur Besprechung der aktuellen Situation: Ella ist Vorstandsvorsitzende, Georgio leitet die Designabteilung, Hattice ist Finanzchefin und Julian ist Leiter der Werbung und des Verkaufs.

Julian: Schaut mal her, da habe ich die Verkaufszahlen der letzten beiden Monate. Toll, nicht?

Georgio: Das liegt sicher an unseren neuen Modellen – die sind ja auch wirklich was ganz Besonderes. So etwas kann man nirgendwo sonst kaufen.

Ella: Da wäre ich mir mal nicht so sicher. Wisst ihr schon, dass der Copyshop neben unserer Schule seit Neuestem auch T-Shirts bedruckt? Ich bin gestern da mal reingegangen und habe mir das angeschaut. Die sind wirklich eine harte Konkurrenz für uns, zumal sie für das T-Shirt zwei Euro weniger verlangen.

Hattice: Das kannst du doch nicht vergleichen! Unsere T-Shirts sind alle umweltfreundlich produziert, da ist doch logisch, dass sie ein wenig mehr kosten.

Ella: Trotzdem glaube ich, dass wir uns auf unserem Erfolg nicht ausruhen dürfen. Wir müssen uns heute etwas einfallen lassen ...

Julian: Jetzt sieh doch nicht gleich alles schwarz. Noch ist überhaupt nichts passiert. Lass uns doch erst mal abwarten ...

Ella: Das können wir uns auf keinen Fall leisten. Wenn Kunden weg sind, haben wir kaum eine Chance, die zurückzuholen.

Hattice: Wir müssen einfach besser sein als die anderen, unserer Konkurrenz immer eine Nasenspitze voraus.

Julian: Was meinst du denn mit besser?

Hattice: Ganz einfach, wir müssen bessere, einfallsreichere Produkte zu einem besonders günstigen Preis anbieten.

Georgio: Wir können ja auch was ganz Neues anbieten, zum Beispiel auch andere Sachen mit unseren Motiven bedrucken. Ey, ich krieg jetzt schon Lust, ganz neue Sachen zu entwerfen.

Hattice: Ganz richtig, das wäre doch ein Anfang. Außerdem müssen unsere Produkte billiger werden.

Julian: Mal langsam ... Vielleicht reicht es ja auch, wenn wir mehr Werbung für uns machen. Viele in unserer Stadt wissen ja noch nicht mal, dass es uns gibt.

Ella: Ich finde auch, dass wir sehr gut überlegen sollten, wie wir auf die neue Konkurrenz reagieren.

Wie soll TopShirt auf die Konkurrenz reagieren?

Stellt euch vor, dass eure Klasse die Geschäftsleitung von TopShirt bei der schwierigen unternehmerischen Entscheidung beraten soll. Verschiedene Maßnahmen kommen infrage.

Mögliche Maßnahmen	Beispiele	Pro-/Kontra-Argumente
Preise für T-Shirt senken	billigere Hersteller von T-Shirts suchen, an der Qualität von T-Shirts sparen, Gewinn pro T-Shirt reduzieren	?
Mehr Werbung	eigene Website, Handzettel drucken, eigener Stand auf Festen außerhalb der Schule	?
Service verbessern	Bestellungen übers Internet ermöglichen, Lieferung von bestellten T-Shirts nach Hause, Kundenkarte mit Rabattmöglichkeiten einführen	?
Neue Produkte/erweitertes Angebot	neue Motive entwerfen, Stofftaschen, Küchentücher, Tischdecken bedrucken	?

B Hintergrund: Wie wichtig ist der Wettbewerb?

Überall gibt es Nachfrage: Menschen wollen etwas kaufen; und überall gibt es Angebot: Menschen wollen etwas verkaufen – ob das Sandwich am Bahnhofskiosk, das Benzin an der Zapfsäule oder die Eintrittskarte für ein Konzert. Und damit die einen und die anderen Menschen zusammenkommen, werden Angebot und Nachfrage durch den Preis in Einklang gebracht. Der eine will so viel wie möglich verdienen, der andere so wenig wie möglich ausgeben und wenn sie sich über den Preis einig geworden sind, hat der Markt funktioniert. [...]

Damit dieses Erfolgsrezept funktioniert, muss zu Angebot und Nachfrage noch eine weitere Zutat hinzukommen: der Wettbewerb. Das Gewinnstreben eines Bäckers wird uns nämlich nur dann gutes und günstiges Brot bescheren, wenn wir die Möglichkeit haben, zur Konkurrenz zu gehen. Gibt es nur einen Bäcker, kann er den Preis so sehr erhöhen, wie er will, und dem Mehl schon mal ein bisschen Sägemehl beimischen. Doch wenn wir zur Konkurrenz wechseln können, falls uns dort Preis oder Qualität attraktiver erscheinen, würde unser Bäcker für ein solches Verhalten sofort

durch geringere Umsätze bestraft werden und recht bald pleitegehen. [...]

Nicht nur für den Bäcker, auch für alle anderen Unternehmer ist das unbequem: Sie müssen ständig damit rechnen, dass ein Konkurrent auftaucht, der bessere oder billigere Waren auf den Markt bringt. Deshalb sind sie geradezu gezwungen, ihre Produkte und Herstellungsverfahren weiterzuentwickeln, um die Qualität zu steigern und Preise senken zu können. Doch was für den Unternehmer anstrengend ist, ist gut für den Verbraucher und ein Segen für die Wirtschaft eines Landes.

(Nach: Detlef Gürtler: Die Tagesschau erklärt die Wirtschaft, Rowohlt, Berlin 2008, S. 14 ff.)

1. Beschreibe, in welcher Situation sich TopShirt befindet.
2. Abwarten oder sofort reagieren? Wie sollte sich die Geschäftsleitung von TopShirt verhalten? Begründe deine Ansicht.
3. Bildet Gruppen und stellt eure Ansicht in der Gruppe vor. Einigt euch dann auf eine oder mehrere Maßnahmen und präsentiert eure Ergebnisse in der Klasse.
4. Begründet, warum der Wettbewerb zwischen Unternehmen gut für Verbraucher und Wirtschaft ist.

Haben umweltbewusste Unternehmen Vorteile im Wettbewerb?

Umweltschutz als besonders erfolgreiche Geschäftsidee: das Beispiel Flinc

Mitunter sind die großen Ideen das Ergebnis ganz einfacher Beobachtungen. Zum Beispiel, dass 80 Prozent aller Autofahrten kürzer sind als zehn Kilometer und dass rechnerisch im Durchschnitt nur 1,2 Menschen in den Fahrzeugen sitzen. „Eine gigantische Verschwendung", dachten sich Benjamin Kirschner und ein paar Studienfreunde. Und so entwickelten sie – noch als Studenten der Hochschule Darmstadt – die Idee für Flinc, eine neuartige Mitfahrzentrale, die Menschen auf dem Weg zur Arbeit, ins Wochenende oder auf dem Rückweg vom Flughafen zusammenbringt – via Smartphone App.

Die Idee schlug ein. 500 000 Mitfahrangebote stellen Flinc-Nutzer pro Monat in Deutschland ein […] „Unser Ziel ist, dass jeder auf dem Weg durch die Stadt in zehn Minuten eine Mitfahrgelegenheit findet", sagt Kirschner, der Flinc zusammen mit Klaus Dibbern und Michael Hübl führt. Das muss jedem Taxiunternehmer Angst machen. Denn eine 20-minütige Fahrt kostet bei Flinc nur rund zwei Euro.

Flinc ist nicht nur eine technische Neuerung. Die Jungunternehmer helfen dabei, die Mobilität in Städten nachhaltiger zu machen, und lösen damit eines der großen Probleme unserer Zeit. Denn fahren mehr Menschen gemeinsam im Auto, sinkt die Zahl der Fahrten – und die Treibhausgasemissionen pro Passagier.

Umweltbewusst fahren – geht das überhaupt?

Umweltpreis für Flinc

Das war für die Jury des Umweltpreises GreenTec Awards Grund genug, das Gründerteam im vergangenen Jahr mit dem Preis in der Kategorie Mobilität auszuzeichnen. Dabei ist Flinc Teil einer weit größeren Bewegung.

Eine wachsende Zahl von Unternehmern macht sich daran, die Gesellschaft positiv zu verändern. […] Die einen wollen an besseren Technologien für den Verkehr von morgen arbeiten, die anderen an innovativen Geschäftsmodellen, mit denen sie die Energiewende voranbringen.

(Nach: Sebastian Matthes: Wie grüne Pioniere die Welt verändern, in: www.wiwo.de, 03.02.2014, Zugriff: 07.02.2014)

Sind umweltbewusste Unternehmen erfolgreicher?

Nachhaltigkeit wirkt sich nachweislich positiv auf den Umsatz aus. Die Münchner Managementberater und die Marktforscher von Facit Research haben für ihre Studie mehr als 8 000 Deutsche befragt – repräsentativ für die Gesamtbevölkerung. Und die sagen, dass sie bevorzugt Produkte von Marken kaufen, die sie als besonders nachhaltig einschätzen. […] BMW verdankt seinem Ruf als grünster Autobauer einen zusätzlichen Umsatz von gewaltigen 9,7 Prozent. „BMW hat sich mit spritsparenden Benzinern und umweltfreundlichen Elektroautos einen Namen gemacht", sagt Studienleiter Alexander Bisalski. Das zahle sich nun aus. Ebenso würdigten die Kunden die Anstrengungen der Supermarktkette Rewe und von Frosta. Beim Tiefkühlkosthersteller sind sogar mehr als 13 Prozent des Umsatzes auf sein Nachhaltigkeitsengagement zurückzuführen. Das beweist: Grün zahlt sich aus.

(Aus: Benjamin Reuter/Martin Roos: Anständig verdienen, in: Wirtschaftswoche Green Economy, 23.09.2013)

1. Erläutere, wofür Flinc den GreenTec Award erhalten hat.

2. Haben umweltbewusste Unternehmen einen Wettbewerbsvorteil? Begründe deine Antwort mithilfe des Textes.

D TEAM kontrovers: Soll es eine gesetzliche Pflicht zum erweiterten Umweltschutz geben?

Die Europäische Union und auch die Bundesregierung haben in den vergangenen Jahren viele Umweltgesetze verabschiedet. Dort sind zum Beispiel Grenzwerte für die Belastung von Luft und Wasser durch Industriebetriebe festgelegt. Doch ob die Unternehmen in ihren Betrieben Umweltschutzmaßnahmen durchführen, zum Beispiel Energie oder Ressourcen wie Papier sparen, bleibt ihnen selbst überlassen. Freiwillig können sie sich einer Prüfung unterziehen und eine europäische EMAS-Urkunde erwerben. Dafür müssen sie in einem ausführlichen Bericht ihre Umweltschutzmaßnahmen und ihre Ziele im Umweltschutz veröffentlichen. Ein unabhängiger Umweltgutachter prüft in regelmäßigen Abständen, ob die Unternehmen sich an ihre Bestimmungen halten. In Deutschland sind rund 1800 Unternehmen und Organisationen registriert. Allerdings ist die Zahl seit Jahren rückläufig. Wenn Unternehmen Umweltschutz vernachlässigen, leiden wir alle und die künftigen Generationen unter den Folgen. Soll die Regierung Unternehmen deshalb gesetzlich zu erweiterten Umweltschutzmaßnahmen verpflichten?

Mit diesem Logo dürfen Unternehmen werben, die sich einer Prüfung unterzogen haben.

Argumentepool

(1) Nur wenn alle Unternehmen nachhaltig wirtschaften, können die Lebensgrundlagen für spätere Generationen bewahrt werden.

(2) Neue Gesetze bedeuten für die Unternehmen höhere Kosten und zusätzlichen Verwaltungsaufwand.

(3) Deutsche Unternehmen wären gegenüber ausländischer Konkurrenz im Nachteil.

(4) Gesetzliche Regelungen bedeuten, dass alle deutschen Unternehmen die gleichen Kosten für Umweltschutz hätten.

(5) Der Staat kann Umweltsünden besser verfolgen.

(6) Die zusätzlichen Kosten für Umweltschutz bedeuten für Verbraucher höhere Preise.

(7) Kleine Unternehmen können aufwendige Umweltschutzmaßnahmen nicht bezahlen.

(8) Wenn Unternehmen gezwungen werden, sparsam mit Energie, Wasser und Materialien umzugehen, sparen sie auf lange Sicht Kosten.

 3. Ordnet die Argumente nach pro und kontra.

 4. Welche Argumente haltet ihr für überzeugend, welche für weniger überzeugend? Bildet euch ein eigenes Urteil.

 5. Diskutiert über die Frage in der Überschrift.

4 Wie viel Macht haben Chefinnen und Chefs?
Lösungen für einen betrieblichen Konflikt erarbeiten

Eine Einstiegsübung für alle:
Lies den Fall. Wo klebst du deinen Punkt?

 **Fall** Urlaubssperre für alle Beschäftigten?

Der Avanti-Cateringservice hat sich in der Region einen guten Namen gemacht. 25 Mitarbeiterinnen und Mitarbeiter sowie einige Aushilfen sind in dem jungen Unternehmen angestellt.

Montagmorgen, 8 Uhr: Fassungslos steht fast die gesamte Belegschaft des Avanti-Cateringservices vor einem Rundschreiben der Geschäftsleitung, das am Schwarzen Brett hängt: „Liebe Beschäftigte, wie Sie alle wissen, war das letzte Geschäftsjahr für unseren Cateringservice nicht einfach. Auch unser Unternehmen hat die Wirtschaftskrise im letzten Jahr hart getroffen und wir mussten um jeden Auftrag kämpfen. Doch Gott sei Dank konnten Entlassungen vermieden werden. Heute haben wir eine gute Nachricht für Sie: Für Juli haben wir einen Großauftrag bekommen. Wir können die Mittagsverpflegung für ein Unternehmen ganz in der Nachbarschaft übernehmen, dessen Kantine in dieser Zeit geschlossen hat. Der Auftrag bedeutet für uns eine große Herausforderung und wir sind dabei auf Ihre Unterstützung angewiesen. Bitte stellen Sie sich darauf ein, dass in diesem Zeitraum vermehrt Überstunden anfallen werden. Selbstverständlich kann auch niemand im Juli Urlaub nehmen: Für alle Mitarbeiterinnen und Mitarbeiter herrscht absolute Urlaubssperre. Wir danken für Ihr Verständnis. Die Geschäftsleitung."

„Also, das können die doch nicht so einfach mit uns machen … Ich habe unseren Urlaub bereits fest gebucht. Unsere Kinder sind schulpflichtig, wir können nur in den Schulferien reisen", meldet sich erregt Johanna Weber zu Wort. „Das ist ungerecht, so eine Entscheidung einfach über unsere Köpfe hinweg zu treffen", pflichten ihr die anderen bei. „Mal langsam, da hat der Betriebsrat schließlich auch mitzureden. Wozu haben wir ihn sonst im letzten Jahr gewählt?" „Ja, ganz richtig, das ist Sache des Betriebsrats. Er soll sofort mit der Geschäftsleitung reden und diese Frage klären", einigen sich die Umstehenden.

Die Mitarbeiter sind verärgert.

„Mit der Urlaubssperre hat sich die Geschäftsleitung richtig verhalten."
Dieser Ansicht stimme ich zu:

voll	☺
teilweise	☺
gar nicht	☹

B Hintergrundinfo: Welche Rechte hat der Betriebsrat?

Die Zeiten, in denen der Chef alle Entscheidungen im Unternehmen allein treffen konnte, gehören der Vergangenheit an. Beschäftigte dürfen in Unternehmen mitbestimmen. In Betrieben mit mehr als fünf Arbeitnehmern können sie einen Betriebsrat wählen, der ihre Interessen vertritt.

Je größer der Betrieb ist, desto mehr Mitglieder hat der Betriebsrat. Betriebsräte genießen einen besonderen Kündigungsschutz und dürfen wegen ihrer Tätigkeit beruflich nicht benachteiligt werden.

Rechte und Pflichten von Beschäftigten und Arbeitgebern sind im Betriebsverfassungsgesetz geregelt:

Mitbestimmung: Danach darf der Betriebsrat in sozialen und personellen Angelegenheiten mitbestimmen. Das bedeutet, dass er solchen Maßnahmen zustimmen muss, sonst sind sie unwirksam. Zum Beispiel darf der Betrieb nur mit Einverständnis des Betriebsrats Arbeitszeit, Pausen oder Urlaub regeln, neue Arbeitsabläufe einführen oder in Räumen Überwachungskameras installieren. Auch wenn Personal eingestellt werden soll, ist die Zustimmung des Betriebsrats erforderlich.

Mitwirkung bedeutet, dass er über geplante Maßnahmen informiert wird, diese aber nicht verhindern kann. Dazu zählen unter anderem Entscheidungen über neue Produkte, neue Standorte, Schließung von Betrieben oder Verlagerung ins Ausland.

Der Betriebsrat
vertritt die Interessen der
Belegschaft gegenüber Arbeitgebern

Beispiele für Mitbestimmung	Beispiele für Mitwirkung
tägliche und wöchentliche Arbeitszeit	Schließung von Betrieben
Überstunden, Kurzarbeit	Veränderung von Arbeitsabläufen, z. B. durch neue Technologien
Urlaubsregelung und Planung	Verlagerung von Standorten ins Ausland
Verhaltensregeln für Beschäftigte am Arbeitsplatz	Zusammenschluss (Fusion) mit anderen Unternehmen
betriebliche Lohngestaltung (z. B. Prämien, Zeitpunkt und Art der Auszahlung der Löhne)	Aufkauf von anderen Unternehmen
Einführung und Anwendung von Technologien zur Überwachung von Leistungen von Beschäftigten	Umstrukturierungen (zum Beispiel Aufbau neuer Abteilungen, Schließung von Abteilungen)
Maßnahmen zur Verhütung von Arbeitsunfällen	neue Produkte oder Dienstleistungen
Einstellungen von Beschäftigten	Sparmaßnahmen oder Entlassungen von Mitarbeitern

 Stelle die Position der Geschäftsleitung und der Beschäftigten einander gegenüber.

 Darf die Geschäftsleitung ohne Rücksprache mit dem Betriebsrat eine absolute Urlaubssperre verhängen? Lies dazu die Hintergrundinformation.

 Erkläre am Beispiel der Urlaubssperre den Unterschied zwischen Mitbestimmungs- und Mitwirkungsrechten.

 Spielt im Rollenspiel das Gespräch zwischen Geschäftsleitung und Betriebsrat nach und einigt euch auf eine Lösung. Berücksichtigt dabei, dass auch die Geschäftsleitung an einem guten Betriebsklima und motivierten Mitarbeiterinnen und Mitarbeitern interessiert ist.

143

C Wo darf der Betriebsrat mitreden?

Beispiele	Mitbestimmungs-rechte	Mitwirkungsrech-te
1. In dem Unternehmen soll die Mittagspause für alle Beschäftigten auf eine halbe Stunde verkürzt werden.	?	
2. Weil das Unternehmen sehr wenige Aufträge hat, soll zehn Mitarbeitern gekündigt werden.		?
3. Die Geschäftsleitung eines Pharmaunterneh-mens beschließt, künftig auch Hautpflege-produkte herzustellen.	?	
4. Weil die Firma so viele Aufträge hat, muss die Belegschaft auch am Samstag eine Schicht einlegen.		?
5. Das Unternehmen möchte künftig seine Pro-dukte auch in Asien verkaufen.	?	
6. Nachdem es in den vergangenen sechs Mona-ten zu drei Arbeitsunfällen gekommen ist, for-dert der Betriebsrat neue Bestimmungen zur Verhütung von Unfällen.		?
7. Um leichter Nachwuchskräfte zu gewinnen, möchte das Unternehmen mehrere Prakti-kanten beschäftigen.	?	
8. Um zu sparen, kürzt das Unternehmen den Werbeetat um 5 %.		?
9. In einem Unternehmen, in dem mit elektroni-schen Sägen gearbeitet wird, fordern Mitar-beiter einen besseren Unfallschutz.	?	
10. Weil in einem lebensmittelproduzierenden Unternehmen einige Produkte am Markt nicht mehr erfolgreich sind, soll deren Pro-duktion eingestellt werden.		?

Euer Auftrag:

  5 x Mitbestimmung, 5 x Mitwirkung: Ordnet zunächst allein die Beispiele zu.

  Vergleicht zu zweit eure Ergebnisse und stellt sie in der Klasse vor.

Wie arbeiten Unternehmen?

Station 1   S M U H

Können auch Schüler ein erfolgreiches Unternehmen gründen?

Mehmet und Katharina kennen sich sehr gut im Internet aus und wollen ein Unternehmen gründen, das Sportkleidung im Internet verkauft. Sie haben bereits einige Ideen gesammelt, wie sie bei der Gründung vorgehen wollen. Doch weit sind sie nicht gekommen. Vervollständige ihre Liste mit mindestens drei weiteren Maßnahmen.

- Neue PCs kaufen
- Kaufmännische Weiterbildung besuchen
- …

Station 2   S M U H

Welche Unternehmen gibt es?

Luis ist ratlos. Seit einer Stunde surft er nun im Internet auf der Suche nach einem Unternehmen, das er im Unterricht präsentieren könnte. Auf den Firmen-Websites findet er so viele Infos – doch nach was sollte er suchen? Erkläre ihm mithilfe einer Mindmap, worauf es bei dieser Internetrecherche ankommt.

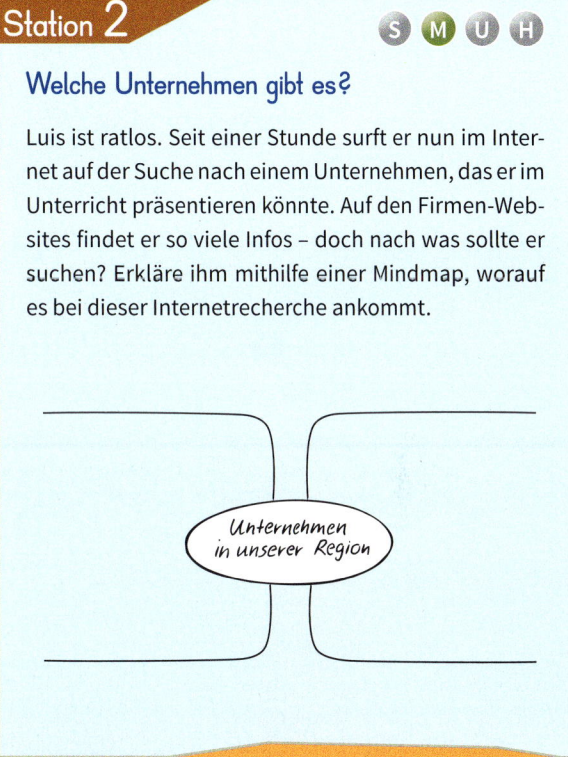

Unternehmen in unserer Region

Station 3   S M U H

Unternehmen im Wettbewerb

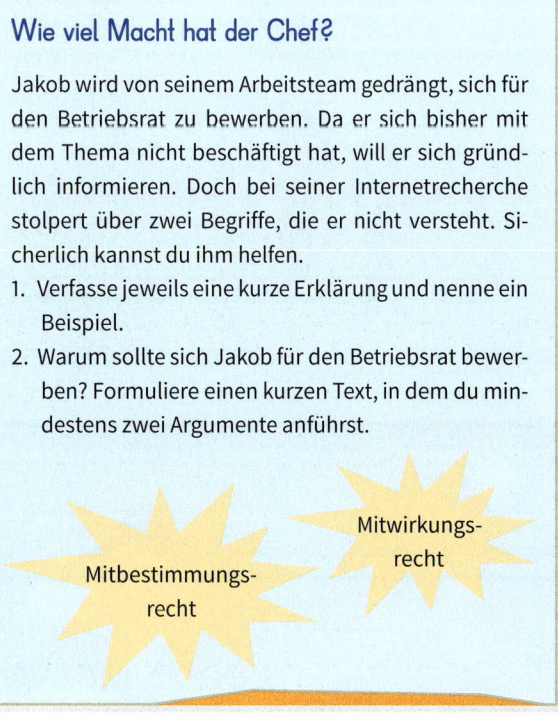

Das Foto zeigt symbolisch den Wettlauf der Unternehmer um möglichst viele Kunden.

1. Erkläre, welche Folgen der Wettbewerb für die Unternehmen und Verbraucher hat.
2. Suche dir eine Person auf dem Foto aus und erkläre ihr, wie sie im Wettbewerb die Nase vorn haben kann.
3. Was würde passieren, wenn nur ein einziger Unternehmer am Start wäre?

Station 4   S M U H

Wie viel Macht hat der Chef?

Jakob wird von seinem Arbeitsteam gedrängt, sich für den Betriebsrat zu bewerben. Da er sich bisher mit dem Thema nicht beschäftigt hat, will er sich gründlich informieren. Doch bei seiner Internetrecherche stolpert über zwei Begriffe, die er nicht versteht. Sicherlich kannst du ihm helfen.

1. Verfasse jeweils eine kurze Erklärung und nenne ein Beispiel.
2. Warum sollte sich Jakob für den Betriebsrat bewerben? Formuliere einen kurzen Text, in dem du mindestens zwei Argumente anführst.

Mitbestimmungsrecht

Mitwirkungsrecht

Über die Bedeutung von Rechten, Pflichten und Gesetzen im Alltag

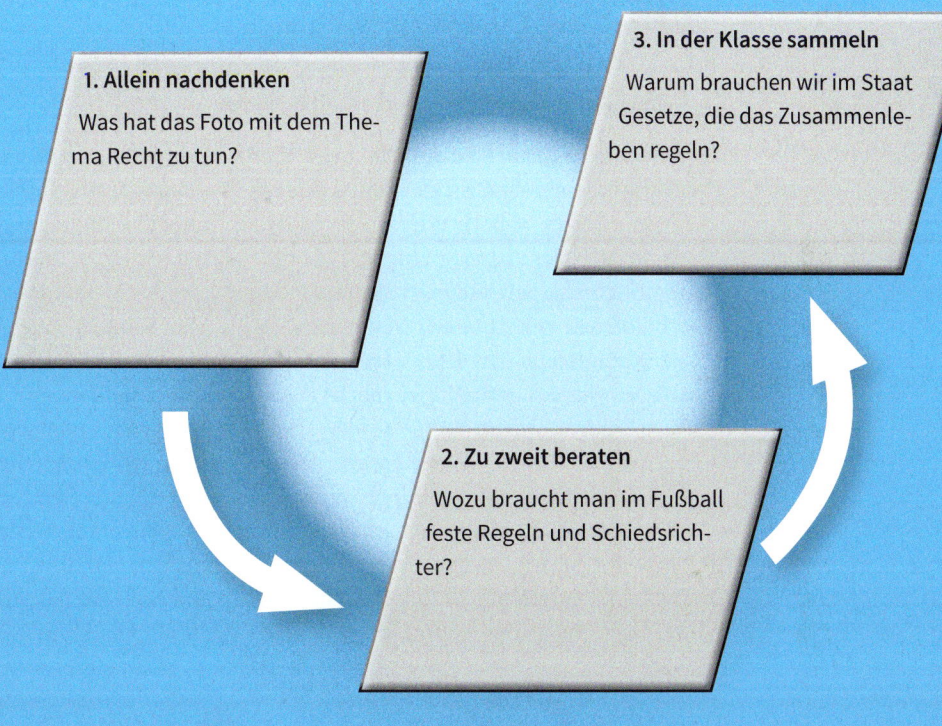

1. Allein nachdenken

Was hat das Foto mit dem Thema Recht zu tun?

2. Zu zweit beraten

Wozu braucht man im Fußball feste Regeln und Schiedsrichter?

3. In der Klasse sammeln

Warum brauchen wir im Staat Gesetze, die das Zusammenleben regeln?

Im Verlauf dieses Kapitels könnt ihr ...

- erklären, wozu wir das Recht brauchen,
- erläutern, welche Merkmale ein Rechtsstaat hat,
- die besondere Rechtsstellung von Jugendlichen beschreiben,
- die Ursachen und Hintergründe rechtsextremistischer Straftaten beurteilen.

Eigene Schwerpunkte könnt ihr setzen, indem ihr ...

- in einem Rollenspiel ein Gespräch zum Jugendarbeitsschutz nachspielt,
- an einem Fallbeispiel den Ablauf eines Gerichtsprozesses erläutert, die Gesetze auf den Fall anwendet und zu einem begründeten Urteil gelangt,
- eine Gerichtssendung im Fernsehen analysiert.

1 Wozu dient das Recht?
Die Bedeutung von Gesetzen im Alltag untersuchen

Ob ihr einkaufen geht, mit dem Fahrrad zur Schule fahrt oder euch im Kino einen Film anschaut – bei fast allen Tätigkeiten im Alltag sind Gesetze im Spiel. Zwei Beispiele findet ihr in den folgenden Texten. Ihr könnt sie mit der Methode Partnerbriefing bearbeiten (Methodenkarte dazu auf der Seite 44).

 **A** **Fälle** Fallbeispiele

1. Vorfahrt missachtet – Verkehr und Recht

„Na los! Fahr zu, du Schlafmütze!", ruft Nico seinem Freund Adem zu, als er ihn wie jeden Tag zur Schule abholt. Wie so oft sind sie spät dran, in der ersten Stunde schreiben sie eine Englischarbeit. Adem tritt nun kräftig in die Pedale seines neuen Mountainbikes. Die Kaiserstraße ist eine Vorfahrtsstraße und an diesem Morgen ziemlich belebt. „Wetten, dass ich als Erster an der Schule bin?", fordert Adem seinen Freund heraus. Er überholt Nico und legt auf der leicht abschüssigen Straße nochmals an Tempo zu. Plötzlich Reifenquietschen und ein dumpfer Knall! Ein Autofahrer ist links abgebogen – und hat dabei die entgegenkommenden Fahrradfahrer übersehen. Benommen liegt Adem auf der Straße, neben ihm das völlig zerbeulte Mountainbike. „Alles o.k. mit dir, soll ich einen Krankenwagen rufen?", fragt der Autofahrer besorgt. Doch außer ein paar Schürfwunden ist Adem glücklicherweise nichts passiert. Nach den Straßenverkehrsregeln musste der Autofahrer vor dem Abbiegen entgegenkommende Fahrzeuge passieren lassen. Nico und Adem hatten also Vorfahrt. Der Autofahrer hat gegen die Straßenverkehrsordnung verstoßen und damit den Unfall verursacht. Auch für Adem und Nico gilt das Straßenverkehrsrecht: Sie dürfen mit ihrem Rad nur so schnell fahren, dass sie es sicher lenken können und niemanden gefährden.

Das neue Mountainbike ist kaputt – was nun? Da der Autofahrer den Unfall verursacht hat, kann Adem von ihm verlangen, dass seine Versicherung den Schaden an dem Fahrrad ersetzt. Die Versicherung wird nun prüfen, ob Adem wegen überhöhter Geschwindigkeit eine Mitschuld trägt. Ist dies der Fall, wird sie den Schaden nicht vollständig ersetzen. Wären Adems Verletzungen schwerwiegender, könnte er auch Schmerzensgeld bekommen. Adem ist minderjährig, deshalb vertreten seine Eltern seine Ansprüche gegenüber dem Autofahrer.

2. Strandurlaub verdorben – Reisen und Recht

Für viele Menschen ist Urlaub die schönste Zeit des Jahres. Entpuppt sich der versprochene Traumstrand als Müllhalde, liegt ein Reisemangel vor. Das bedeutet, dass der Reiseveranstalter den Urlaubern einen Teil der Reisekosten erstatten muss.

Schulstress ohne Ende! Clara stöhnt unter den vielen Klassenarbeiten am Ende des Schuljahres. Einziger Lichtblick: ihr Urlaub in Spanien. Erstmals darf sie mit ihrer besten Freundin ohne ihre Familie reisen. Ihre Eltern haben bei einem bekannten Veranstalter für Jugendreisen 14 Tage in Spanien gebucht. Darauf freut sie sich riesig. Und im Prospekt sieht die Reise sehr vielversprechend aus: Das neu eröffnete Jugendhotel liegt direkt an einem feinsandigen Traumstrand. Vollpension mit Büfett, tolles Abendprogramm, Ausflüge und Kontakt zu vielen Jugendlichen aus ganz Europa. Alles, was zu einem rundum gelungenen Urlaub gehört! Umso größer ist ihre Enttäuschung, als sie im Urlaubsort eintrifft. Das Jugendhotel ist vollkommen überfüllt. Deshalb wird sie zusammen mit drei anderen deutschen Jugendlichen und ihrem Betreuer in einer kleinen Pension untergebracht, die sich 6 km entfernt im Landesinneren befindet. Jeden Morgen werden sie in einem kleinen Bus zwar zum Strand gebracht – doch von dem Abendprogramm bekommen sie nichts mit, auch das Essen entspricht nicht dem, was sie erwartet haben. Verzweifelt ruft sie ihre Eltern an. Diese raten ihr, sich zunächst bei ihrem Betreuer zu beschweren. „Clara, du siehst doch auch, dass wir euch in dem völlig überbuchten Hotel nicht unterbringen können. Zu der Pension hier gibt es keine Alternative. Es ist doch hier auch ganz gemütlich, am besten findest du dich damit ab", erwidert ihr Betreuer, als sie ihn darauf anspricht. Doch Clara ist der Urlaub gründlich verdorben. Sie hatte sich so darauf gefreut, neue Leute kennenzulernen und abends mit ihnen gemeinsam zu feiern.

Gleich nach ihrer Rückkehr wenden sich ihre Eltern an den Veranstalter der Reise. Er ist dafür verantwortlich, dass die Versprechen im Katalog eingehalten werden. Entspricht die Reise in einem wesentlichen Punkt nicht der Beschreibung im Katalog, muss er Schadensersatz leisten und den Eltern einen Teil der Kosten erstatten. Wenn sich der Veranstalter und die Eltern nicht einig werden, können Claras Eltern vor Gericht klagen.

1. Fasst euren Text in Stichworten zusammen und stellt ihn euch gegenseitig vor.

2. Beantwortet gemeinsam:
- Wovor schützen uns die Straßenverkehrsregeln und das Reiserecht?
- Was würde wohl passieren, wenn es im Straßenverkehr und auf Reisen keine Gesetze gäbe?

B Recht und Rechtsstaat

1. Erkläre, was man unter einer Rechtsordnung versteht.

2. Erläutere die fünf Merkmale eines Rechtsstaats.

3. Einmal angenommen, in einem Land wird die Tochter eines bekannten Politikers mit Alkohol am Steuer ertappt und festgenommen. Ihr Vater setzt mit seiner Partei im Parlament ein Gesetz durch, das die Promillegrenzen rückwirkend erheblich senkt, sodass das Verhalten seiner Tochter zum Zeitpunkt der Tat nicht mehr strafbar ist. Erkläre, warum ein solches Vorgehen in einem Rechtsstaat nicht erlaubt ist.

Warum brauchen wir Gesetze?

Überall, wo Menschen zusammenleben, benötigen sie Regeln, die für alle Menschen in dieser Gemeinschaft gelten. Sonst würden die Stärkeren ihre Interessen rücksichtslos auf Kosten der Schwächeren durchsetzen. Gesetze regeln das Zusammenleben aller Menschen im Staat. Sie schaffen Ordnung und vermitteln ein Gefühl von Sicherheit. Gesetze schützen uns vor unerlaubten Eingriffen in das Leben und ermöglichen so, dass nicht nur einige wenige, sondern alle Menschen ihre Freiheitsrechte wahrnehmen können. Die Gesamtheit aller Regeln und Gesetze bezeichnet man als Rechtsordnung. Grundlage der Rechtsordnung ist das Grundgesetz, die Verfassung Deutschlands.

Privates Recht – öffentliches Recht

Die Gesetze des privaten Rechts regeln die Rechte und Pflichten der Bürger untereinander, zum Beispiel beim Kauf von Waren, beim Mieten einer Wohnung. Das öffentliche Recht regelt die Beziehung zwischen dem Staat und seinen Bürgern. Dazu gehören zum Beispiel die Straßenverkehrsordnung, die die Sicherheit des Einzelnen im Verkehr gewährleisten soll, die Steuergesetze, die dem Staat die notwendigen Einnahmen verschaffen, aber auch alle Strafgesetze.

Merkmale des Rechtsstaats

Wir leben in einem Rechtsstaat. Das bedeutet, dass jeder Bürger, aber auch jede staatliche Einrichtung im Handeln die Gesetze beachten muss. Weitere Merkmale des Rechtsstaats sind:

- *Rechtsgleichheit*
Die Gesetze gelten für alle Bürger gleich. Es darf in der Rechtsprechung keine Rolle spielen, wie reich oder einflussreich jemand ist.

- *Rechtssicherheit*
Gesetze müssen veröffentlicht werden, damit sich jeder darüber informieren kann. Außerdem darf niemand für eine Tat bestraft werden, die zu diesem Zeitpunkt nicht verboten war.

- *Bindung der Gesetzgebung an das Grundgesetz*
Die Gesetze werden von den Abgeordneten des Deutschen Bundestages und – in einigen Fällen – von den Vertretern der Bundesländer gemacht. Doch die Abgeordneten dürfen nicht einfach Gesetze formulieren, die ihnen gerade passen. Sie müssen sich an das Grundgesetz halten.

- *Rechtswegegarantie*
Jeder Bürger, der sich in seinen Rechten verletzt fühlt, kann ein Gericht anrufen.

- *Unabhängigkeit der Richter*
Richter und Gerichte sind in ihren Entscheidungen nur an die Gesetze gebunden. Keine staatliche Behörde und kein Politiker darf ihnen Weisung erteilen oder versuchen, Einfluss auf den Ausgang eines Prozesses zu nehmen.

 Welche Bedeutung haben Gesetze im Alltag?

> **Euer Auftrag:**
>
> **1.** Ordne Punkt für Punkt den Situationen Gesetze zu und ergänze den Satz: „Die Situation hat etwas mit Recht zu tun, weil …"
>
> **2.** Vergleicht zu zweit eure Ergebnisse und ergänzt gemeinsam, wozu diese Gesetze jeweils dienen.
>
> **3.** Präsentiert eure Ergebnisse der Klasse.

Ein Tag in Paulas Leben: Was hat das mit Recht zu tun?

Paula besucht die 7. Klasse einer Gesamtschule. „Paula, jetzt wird es aber höchste Zeit, dass du aus den Federn kommst!", ruft ihre Mutter. „Ich habe heute so gar keine Lust auf Schule", murmelt Paula verschlafen. ❶ Wenig später fährt sie mit dem Fahrrad zur Schule. Beinahe wäre sie mit einem Jungen aus der Nachbarschaft zusammengestoßen. „Du hast kein Licht, so darfst du eigentlich nicht fahren!" ❷, schreit dieser sie an. Als sie ihn nicht weiter beachtet, wird er richtig wütend: „Du hirnlose Idiotin, wenn du zu blöd bist, auf dein Fahrrad zu achten, dann musst du eben laufen." ❸ Nach der Schule geht sie in den Supermarkt zum Einkaufen. Ob ihre Lieblingswürstchen noch vorrätig sind? Sie findet sie schnell, doch ganz hinten im Regal stößt sie auf eine Packung, deren Verbrauchsdatum schon abgelaufen ist. ❹ „Oh, die haben wir beim Aussortieren wohl übersehen, danke für den Hinweis", erwidert die Verkäuferin, als Paula sie darauf hinweist.

Paula freut sich schon auf ihren wöchentlichen Besuch im Tierheim, wo sie ehrenamtlich aushilft. Ganz entsetzt reagiert sie, als sie ein kleines Kätzchen entdeckt, das in einem jämmerlichen Zustand ist. Die Besitzer haben es einfach ausgesetzt, es wäre beinahe verhungert. ❺ Als sie nach Hause kommt, ist ihre Mutter gerade dabei, einige Kleidungsstücke im Internet zu bestellen. „Komm, schau mal, ob du auch etwas Schönes findest. Dann kann ich es gleich mitbestellen." Das lässt sich Paula natürlich nicht zweimal sagen. ❻

Was ist gesetzlich geregelt?

Das Verkehrsrecht umfasst nicht nur die Straßenverkehrsgesetze, sondern regelt auch, wie Fahrzeuge ausgestattet sein müssen, damit sie sicher am Verkehr teilnehmen können. xxx Das Verbraucherrecht schreibt vor, dass Händler verderbliche Waren mit einem Haltbarkeitsdatum versehen müssen. xxx Alle Kinder haben in Deutschland das Recht und die Pflicht, eine Schule zu besuchen. Die Schulpflicht dauert neun Jahre. xxx Tiere zu vernachlässigen oder zu quälen ist nach dem Tierschutzgesetz verboten und wird bestraft. xxx Wer im Internet einkauft, schließt einen Kaufvertrag ab. Weil man die Waren beim Einkauf nicht persönlich in Augenschein nehmen kann, gelten dafür besondere Gesetze. xxx Wer mit einer Beleidigung die persönliche Ehre eines anderen Menschen verletzt, kann nach dem Strafgesetzbuch mit bis zu einem Jahr Gefängnis bestraft werden.

2 Welche Rechte und Pflichten haben Jugendliche?
Gesetze auf einen Fall anwenden

A 📖✓ Fall Todmüde ins Bett

Wenn Jugendliche arbeiten, können sie nicht den gleichen Belastungen ausgesetzt werden wie Erwachsene, ihre Gesundheit muss besonders geschützt werden. Dafür wurde das Jugendarbeitsschutzgesetz geschaffen. Es gilt für alle Jugendlichen, bis sie im Alter von 18 Jahren volljährig sind. Das folgende Fallbeispiel schildert einen Konflikt, in dem es um die Anwendung dieser Bestimmungen geht.

Interessiert studiert die 15-jährige Samira die Kleinanzeigen in der Zeitung: „Der Avanti-Cateringservice sucht für leichte Arbeiten in der Küche eine zuverlässige Schülerin oder einen Schüler in den Sommerferien." Sie sucht dringend einen Ferienjob, denn sie möchte in den Herbstferien in ein Jugendcamp auf Mallorca reisen. Gleich greift sie zum Telefonhörer, bewirbt sich und wird nach einem Vorstellungsgespräch auch eingestellt. Die Arbeit macht ihr viel Spaß, doch ist es auch sehr anstrengend, acht Stunden in der Küche zu stehen. Nach wenigen Tagen bittet sie der Chef in sein Zimmer: „Samira, wir richten am Wochenende eine große Hochzeit aus. Hast du Lust und Zeit, auch mit dabei zu sein? Bei der Gelegenheit könntest du einen dicken

Zeitungen auszutragen ist ein beliebter Nebenjob für Schülerinnen und Schüler.

Zusatzverdienst einstreichen." Begeistert nickt Samira. Bei der Hochzeit wird sie vor allem im Service eingesetzt. Ohne Pausen ist sie den ganzen Tag über viele Stunden auf den Beinen. Gegen Mitternacht fällt sie todmüde, doch sehr zufrieden ins Bett. Am Donnerstag der folgenden Woche findet Samiras Mutter ihre Tochter schlafend auf dem Sofa. „Nanu, was ist denn mit dir los?" „Ach Mami, ich bin so furchtbar müde, ich könnte zwanzig Stunden schlafen." „Das ist auch kein Wunder, du arbeitest schließlich seit zehn Tagen durch. Samira, du musst unbedingt mit deinem Chef reden."

„Ach Mami, denk doch nur mal an das viele Geld, das ich verdiene. Ich will es mir mit meinem Chef nicht verderben, schließlich möchte ich auch im nächsten Jahr dort arbeiten." „Also, wenn du nichts unternimmst, rede ich mit ihm."

Was ist erlaubt, was verboten?

Nach dem Jugendarbeitsschutzgesetz können Jugendliche ab 13 Jahren leichte Arbeiten für zwei Stunden am Tag übernehmen. Ab 15 Jahren können schulpflichtige Jugendliche in den Ferien für höchstens vier Wochen einen Ferienjob übernehmen. Die Arbeitszeit darf höchstens vierzig Stunden pro Woche betragen. Grundsätzlich soll die Arbeitszeit zwischen 6 und 20 Uhr (in der Gastronomie bis 22 Uhr) liegen. Zwischen Arbeitsende und erneutem Arbeitsbeginn müssen mindestens zwölf Stunden Freizeit liegen. Grundsätzlich ist das Wochenende arbeitsfrei. Ausnahmen sind erlaubt, doch dürfen Jugendliche insgesamt nicht mehr als fünf Tage in der Woche arbeiten.

---

1. Samira fühlt sich bei ihrer Arbeit wohl – und trotzdem soll sie sich bei ihrem Chef beschweren. Erkläre, warum.

2. Überprüfe, ob ihr Chef gegen Bestimmungen des Jugendarbeitsschutzgesetzes verstoßen hat.

3. Haltet ihr die Bestimmungen des Jugendarbeitsschutzgesetzes für zu streng, angemessen oder zu locker? Diskutiert darüber in der Klasse.

Was auch noch interessant sein kann:

- im Rollenspiel Samiras Gespräch mit ihrem Chef nachspielen
- sich genauer über die Bestimmungen des Jugendarbeitsschutzgesetzes informieren, zum Beispiel bei Wikipedia.

B Rechte und Pflichten von Jugendlichen

Manche 15-Jährige fühlen sich sicherlich schon erwachsen und träumen davon, frei von Einschränkungen und lästigen Vorschriften zu sein. Erwachsen zu werden bedeutet jedoch, einen langjährigen Reifeprozess zu durchlaufen. Mit jedem Jahr, das sie älter werden, wachsen Jugendliche in neue Rechte und Pflichten hinein, bis sie schließlich im Alter von 18 Jahren volljährig werden.

Neben dem Arbeitsschutzgesetz soll auch das **Jugendschutzgesetz** Jugendliche vor Gefahren schützen.

Alkohol und Tabak: Zigaretten und branntweinhaltige Produkte (zum Beispiel Wodka oder Schnaps) dürfen an Jugendliche unter 18 Jahren nicht verkauft werden. In Kinos darf für diese Produkte erst nach 18 Uhr geworben werden. Alkoholische Getränke wie Bier, Wein oder Sekt dürfen an Jugendliche erst ab 16 Jahren verkauft werden.

Filme, Computerspiele: Kinofilme und auch Computerspiele müssen mit einer Altersgrenze gekennzeichnet werden. Jugendgefährdende Schriften oder Medien können verboten werden.

Gaststätten und Diskotheken: Jugendliche dürfen sich ab 16 Jahren in Gaststätten und Diskotheken bis 24 Uhr aufhalten. Der Besuch von Nachtclubs ist erst ab 18 Jahren erlaubt.

Die Rechte der Kinder und Jugendlichen

Lebensalter ▼

- **0** Jedes Kind ist von Geburt an rechtsfähig
- **5** Namensänderung nur mit Einwilligung des Kindes
- **6** Beginn der allgemeinen Schulpflicht nach den Landesschulgesetzen; Kinobesuch bis 20 Uhr; Filme, PC-Spiele usw. „ab 6 Jahren", mit Eltern auch Filme „ab 12"
- **7** beschränkt geschäftsfähig; selbstständige Käufe mit dem eigenen Taschengeld; zivilrechtlich beschränkt deliktsfähig

Lebensalter ▼

- **12** Zustimmung bei einem Religionswechsel; Filme, PC-Spiele usw. „ab 12 Jahren"
- **13** Leichte und geeignete Arbeiten sind stundenweise erlaubt
- **14** religionsmündig; Anhörungs- bzw. Mitentscheidungsrecht in familien- und sorgerechtlichen Fragen; bedingt strafmündig; Kinobesuch bis 22 Uhr
- **15** Nach 9 Schuljahren endet die allgemeine Schulpflicht; Ende des Beschäftigungsverbots

© Erich Schmidt Verlag

ZAHLENBILDER

130 210

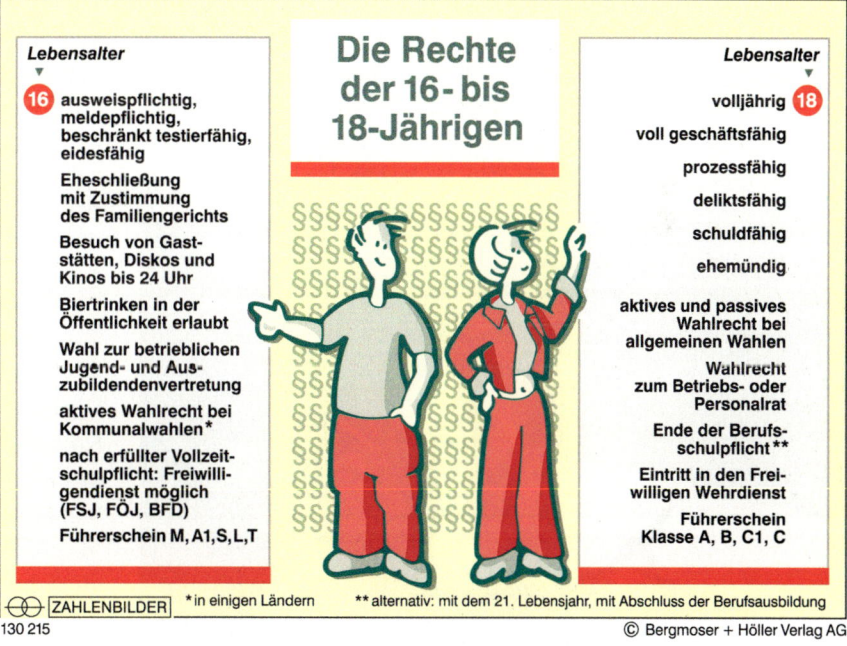

Die Rechte der 16- bis 18-Jährigen

Lebensalter ▼

- **16** ausweispflichtig, meldepflichtig, beschränkt testierfähig, eidesfähig

  Eheschließung mit Zustimmung des Familiengerichts

  Besuch von Gaststätten, Diskos und Kinos bis 24 Uhr

  Biertrinken in der Öffentlichkeit erlaubt

  Wahl zur betrieblichen Jugend- und Auszubildendenvertretung

  aktives Wahlrecht bei Kommunalwahlen*

  nach erfüllter Vollzeitschulpflicht: Freiwilligendienst möglich (FSJ, FÖJ, BFD)

  Führerschein M, A1, S, L, T

Lebensalter ▼

- **18** volljährig

  voll geschäftsfähig

  prozessfähig

  deliktsfähig

  schuldfähig

  ehemündig

  aktives und passives Wahlrecht bei allgemeinen Wahlen

  Wahlrecht zum Betriebs- oder Personalrat

  Ende der Berufsschulpflicht**

  Eintritt in den Freiwilligen Wehrdienst

  Führerschein Klasse A, B, C1, C

ZAHLENBILDER   *in einigen Ländern   **alternativ: mit dem 21. Lebensjahr, mit Abschluss der Berufsausbildung

130 215   © Bergmoser + Höller Verlag AG

1. Beschreibe, welche Rechte und Pflichten du in deinem Alter hast.

2. Mit 14 Jahren wird man strafmündig. Das bedeutet auch, dass man ab diesem Alter die Pflicht hat, die Gesetze eigenverantwortlich einzuhalten. Welche weiteren Pflichten kannst du dem Schaubild entnehmen?

3. In jüngster Zeit wird ein grundsätzliches Alkoholverbot für Jugendliche unter 18 Jahren diskutiert. Nimm Stellung zu dem Vorschlag und diskutiert anschließend in der Klasse darüber.

153

3 Jugendliche vor Gericht: eine Tat – zwei Prozesse
Prozessarten vergleichen und Gesetzestexte verstehen

Der im Folgenden berichtete Fall hat sich tatsächlich so ereignet. Aus Datenschutzgründen haben wir lediglich die Namen der Beteiligten geändert.

A 📖 Fall Eine Party mit lebensgefährlichen Folgen

Für den Abend des 2. Novembers war der 16-jährige Julian Berger von seinem Freund Arne Krüger zu einer Feier in der Scheune seiner Eltern eingeladen worden. Zur Party brachte er einige Dosen Energydrink sowie eine Flasche Rotwein mit. In der Zeit bis etwa 22:30 Uhr trank Julian die von ihm mitgebrachte Flasche Rotwein nahezu allein aus. Außerdem trank er noch einige Pappbecher voll mit einem Rum-Cola- und Rum-Energydrink-Gemisch und zuletzt auch noch mindestens ein Bier.

Gegen 22:30 Uhr beschloss Julian mit drei weiteren Partygästen, gemeinsam Haschisch zu rauchen. Julian ging mit den anderen Gästen auf die Straße „Kaiserring" bis etwa in Höhe der dort befindlichen Bushaltestelle, wo sie stehen blieben. In diesem Moment kam Andreas Kollmann mit seinem PKW von der Spätschicht nach Hause.

Julian fühlte sich in dem geplanten Haschisch-Konsum durch die Lichter des Wagens und das Erscheinen von Andreas Kollmann gestört und wurde nahezu sofort aggressiv. Er beleidigte Andreas Kollmann, dabei hatte er bereits das mitgeführte Butterflymesser gezogen und geöffnet.

Die drei anderen Gäste baten Julian Berger noch, damit aufzuhören, liefen dann aber voller Angst davon. Herr Kollmann reagierte auf die Beschimpfungen nicht und drehte sich um, um in sein Haus zu gehen. Julian fühlte sich durch die Bewegung bedroht, griff Andreas Kollmann mit dem Messer an und fügte ihm einen 5 cm tiefen Stich unterhalb des linken Schulterblatts, einen weiteren Stich von etwa 2 cm sowie eine oberflächliche Schnittverletzung im Halsbereich zu. Er war sich dabei bewusst, dass ein Messerstich im Rücken das Leben Andreas Kollmanns gefährden konnte. Andreas Kollmann war lebensgefährlich verletzt, konnte jedoch über Handy einen Krankenwagen herbeirufen. Nur den im Krankenwagen sofort eingeleiteten Maßnahmen verdankt er sein Leben.

Julian Berger ging in verwirrtem Zustand in die Scheune zurück. Als sein Freund das Blut auf dem Messer sah, flüchtete er in Panik. Wenig später griff ihn die Polizeistreife auf. Eine Blutprobe ergab 1,42 Promille. Andreas Kollmann war nach seinem Krankenhausaufenthalt fast einen Monat krankgeschrieben. Die psychischen Folgen der Tat hat er bis zum Prozessbeginn noch nicht verwunden: Trotz mehrfacher nervenärztlicher Behandlungstermine unternahm er einen Selbstmordversuch.

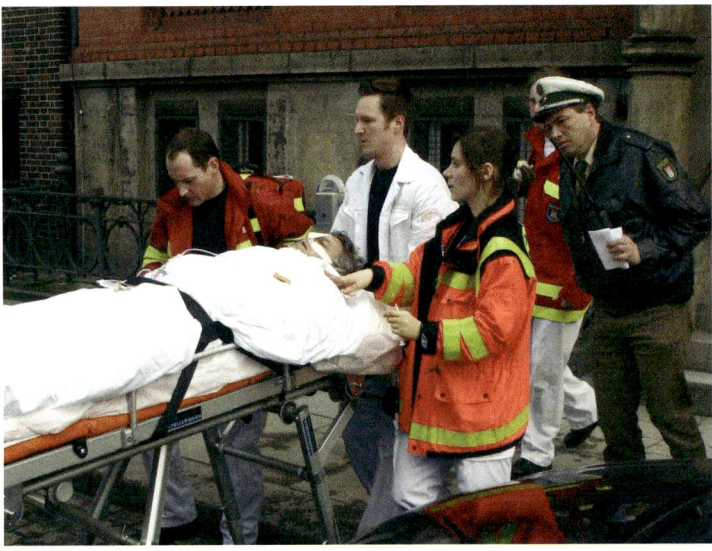

Opfer von Gewalttaten wie Andreas Kollmann leiden oft noch jahrelang unter den Folgen der Tat – auch wenn die körperlichen Schäden längst geheilt sind.

1. Wie erklärst du dir Julians Verhalten?

Fallstudie: Julian Berger vor Gericht

Julian Bergers Tat hat gleich zwei Prozesse zur Folge: zunächst einen Strafprozess und anschließend einen Prozess vor dem Zivilgericht. Mit einer arbeitsteiligen Gruppenarbeit könnt ihr die Hintergründe der Tat, die gesetzlichen Grundlagen und den Ablauf der Prozesse untersuchen und anschließend in der Klasse präsentieren.

1. Gruppen bilden	Teilt die Gruppe in zwei Hälften. Die eine beschäftigt sich mit dem Strafprozess (Gruppe A), die anderen mit dem Zivilprozess (Gruppe B). Innerhalb der beiden großen Gruppen kann in Kleingruppen gearbeitet werden.
2. Analyse der Tat	Wie jeder Jurist solltet ihr zunächst genau den Tathergang analysieren: ● Wer waren die Beteiligten? ● Wie war der Ablauf der Tat? ● Welche Folgen hatte die Tat für das Opfer?
3. Erschließung: Gerichtsprozess und gesetzliche Grundlagen	Mithilfe der Materialien könnt ihr die beiden Prozesse sowie die gesetzlichen Grundlagen untersuchen und eine Präsentation vorbereiten. Wendet dabei auch die Methodenkarte „Gesetzestexte lesen und verstehen" (S. 160) auf die jeweiligen Gesetze an. An folgenden Fragen könnt ihr euch orientieren: ● Wofür ist ein Strafgericht bzw. Zivilgericht zuständig? ● Wer sind die Beteiligten an dem Prozess? ● Wie verläuft ein Prozess vor dem Strafgericht bzw. Zivilgericht? ● Was ist für die Urteilsfindung im Fall Julian Berger wichtig? ● Welches Urteil haltet ihr für angemessen? Formuliert ein Urteil und begründet es.
Präsentation der Ergebnisse	Präsentiert die Ergebnisse eurer Gruppenarbeit vor der Klasse. Anschließend kann die Klasse über das Urteil diskutieren: Haltet ihr es für gerecht? Hat euch die Urteilsbegründung überzeugt?

Was auch noch interessant sein kann:

● einen Gerichtsbesuch planen und durchführen

● Presseberichte über Gerichtsprozesse sammeln und auswerten

● eine Gerichtssendung im Fernsehen auf ihre Realitätsnähe untersuchen

B Der Strafprozess

Aus dem Strafgesetzbuch (StGB)

§ 223 Körperverletzung

(1) Wer eine andere Person körperlich misshandelt oder an der Gesundheit schädigt, wird mit Freiheitsstrafe bis zu fünf Jahren oder mit Geldstrafe bestraft.

§ 224 Gefährliche Körperverletzung

(1) Wer die Körperverletzung

1. durch Beibringung von Gift oder anderen gesundheitsschädlichen Stoffen,
2. mittels einer Waffe oder eines anderen gefährlichen Werkzeugs,
3. mittels eines hinterlistigen Überfalls,
4. mit einem anderen Beteiligten gemeinschaftlich,
5. mittels einer das Leben gefährdenden Behandlung begeht, wird mit Freiheitsstrafe von sechs Monaten bis zu zehn Jahren, in minder schweren Fällen mit Freiheitsstrafe von drei Monaten bis zu fünf Jahren bestraft.

Aus dem Plädoyer des Rechtsanwalts:
„... deshalb halte ich für Julian Berger eine Jugendstrafe von sechs Monaten auf Bewährung für angemessen."

Aus dem Plädoyer der Staatsanwältin:
„... deshalb fordere ich für Julian Berger eine Jugendstrafe von zwölf Monaten ohne Bewährung."

Was ist für die Urteilsfindung wichtig?

Der Angeklagte wuchs zusammen mit seinem vier Jahre älteren Bruder Alexander im Haus seiner Eltern auf, wo er bis heute lebt. Trotz einer Hauptschulempfehlung wechselte er nach der Grundschule auf die Freiherr-von-Stein-Realschule und zeigte dort bis zur 7. Klasse gute Leistungen. Ab der 8. Klasse verschlechterten sich seine Leistungen.

Alkohol trank der Angeklagte bis zur Tat lediglich unregelmäßig und in geringen Mengen auf Partys mit Freunden. Im Alter von 15 Jahren kam der Angeklagte erstmals mit Haschisch in Kontakt, welches er bis zur Tat etwa vier- bis fünfmal monatlich konsumierte.

Der Angeklagte ist nicht vorbestraft. Er war zum Zeitpunkt der Tat 16 Jahre und drei Monate alt und damit Jugendlicher. An seiner strafrechtlichen Verantwortungsreife bestehen nach dem persönlichen Eindruck keine Zweifel.

Gegen den Angeklagten war wegen der Schwere der Schuld gemäß § 17 Jugendschutzgesetz Jugendstrafe zu verhängen.

Dabei war für das Gericht insbesondere die Schwere des durch die Tat angerichteten Schadens ausschlaggebend. Das Opfer hat dadurch nicht nur körperlich erhebliche Schäden davongetragen, sondern leidet bis heute an den psychischen Folgen der Tat. Zugunsten des Angeklagten hat das Gericht berücksichtigt, dass dieser geständig war und die Tat zutiefst bereut. Erheblich zugunsten des Angeklagten ist auch ins Gewicht gefallen, dass nicht ausgeschlossen werden konnte, dass der Angeklagte zur Tatzeit im Zustand erheblich verminderter Schuldfähigkeit gehandelt hat.

Das Gericht geht davon aus, dass der Angeklagte keine weiteren Straftaten begehen wird. Er arbeitet die Hintergründe seiner Tat in einer von ihm regelmäßig besuchten Therapie auf und führt auch einen Täter-Opfer-Ausgleich durch.

Seinen Alkohol- und Haschischkonsum, welcher wesentlicher Auslöser der Tat war, hat er erheblich eingeschränkt.

Strafprozess

Was ist ein Strafprozess?

Ein Strafprozess wird eingeleitet, wenn jemand unter begründetem Verdacht steht, eine Straftat begangen zu haben, also gegen Gesetze des Strafgesetzbuchs verstoßen zu haben. Ankläger ist der Staat, der bei dem Prozess durch den Staatsanwalt vertreten ist.

Anklage

Kinder und Jugendliche unter 14 Jahren sind nicht strafmündig. Das heißt, sie können nicht vor Gericht gestellt werden. Jugendliche von 14 bis 18 Jahren können vor einem Jugendgericht angeklagt werden. Heranwachsende Straftäter im Alter von 18 bis 21 Jahren können ebenfalls nach dem Jugendgerichtsgesetz verurteilt werden, wenn sie zum Zeitpunkt der Tat in ihrer Reife Jugendlichen nahestehen. Das entscheidet der Richter im Einzelfall.

Prozessbeteiligte

Die Zusammensetzung des Gerichts hängt von der Schwere der Straftat ab: Bei einfacheren Straftaten besteht es aus einem Richter. Er leitet die Verhandlung und ist in seinen Entscheidungen nur an die geltenden Gesetze gebunden. Sonst ist er unabhängig. Ist die Straftat schwerwiegender, wird der Richter oder die Richterin von zwei ehrenamtlichen Schöffen unterstützt. Dabei haben sie die gleichen Rechte wie ein Richter. In besonders schweren Fällen, zum Beispiel bei Mord, besteht das Gericht aus drei Richtern und zwei Schöffen. Stellvertreter des Staates ist der Staatsanwalt. Die Interessen des Angeklagten vertritt ein Rechtsanwalt (Verteidiger).

Strafen

Je nach Schwere der Tat kann das Gericht entweder eine Geldstrafe oder auch eine Gefängnisstrafe aussprechen. Ist zu erwarten, dass der Angeklagte künftig nicht mehr straffällig wird, kann das Gericht die Strafe zur Bewäh-

1. Ermittelt mithilfe der Info, welches Gericht für Julian Berger zuständig ist.
2. Prüft, welche Gesetze im Fall Julian Berger anzuwenden sind.
3. Erklärt, welche Möglichkeiten der Strafe ein Jugendgericht hat.
4. Formuliert ein Urteil und begründet es.

rung aussetzen. Das bedeutet, dass er zunächst nicht ins Gefängnis muss, sich aber über einen längeren Zeitraum einwandfrei zu verhalten hat.

Erziehungsmaßnahmen

Das Gericht prüft zunächst, ob sogenannte Erziehungsmaßnahmen angebracht sind. So kann das Gericht zum Beispiel verfügen, dass der Jugendliche

- eine Lehrstelle oder eine Arbeitsstelle annehmen muss,
- gemeinnützige Arbeiten zum Beispiel in einem Altenheim oder einer Jugendeinrichtung verrichten muss,
- für einige Zeit in einem Heim oder in einer Pflegefamilie untergebracht wird.

Wenn eine besonders schwere Schuld vorliegt, wird eine Jugendstrafe verhängt. Das bedeutet eine Freiheitsstrafe von mindestens sechs Monaten und höchstens zehn Jahren.

Der Gang eines Strafverfahrens

C Der Zivilprozess

Aus dem Bürgerlichen Gesetzbuch (BGB)

§ 823 Schadensersatzpflicht
(1) Wer vorsätzlich oder fahrlässig das Leben, den Körper, die Gesundheit, die Freiheit, das Eigentum oder ein sonstiges Recht eines anderen widerrechtlich verletzt, ist dem anderen zum Ersatz des daraus entstehenden Schadens verpflichtet. [...]

§ 253 Immaterieller Schaden
(2) Ist wegen der Verletzung des Körpers, der Gesundheit, der Freiheit oder der sexuellen Selbstbestimmung Schadenersatz zu leisten, kann auch wegen des Schadens, der nicht Vermögensschaden ist, eine billige Entschädigung in Geld gefordert werden.

Aus der Klageschrift:
„Der Kläger beantragt, den Beklagten Julian Berger zu verurteilen, dem Kläger ein Schmerzensgeld von 10000 Euro zu zahlen, abzüglich der bereits gezahlten 6000 Euro. Die Kosten des Verfahrens trägt der Beklagte."

Aus der Erwiderung des Beklagten
„Der Beklagte beantragt, die Klage abzuweisen."

Was ist für die Urteilsfindung wichtig?

Der Beklagte räumt seine Tat und deren Folgen in vollem Umfang ein. Bei der Bemessung des Schmerzensgelds fällt neben der schweren Körperverletzung, die offenbar ohne Komplikationen ausgeheilt war, und dem Aufenthalt in der Intensivstation besonders die Todesangst ins Gewicht, die der Kläger bis zur lebensrettenden Operation auszustehen hatte. Es ist ohne Weiteres leicht nachvollziehbar, dass der Kläger bis zum Beginn der Operation damit rechnete, den Angriff nicht zu überleben.

Erhebliche Beeinträchtigungen gehen außerdem mit der Depression einher. Andererseits kann bei der Bemessung des Schmerzensgelds das Verhalten des Beklagten in der Zeit nach der Tat nicht außer Acht gelassen werden.

Dem Kläger ist infolge der Tat ein erheblicher Teil seiner Lebensfreude genommen. Der Vorfall hat ihn fast mehr psychisch als körperlich getroffen. Er hat nunmehr Angst, sich auf größere Feierlichkeiten zu begeben, und meidet es, sich überhaupt unter Menschen zu mischen. Er hat keine Lust mehr auf die Ausübung früherer Hobbys und Teilnahme an Aktivitäten. Inzwischen hat er sich in nervenärztliche Behandlung begeben, bei der eine Depression mit Selbstmordgefahr diagnostiziert wurde. Der Beklagte verweist darauf, dass der Kläger bereits 6000 Euro Schmerzensgeld für die Verletzungen, die Todesgefahr und die Einbuße an Lebensfreude erhalten hat. Zum Zeitpunkt der Tat war Julian Berger nach einem psychiatrischen Gutachten wahrscheinlich nur eingeschränkt in der Lage, sein Verhalten zu steuern. Berücksichtigt werden muss auch, dass Julian Berger seine Tat voll eingestanden hat und in einem Strafprozess bereits zu einer Jugendstrafe verurteilt wurde. Zudem hat sich sein Leben aufgrund der Tat grundlegend verändert: Er hat die Schule gewechselt und seinen Freundeskreis verloren.

Zivilprozess

Was ist ein Zivilprozess?

„Der Zivilprozess ist ein Gerichtsverfahren, in dem Rechtsstreitigkeiten unter Bürgern verhandelt werden. Jeder, der sich in seinen Rechten verletzt sieht und sich mit seinem Gegenüber auf andere Weise nicht einigen kann, kann eine Klage bei Gericht einreichen. Meistens stutzt sich eine solche Klage auf Bestimmungen im Bürgerlichen Gesetzbuch. Dieses regelt die rechtlichen Beziehungen zwischen Privatpersonen. Weitaus die meisten Rechtsfälle werden vor einem Zivilgericht verhandelt.

Prozessbeteiligte

In einem Zivilprozess treffen Kläger und Beklagte aufeinander. Dabei werden sie meistens von Rechtsanwälten vertreten, die jeweils die Interessen ihrer Mandanten wahrnehmen. Bereits vor dem Prozess formuliert der Rechtsanwalt die Klageschrift, in der die Forderungen des Klägers begründet werden. Der gegnerische Rechtsanwalt formuliert dann eine Erwiderung. Bei dem Gerichtstermin tragen die Anwälte wichtige Tatsachen und Argumente vor, die die Grundlage für die Entscheidung des Richters bilden. Geleitet wird die Verhandlung von einem Richter. Er spricht auch das Urteil aus. Dabei muss er sich an die Gesetze halten.

Das Urteil

Das Verfahren kann entweder in einem Vergleich enden, also einem Kompromiss, auf den sich die Parteien vor Gericht einigen. Ist das nicht möglich, endet das Verfahren mit einem Urteil: Der Richter weist die Klage ab oder gibt ihr teilweise oder vollständig statt. In diesem Fall muss der Beklagte die Forderung des Klägers erfüllen. Eine Strafe kann ein Zivilgericht nicht aussprechen.

1. Ermittelt mithilfe der Info, welches Gericht für Julian Berger zuständig ist.
2. Prüft, welche Gesetze im Fall Julian Berger anzuwenden sind.
3. Erklärt, welche Möglichkeiten das Gericht hat, auf die Klage zu reagieren.
4. Formuliert ein Urteil und begründet es.

Zuständigkeit des Gerichts

In Zivilsachen ist das Amtsgericht zuständig für Streitsachen im Wert von bis zu 5 000 Euro. Liegt der Streitwert höher, wird der Fall vor einem Landgericht verhandelt. Wenn Beklagte mit dem Urteil nicht einverstanden sind, können sie Berufung einlegen. Das bedeutet, dass der Fall noch einmal vor einem höheren Gericht verhandelt wird. Wenn sie dort unterliegen, müssen sie die Kosten für den gesamten Prozess übernehmen.

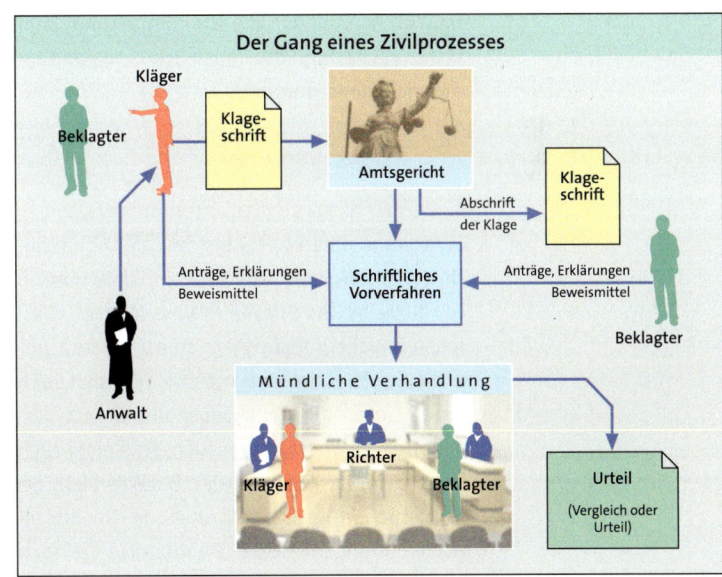

Der Gang eines Zivilprozesses

Gesetzestexte lesen und verstehen

Worum geht es?

Gesetzestexte sind eine besondere Textart. Auf den ersten Blick wirken sie oft unverständlich. Das liegt daran, dass sie in einer besonderen Sprache verfasst sind: Sie sind sehr allgemein formuliert, sodass sie für eine möglichst große Zahl von Fällen zutreffen. Auch kommen häufig Wörter darin vor, die wir im Alltag nur sehr selten verwenden oder auch in einem ganz anderen Zusammenhang.

Wie macht man das?

1. Du klärst, was du erfahren möchtest.

Wenn man einen Gesetzestext oder einen anderen juristischen Text liest, möchte man in der Regel etwas Spezielles wissen, z. B. „Darf ich als nicht Volljährige/r einen Vertrag abschließen?". Manchmal möchte man sich auch einen Gesamtüberblick über ein Gesetz verschaffen. Dann fragt man sich, was eigentlich in dem Text geregelt wird, z. B. „Was steht im Bürgerlichen Gesetzbuch über die Rechte eines Wohnungsmieters?". Beantworte – je nach Leseauftrag – vor dem Lesen mindestens eine der beiden Fragen:
a) Was möchte ich gerne wissen?
b) Was ist in diesem Gesetz oder Dokument insgesamt geregelt?

Thema: Der Fall Julian Berger

2. Du notierst nach dem ersten Lesen, was du schon verstanden hast.

Auch wenn man vielleicht nicht alles beim ersten Lesen versteht, ein wenig versteht man immer. Das solltest du notieren, bevor du weiterarbeitest.

3. Du klärst die Bedeutung der gefundenen Schlüsselbegriffe.

Beim zweiten Lesen musst du Wort für Wort vorgehen, weil du davon ausgehen kannst, dass in diesen Texten jedes Wort wohlüberlegt wurde, bevor man es verwendet hat. Einzelne Wörter, wie zum Beispiel „Geschäftsfähigkeit", „Minderjähriger" usw., haben eine herausragende Bedeutung. Suche nach solchen Wörtern, notiere sie und kläre ihre Bedeutung.

4. Du übersetzt den Text in eine Sprache, die du und andere verstehen können.

Mache es wie bei einem fremdsprachigen Text. Übersetze ihn in eine allgemein verständliche Sprache, am besten laut und gegenüber einer anderen Person: „Ich erkläre dir jetzt, was der Taschengeldparagraf darüber aussagt, ob du dir als 16-Jähriger ein Motorrad kaufen darfst …" Wenn du das schaffst, hast du auch den schwierigen juristischen Text verstanden.

5. Du wendest den Text auf einen Fall an.

Prüfe für jede einzelne Bestimmung, ob sie auf das Fallbeispiel zutrifft. Was sagt das Gesetz über den speziellen Fall aus?

Beispiel: § 223 Strafgesetzbuch

„Wer eine andere Person körperlich misshandelt …"
Julian hat durch den Messerstich Andreas Kollmann körperlich misshandelt.
„… wird mit einer Freiheitsstrafe bis zu fünf Jahren oder mit Geldstrafe bestraft."
Für Julian kommt also sowohl eine Geldstrafe als auch eine Freiheitsstrafe infrage.

 D Wie kann man die Unterschiede zwischen Straf- und Zivilprozess veranschaulichen?

Es gibt zwei Arten von Prozessen

Der Strafprozess **Der Zivilprozess**

Vor Gericht wird ein Konflikt zwischen zwei Privatpersonen ausgetragen.

Hier vertritt ein Staatsanwalt die Interessen des Staates (der öffentlichen Ordnung).

Es ist ein freiwilliger Prozess.

Es wird keine Strafe ausgesprochen, sondern es geht um die Wiedergutmachung eines Schadens.

Es ist ein Streit zwischen der staatlichen Ordnung und dem Angeklagten.

Bei ausreichenden Verdachtsmomenten ist die Anklage Pflicht.

Ankläger und Angeklagter stehen sich gegenüber.

Zwei Privatpersonen (Kläger und Beklagter) stehen sich gegenüber.

Hier braucht man keinen Staatsanwalt.

Es geht um die Feststellung einer Schuld. Entweder wird eine Strafe verhängt oder der Angeklagte freigesprochen.

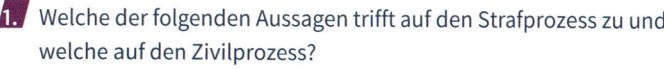

Euer Auftrag:

1. Welche der folgenden Aussagen trifft auf den Strafprozess zu und welche auf den Zivilprozess?

2. Gestaltet aus den zehn Aussagen ein möglichst übersichtlich gegliedertes Tafelbild, bei dem auch die jeweils passenden Sätze nebeneinanderstehen. Das geht am besten in Partnerarbeit. Welche Partner finden die beste Lösung?

4 Wie soll man auf Straftaten junger Extremisten reagieren? – Beispiel Rechtsextremismus

Diskutieren, welche Maßnahmen sinnvoll sind

A Beispiele für rechte Gewalt

Straftaten mit rechtsextremem Hintergrund sind besonders menschenverachtend. Sie haben ihren Ursprung in rechtsextremen, rassistischen und ausländerfeindlichen Einstellungen der Täter. Opfer der Taten sind fast immer Unschuldige. Die Tatsache, dass sie eine andere Nationalität, Hautfarbe, Religion haben oder anders aussehen, genügt den Tätern als Motiv. Im Zusammenhang mit der Flüchtlingskrise haben solche Straftaten seit 2015 drastisch zugenommen. Unter den Tätern sind viele junge Menschen – meist männlich.

Die folgenden Fälle haben sich im Abstand weniger Tage Anfang 2016 in Nordrhein-Westfalen ereignet.

1. Rassismus in der Regionalbahn

3. Februar, Krefeld. In einer Regionalbahn von Duisburg nach Krefeld hat ein älteres Ehepaar eine Frau und ihr hörbehindertes Kind mit rassistischen Äußerungen beleidigt und geschlagen. Nach Polizeiangaben weinte das dreijährige, hörbehinderte Kind einer 39-jährigen Krefelderin in der Regionalbahn und ließ sich nicht direkt beruhigen. Ein älteres Ehepaar fühlte sich offensichtlich durch das weinende Kleinkind gestört, teilte die Polizei mit. Zuerst beleidigten sie die Mutter, die mit einem osteuropäischen Akzent sprach, mit rassistischen Äußerungen. Dann beleidigten sie auch noch das Kind mit menschenverachtenden Worten, sagte die Polizei. Die Mutter versuchte, das Paar mit dem Handy zu fotografieren. Um dies zu verhindern, schlug die Frau der Mutter die Handtasche gegen den Arm.

(Aus: www.rp-online.de vom 3.2.2016, verf. von Katrin Haas)

2. Anschlag auf ein Flüchtlingsheim

19. Januar, Detmold. In der Nacht explodierte in der Nähe einer Asylunterkunft ein Sprengkörper. Anwohner berichten, dass durch die Explosion Fensterscheiben gewackelt hätten. Die Ermittler fanden „Teile eines undefinierbaren Sprengkörpers". Verletzt wurde niemand. Aufgrund der Nähe zu einer Asylunterkunft ist der Staatsschutz Bielefeld in die Ermittlungen eingebunden. Bereits kurz zuvor hatte ein Jugendlicher mit einem Luftdruckgewehr auf die Asylunterkunft geschossen.

(Aus: Lippische Landeszeitung vom 19.01.2016, www.lz.de, verf. von Seda Hagemann, Zugriff: 31.10.2016)

3. Angriff mit Pfefferspray auf jugendliche Asylanten

25. Januar, Bielefeld. Zwei 16-jährige Asylsuchende standen gegen 22:00 Uhr vor einem Hotel. Auf der gegenüberliegenden Straßenseite tauchten drei junge Männer auf. Sie gingen auf die Asylsuchenden zu und sprachen sie auf Englisch an. Unvermittelt griff einer der Männer die Jugendlichen laut Polizei mit einem „Reizstoffspray" an. Die beiden konnten sich in die Lobby des Hotels flüchten und wurden später im Krankenhaus ambulant versorgt. Die Angreifer flüchteten unerkannt.

(Aus: www.presseportal.de vom 25.01.2016, verf. von ots, Zugriff: 31.10.2016)

Weitere Fälle sind auf der Website der Aktion Mut gegen rechte Gewalt dokumentiert. Sie enthält eine Sammlung rechtsextremer Gewalttaten in Deutschland. www.mut-gegen-rechte-gewalt.de

1. Untersuche die drei Fälle mithilfe der folgenden Vorgaben:

A Die Täter
- Was haben sie getan?
- Welche Fragen würdest du ihnen stellen?
- Was sollte man mit ihnen tun?

B Die Opfer
- Was wurde ihnen angetan?
- Welche körperlichen und seelischen Folgen hat die Tat für sie?
- Wie kann ihnen geholfen werden?

B Hintergrund: Welche Gefahr geht von rechtsextremistischen Straftätern aus?

Was ist Rechtsextremismus?

Zum Extremisten wird ein Mensch, wenn er keine andere Ansicht als seine eigene gelten lässt und die Regeln und Gesetze, nach denen die Demokratie funktioniert, ablehnt. Rechtsextremisten vertreten die Ansicht, dass nicht alle Menschen gleich sind. Sie stellen das eigene Land über alles und sind überzeugt, dass Deutsche anderen Nationen überlegen sind. Folgende Merkmale gelten darüber hinaus:

- Viele Rechtsextreme verherrlichen die Zeit des Nationalsozialismus und nehmen sich diese zum Vorbild.
- Sie leugnen die Rechte des Einzelnen. In ihrem Denken hat sich der Einzelne voll und ganz der Gruppe oder der „Volksgemeinschaft" unterzuordnen.
- Sie verachten den Rechtsstaat.
- Sie bekämpfen Andersdenkende und auch Menschen, die anderen Religionen angehören, zum Beispiel Muslime und Juden.
- Sie sind Rassisten. Sie sind der Ansicht, dass „Weiße" zu besseren Leistungen fähig sind als Menschen anderer Hautfarbe, die sie als „minderwertig" herabsetzen.

Rechtsextreme Straftaten

Aus der angeblichen Ungleichwertigkeit der Menschen leiten Rechtsextreme das Recht ab, politische Gegner und angeblich minderwertige Menschen mit Gewalt zu bekämpfen. Dadurch gibt es eine enorme rassistische und rechtsextrem motivierte Gewalt in Deutschland. Sie richtet sich in jüngster Zeit vor allem gegen Migranten und Flüchtlinge. So werden Flüchtlinge angegriffen und verletzt, Brandanschläge auf Flüchtlingsunterkünfte verübt, Mobiliar von Flüchtlingsheimen zertrümmert oder Wände mit rechtsextremen Parolen verschmiert. Auch Homosexuelle, geistig und körperlich Behinderte und Obdachlose zählen zu den Opfern rechtsextremer Gewalt. Zu den besonders häufigen Straftaten zählen daneben sogenannte Propagandadelikte. Die Täter

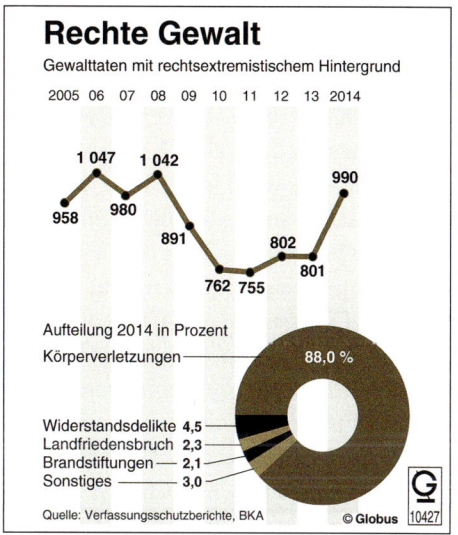

Rechte Gewalt

Gewalttaten mit rechtsextremistischem Hintergrund

2005 06 07 08 09 10 11 12 13 2014

958 — 1 047 — 1 042 — 980 — 891 — 762 — 755 — 802 — 801 — 990

Aufteilung 2014 in Prozent

Körperverletzungen — 88,0 %
Widerstandsdelikte — 4,5
Landfriedensbruch — 2,3
Brandstiftungen — 2,1
Sonstiges — 3,0

Quelle: Verfassungsschutzberichte, BKA

© Globus 10427

verwenden verbotene Symbole aus der Zeit des Nationalsozialismus oder äußern sich in Videos und Liedern extrem ausländerfeindlich und rassistisch.

Rechtsextreme Gewalttäter

Das Bundesamt für Verfassungsschutz hat Gerichtsurteile untersucht und daraus folgende Tätermerkmale ermittelt: Der typische rechtsextreme Straftäter ist jung, männlich und hat einen eher niedrigen Bildungsstand. Viele haben keine abgeschlossene Berufsausbildung und sind arbeitslos. Sehr viele wissen wenig oder gar nichts über die Zeit des Nationalsozialismus. In der Gruppe fühlen sie sich stark und Alkohol lässt sie ihre persönlichen Probleme vergessen. Auffällig bei der jüngsten Gewaltwelle gegen Flüchtlinge ist allerdings, dass unter den Straftätern vermehrt Menschen jeden Alters vertreten sind, die bisher noch nicht straffällig geworden waren.

1. Nenne jeweils drei Merkmale von Rechtsextremisten und rechtsextremistischen Gewalttätern.

2. Erläutere anhand des Schaubilds die Entwicklung, die Art der Straftaten und die räumliche Verteilung rechtsextremer Gewalt.

3. Überlege, ausgehend von den Tätermerkmalen, wie man rechtsextreme Gewalt eindämmen und Jugendliche vor extremen Ansichten schützen könnte.

163

 **C** **Fall** ## Warum werden junge Menschen zu rechtsextremen Gewalttätern?

Martin (Name geändert) war 16 Jahre Teil der rechtsextremen Szene in Sachsen. Gewalt bestimmte sein Leben. Er habe Dönerbuden angezündet oder Kinderschänder verprügelt, sagt er. Einmal habe ihm ein Drogenhändler auf der Straße Koks angeboten. Ohne Vorwarnung habe er ihn gepackt, zu Boden geschlagen, auf den Kehlkopf getreten und ihn gezwungen, den Stoff zu essen. Die Gewaltszenen verfolgen Martin. Er hat Schlafstörungen und Depressionen.

Martin ist neun Jahre alt, als er in die Szene rutscht. Im Unterschied zu seinen Freunden fällt ihm Lesen und Schreiben sehr schwer. Seine Eltern können sich um den Jungen nicht kümmern. Sie arbeiten im Schichtsystem. Meistens sind sie nicht zu Hause, und wenn doch, sind sie müde. Statt mit den eigenen Eltern übt Martin mit einem Bruder seines Klassenkameraden. Nachmittags setzt sich der Teenager mit Martin hin und lässt ihn aus einem Buch vorlesen. Es handelt von der deutschen Wehrmacht.

Das Buch ist der Einstieg in den Rechtsextremismus. Martin liest immer mehr einschlägige Literatur, der Bruder seines besten Freundes weicht ihm nicht mehr von der Seite, er rutscht immer tiefer in die Szene. Neben der Hausaufgabenbetreuung gibt es Fußballturniere. Die Jungs angeln, bauen Gartenlauben, feiern und jagen. Mit echten Waffen, in Tschechien. Dort lernt Martin den Umgang mit Gewehren, Pistolen und Handgranaten. Dem Teenager gefällt das. „Dieses Wir-Gefühl ist unbeschreiblich. Das kannte ich von zu Hause nicht", sagt er. Martin hat nun eine zweite Familie, wird ernst genommen, hat eine Beschäftigung in der Freizeit. Und seine Eltern? Die dachten bis zu seinem 16. Lebensjahr, dass ihr Sohn lediglich einem Hobby nachginge.

Gewalt ohne Ende

Die Kameradschaft bedeutet für Martin Spaß. Doch der schlägt mit den Jahren mehr und mehr in Gewalt um. Erst mit Mitte zwanzig erkennt er, was Rechtsextremismus bedeutet für die Gesellschaft, aber auch für ihn persönlich: „Gewalt ohne Ende, Wut ohne Ende, Hass ohne Ende, Trauer ohne Ende, Angst ohne Ende", sagt er. „Der NS ist zu allem fähig."

Lange ringt er mit sich, schiebt den Ausstieg vor sich her, bis ihm eine Freundin eine simple Frage stellt: „Was hast du davon, in der rechten Szene zu sein?" „Ich habe keine Antwort darauf gehabt", sagt Martin. Ihm sei plötzlich klar geworden, dass es ihm außer Hass und Gewalt nicht viel eingebracht habe. Über einen Freund lernt Martin den Sozialarbeiter Ankele kennen. Das erste Gespräch dauerte eineinhalb Stunden. Danach packt Martins Oma die NS-Materialien ihres Enkels zusammen, weil er es selbst nicht konnte.

(Nach: Björn Menzel/Jens Kiffmeier: „Hass ohne Ende, Angst ohne Ende", in: www.spiegel.de, 20.06.2013, Zugriff: 21.04.2016)

1. Wie wurde Martin zum rechtsextremen Gewalttäter? Beschreibe die einzelnen Schritte.

2. Erläutere, welche Bedeutung für Martin das „Wir-Gefühl" in der Gruppe hatte.

3. Diskutiert in der Klasse über folgende Aussage: „Rechtsextreme Straftäter wie Martin sind Opfer ihrer schwierigen Familienverhältnisse. Sie müssen Hilfen bekommen und nicht bestraft werden."

D TEAM kontrovers: Was tun im Umgang mit rechtsextremer Jugendgewalt?

Hier werden einige Maßnahmen vorgestellt, die von Politikern, Parteien, Wissenschaftlern, Sozialarbeitern und anderen Personen in die Diskussion eingebracht werden. Wie wirkungsvoll können sie sein? Welche Erfolge kann man sich davon versprechen?

Tipp: Die Vorschläge können in Gruppen bearbeitet werden. Dabei sollten sich die Gruppen auf zwei oder drei Vorschläge einigen, die sie für besonders wirksam halten, ihre Entscheidung begründen und in Anschluss an die Gruppenarbeit vor der Klasse präsentieren.

Vorschlag 1: Konsequente Strafverfolgung

Rechtsextreme Gewalttaten müssen mit der Härte des Gesetzes bestraft werden, auch mit Gefängnisstrafen. Dieser Grundsatz muss auch für Jugendliche gelten, weil sie so lernen können, die Schwere ihrer Taten einzusehen, und weil nur so die Gesellschaft vor diesen Kriminellen wirkungsvoll geschützt werden kann.

Vorschlag 2: Täter-Opfer-Ausgleich

Rechtsradikale Jugendliche, die Menschen verletzt haben, müssen gezwungen werden, sich mit den Opfern zusammenzusetzen. So können sie lernen, im Opfer den Mitmenschen zu sehen, Mitleid zu entwickeln und Verantwortung für ihre Taten zu übernehmen. Gemeinsam mit den Opfern müssen sie dann überlegen, wie sie den Schaden wiedergutmachen können.

Vorschlag 3: Aufklärung über die Verbrechen des Nationalsozialismus

Viele Jugendliche, die rechtsradikale Parolen verbreiten, wissen gar nicht, worüber sie reden. Man muss sie über die tatsächlichen Verbrechen der Nationalsozialisten informieren und über das Leid, das die Nazis den Menschen angetan haben. Auffällig gewordene Jugendliche sollten zur Teilnahme an entsprechenden Veranstaltungen verpflichtet werden.

Vorschlag 4: Stärkung der Zivilcourage

Rechtsradikale Gewalttäter haben mehr Chancen, ihre Verbrechen zu begehen, wenn die Gesellschaft vor den Gefahren die Augen verschließt. Wachsamkeit ist ein wirksames Mittel zur Verhinderung und Vorbeugung vor rechtsradikaler Gewalt. Niemand sollte achtlos daran vorübergehen, wenn in und außerhalb der eigenen Schule rechtsradikale und ausländerfeindliche Parolen in Tische geritzt und an Wände geschmiert werden.

Vorschlag 5: Sozialtraining in der Schule

Jugendliche, die zu gewaltsamem Verhalten neigen, können in speziell dafür entworfenen Trainingsprogrammen gewaltfreies Verhalten lernen. In Rollenspielen können sie sich zum Beispiel darin üben, auf konfliktreiche Situationen erst nach einer Nachdenkzeit zu reagieren und dabei ihren Verstand und nicht ihre Fäuste zu bemühen.

Vorschlag 6: Elternarbeit

Rechtsradikale Gewalt beginnt in nahezu allen untersuchten Fällen mit Problemen in der Familie. Eltern auffällig gewordener Jugendlicher können zur Teilnahme an Erziehungsseminaren verpflichtet werden. Diskutiert wird auch, ob man ihnen das Kindergeld streichen soll für den Fall, dass sie der Aufforderung zur Teilnahme nicht nachkommen.

 Welche der Vorschläge haben eher vorbeugenden (präventiven) Charakter, welche sind eher nach erfolgter Straftat wirksam? Ordne sie.

 Welche der Vorschläge hältst du für besonders erfolgversprechend, welche weniger? Treffe eine Auswahl und begründe sie.

 Wie lautet insgesamt eure Antwort auf die Frage in der Überschrift? Diskutiert darüber.

E Wie können rechtsextreme jugendliche Straftäter wieder in die Gesellschaft integriert werden?

Im Gruppenraum der Jugendanstalt Raßnitz in Sachsen-Anhalt sitzen acht junge Männer um den Tisch, keiner von ihnen ist älter als 21. Alle tragen Jeans, weinrote Pullover und kurz geschorene Haare. Alle haben ein Alkoholproblem, kommen aus zerrütteten Familien und haben sich irgendwann der rechtsextremen Szene angeschlossen. Alle sitzen wegen Gewaltstraftaten ein, von schwerer Körperverletzung bis zu versuch-

tem Mord. Thomas Mücke, Anti-Gewalt-Trainer des Vereins Violence Prevention Network (VPN), hat Fotos mitgebracht. Ein knüppelnder Polizist, ein muskelbepackter Boxer. Auch das Foto von einem Transvestiten legt er auf den Tisch – das ist für Jan (Name geändert) zu viel. „Bitte, nehmen Sie das weg, ich halte es nicht aus", sagt er angewidert.

Die Jugendlichen sollen sich mit den Stereotypen [= Vorurteilen] in ihren Köpfen auseinandersetzen. „Das ist ein weiter Weg", sagt Mücke. Das gilt für das gesamte Programm. Die größte Herausforderung für Trainer und Gewalttäter ist es, Einzelgespräche über extremistische Einstellungen und begangene Taten zu führen. „Ohne eine derartige Auseinandersetzung ist der Rückfall vorprogrammiert", sagt Mücke. „Verantwortung übernehmen – Abschied von Hass und Gewalt" heißt das Programm, das 2001 in Brandenburg gestartet wurde und inzwischen in zehn Bundesländern in elf Jugendhaftanstalten stattfindet. Das VPN kümmert sich insbesondere um solche Täter, die aus rechtsextremen oder islamistischen Motiven Gewalt angewendet haben.

Erfolgreiches Projekt

Der Verein hat Erfolg mit seiner Arbeit: Insgesamt machten fast 700 Täter mit – freiwillig. Ihre Rückfallquote sinkt beachtlich. So kommen nur 13,3 Prozent der Teilnehmer wieder wegen einer Gewalttat in Haft – im Durchschnitt sind es sonst mehr als 40 Prozent. [...]

(Aus: Sebastian Puschner, Sebastian Erb: Vorbeugen ist besser als strafen, in: www.taz.de, 06.09.2012, Zugriff: 18.04.2016)

Jugendarrest – eine wirkungsvolle Maßnahme?

1. Beschreibe, wie der Anti-Gewalt-Trainer mit den jugendlichen Gewalttätern arbeitet.
2. Trotz seines Erfolgs steht das Projekt vor dem Aus. Versuche, einen möglichen Geldgeber davon zu überzeugen, dass das Geld für die Fortsetzung des Projekts sinnvoll angelegt ist.

Was auch noch interessant sein kann:

● ein Plakat gestalten, in dem ihr vor den Gefahren des Rechtsextremismus warnt

Wir Jugendlichen und das Recht

Station 1

Wozu brauchen wir das Recht?

Das Foto zeigt eine Situation, die du sicherlich aus eigener Erfahrung kennst.

a) Erläutere, was diese Situation mit Recht zu tun hat.
b) Beschreibe, welche Bedeutung Gesetze in diesem Beispiel haben.
c) Nenne zwei weitere Alltagsbeispiele, die mit Recht zu haben, und erkläre an diesen die Bedeutung von Gesetzen.

Station 2

Welche Rechte und Pflichten haben Jugendliche?

Markus hat in seinem Heft folgende Tabelle erstellt. Dabei hat er wohl vergessen, die rechte Spalte auszufüllen.

Rechte und Pflichten	Ab welchem Alter gilt das?
Ich darf eine Gaststätte besuchen.	
Ich kann aus der Kirche austreten.	?
Ich bin voll geschäftsfähig.	
Ich kann mich als Kandidat für eine Gemeinderatswahl aufstellen lassen.	?
Ich darf mit Zustimmung meiner Eltern heiraten.	?
Ich darf den Roller-Führerschein machen.	

Station 3

Jugendliche vor Gericht

Einmal angenommen, …
Julian möchte sich vor seinem Prozess über die Rechte von Angeklagten informieren. Kannst du ihm den

folgenden Artikel im Grundgesetz in eigenen Worten so erklären, dass er ihn versteht?

Artikel 103: Anspruch auf rechtliches Gehör, Verbot rückwirkender Strafgesetzgebung und der Doppelbestrafung

(1) Vor Gericht hat jedermann Anspruch auf rechtliches Gehör.

(2) Eine Tat kann nur bestraft werden, wenn die Strafbarkeit gesetzlich bestimmt war, bevor die Tat begangen wurde.

(3) Niemand darf wegen derselben Tat aufgrund der allgemeinen Strafgesetze mehrmals bestraft werden.

Station 4

Wie soll man auf Straftaten junger Rechtsextremisten reagieren?

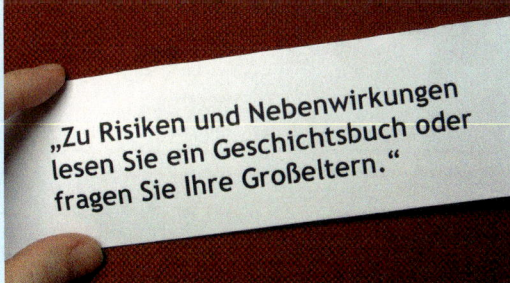

„Zu Risiken und Nebenwirkungen lesen Sie ein Geschichtsbuch oder fragen Sie Ihre Großeltern."

1. Wie ist die Aussage auf dem Foto zu verstehen? Erläutere den Zusammenhang mit rechtsextremistischen Gewalttaten.
2. Welche Maßnahmen gegen rechtsextreme Gewalt hältst du für besonders erfolgversprechend? Beschreibe mindestens zwei und begründe deine Auswahl.

Vier Jugendliche – Anna, Üwen, Malin und Madita (Mitglieder eines Unicef-Juniorteams) – protestieren vor dem Reichstagsgebäude in Berlin, dem Sitz des Deutschen Bundestages. Sie fordern eine Politik, die der nachfolgenden Generation keine hohen Staatsschulden hinterlässt und die sich weltweit für den Schutz von Kindern und Jugendlichen einsetzt.

Merkmale veranschaulichen, Politik spielend erleben

1. Allein nachdenken

Was hat das Foto mit Politik und Demokratie zu tun?

2. Zu zweit beraten

Wie verhalten sich Menschen, von denen man sagt, dass sie gute Demokraten sind?

3. In der Klasse sammeln

Wenn ihr die Macht hättet, die Politik in Deutschland zu gestalten: Was würdet ihr als Regierung tun?

Im Verlauf dieses Kapitels könnt ihr ...

- gemeinsam sammeln, was alles zur Demokratie gehört,
- Mindmaps zu den Themen Demokratie und Wahlen entwerfen und präsentieren,
- über die Vor- und Nachteile einer Wahlpflicht miteinander diskutieren,
- als Bundesregierung darüber entscheiden, ob ihr eine Helmpflicht für Fahrradfahrer einführen werdet oder nicht,
- ein Quiz über die Bundesrepublik Deutschland lösen,
- mithilfe des Computers eine Präsentation über euer Bundesland erstellen,
- grundlegende Informationen über die Demokratie und Politik in Deutschland erarbeiten.

Eigene Schwerpunkte könnt ihr setzen, indem ihr ...

- im Internet recherchiert, um Informationen über eurer Bundesland zusammenzustellen,
- in einem Planspiel zur Politik der Bundesregierung die Rolle einer Expertin oder eines Experten übernehmt,
- ein eigenes Quiz über die Demokratie in Deutschland gestaltet.

1 „Stelle uns bitte Deutschland vor!"
Steckbrief gestalten, Länderquiz lösen, Quizkarten erstellen

Eine Einstiegsübung für alle

In Bonn gibt es die Europäische Akademie des Landes Nordrhein-Westfalen. Das ist eine Einrichtung, die es sich zum Ziel gesetzt hat, die politische Bildung von Jugendlichen und Erwachsenen zu fördern. In den Veranstaltungen kommen oft Jugendliche aus verschiedenen Ländern der Europäischen Union zusammen. Meist beginnt das gemeinsame Lernen damit, dass die jungen Leute sich gegenseitig das Land vorstellen, in dem sie leben.

Angenommen, dass …

Du bist Teilnehmerin oder Teilnehmer einer solchen Veranstaltung. Das Land, das du vorstellen sollst, ist Deutschland. Du bist nun an der Reihe.

Was erzählst du?

Tausche dich mit deinem Nachbarn darüber aus.

Ländersteckbrief Deutschland

Ein Ländersteckbrief ist eine anschauliche Auflistung von Basisinformationen über ein Land. Man erstellt ihn, damit andere sich schnell über ein Land informieren können. Außerdem lässt sich die Vorstellung eines Landes damit gut strukturieren.

Ländersteckbrief Deutschland – 10 Basisinformationen zum Einprägen

1. Offizielle Staatsbezeichnung:
2. Hauptstadt:
3. Regierungssystem:
4. Staatsoberhaupt:
5. Regierungschef bzw. -chefin:
6. Nationalfeiertag:
7. Name der Verfassung:
8. Fläche:
9. Einwohnerzahl:
10. Zahl und Namen der Nachbarstaaten:

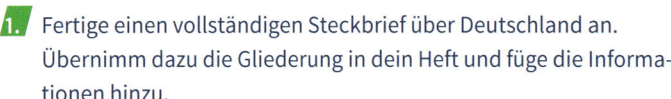

1. Fertige einen vollständigen Steckbrief über Deutschland an. Übernimm dazu die Gliederung in dein Heft und füge die Informationen hinzu.

2. Präge dir die zehn Basisinformationen über Deutschland nachhaltig ein. Legt dazu den Steckbrief zur Seite und fragt euch gegenseitig ab.

Was auch noch interessant sein kann:

- Steckbrief erweitern – Füge den Punkt „Besondere Sehenswürdigkeiten in Deutschland" hinzu und erstelle dazu eine eigene Sammlung.

357 123 km² – Frankreich, Belgien, Österreich, Polen, Schweiz, Dänemark, Niederlande, Tschechien, Luxemburg – 3. Oktober: Tag der Deutschen Einheit – Berlin – Bundesrepublik Deutschland – Bundespräsident – 81 900 000 (2016) – Parlamentarische Demokratie – Bundeskanzler – Grundgesetz

B Das Bundesländerquiz

16 Bundesländer: Welches Land, welche Hauptstadt und welche angegebene Einwohnerzahl passen zusammen? Findet die Kombinationen heraus.

Baden-Württemberg
Bayern
Brandenburg
Bremen
Hamburg
Hessen
Mecklenburg-Vorpommern
Niedersachsen
Nordrhein-Westfalen
Rheinland-Pfalz
Saarland
Sachsen
Sachsen-Anhalt
Schleswig-Holstein
Thüringen

Dresden
Düsseldorf
Erfurt
Hannover
Kiel
Magdeburg
Mainz
München
Potsdam
Saarbrücken
Schwerin
Stuttgart
Wiesbaden

C Quizkarten für ein Deutschlandquiz

Wie wäre es, wenn ihr euer eigenes Quiz über Deutschland in Form von Quizkarten gestaltet? Einige Karten haben wir hier vorbereitet. Weitere könnt ihr selbst gestalten.

1 Wie viele Nachbarstaaten hat Deutschland?
A Sechs
B Acht
C Neun

2 Welches Bundesland hat die höchste Einwohnerzahl?
A Bayern
B Baden-Württemberg
C Nordrhein-Westfalen

3 Woraus besteht die Bundesregierung?
A dem Bundespräsidenten und den Bundesministern
B dem Bundeskanzler und den Bundesministern
C dem Bundestagspräsidenten und den Bundesministern

Was auch noch Interessant sein kann:

- Partnerquiz durchführen: „Ich nenne dir eine Stadt und du nennst mir das passende Bundesland dazu."
- Einen Lückentext zum Thema Grundwissen Deutschland verfassen: „Die offizielle Staatsbezeichnung lautet: B… D…" usw.

2 Projekt: Unser Bundesland
Recherchieren, präsentieren, über Landespolitik diskutieren

A Brief vor einer Klassenfahrt

Stellt euch einmal die folgende Situation vor: Ihr plant eine mehrtägige Klassenfahrt. Ziel ist einer der Nachbarstaaten Deutschlands, zum Beispiel Polen, die Niederlande oder Frankreich. Dort werdet ihr auch eine Gastschule besuchen. Einige Wochen vor eurem Besuch erreicht euch ein Brief der Schulleitung dieser Schule und da steht Folgendes drin:

> Liebe Schülerinnen und Schüler,
>
> wir freuen uns auf euren Besuch in unserem Land. Gerne werden wir euch unsere Region vorstellen und alle Fragen beantworten, die euch interessieren. Wir haben aber auch eine Bitte an euch: Könnt ihr unseren Schülerinnen und Schülern, die im gleichen Jahrgang sind wie ihr, das Bundesland vorstellen, in dem ihr lebt?
>
> Ihr müsst wissen, dass es bei uns etwas Vergleichbares wie die Bundesländer in Deutschland nicht gibt. Wir würden gerne mehr über das Land und die Leute und über die Landespolitik in eurem Bundesland erfahren. Wir bedanken uns schon jetzt für die Arbeit, die ihr euch machen werdet. Eurem Besuch sehen wir mit Vorfreude entgegen.
>
> Wir wünschen euch eine gute Anreise und grüßen euch herzlichst.
>
> Die Schulleitung

1. Was würdest du bei einem solchen Besuch über dein Bundesland erzählen? Sammelt gemeinsam, was euch spontan dazu einfällt.

Bildet Teams zur Vorbereitung von Präsentationen über euer Bundesland. Verteilt unterschiedliche Themen an die Teams. Alle notwendigen Informationen könnt ihr eigenverantwortlich im Internet recherchieren. Verwendet dazu die in diesem Unterkapitel angegebenen Adressen und beachtet die Regeln der WebQuest-Methode (S. 62). Übt den Präsentationsvortrag zunächst in der Gruppe und dann in der Klasse.

Präsentation eines Bundeslandes

Vorschlag für eine Gliederung und Foliengestaltung am PC

Teil C: Abschluss
Warum ihr uns und unser Land besuchen solltet: …

● **Wirtschaft und Arbeit**
wichtige Wirtschaftszweige, Arbeitsplätze, Umweltschutz, aktuelle Probleme

● **Unser Schulsystem**
Schularten, Bildungswege, Abschlüsse, Notengebung, aktuelle Veränderungen

● **Die Landespolitik**
Sitz des Landtages, Wahlsystem, Parteien im Landtag, Landesregierung, derzeit aktuelle Themen

● **Land und Leute**
Sehenswürdigkeiten, touristische Höhepunkte, Freizeitgestaltung, Urlaub in unserem Land

Teil B: Unser Bundesland
● **Wichtige Daten**
geografische Lage, Einwohnerzahl, Zentren, große Städte etc.

Teil A: Begrüßung

Wer wir sind. Woher wir kommen.

Regeln für eine gelungene Präsentation

Thema: Nordrhein-Westfalen – Ein Bundesland vorstellen

10 Regeln für eine gelungene Präsentation

Voraussetzungen

Die wichtigste Voraussetzung ist, dass die Präsentierenden gut vorbereitet sind. Die Zuhörenden merken sehr schnell, ob jemand von der Sache, über die gesprochen wird, etwas versteht. Darüber hinaus sollte der Vortrag gut verständlich sein, lebendig gestaltet und möglichst mit zusätzlichen Medien optisch unterstützt werden. In diesem Falle kann das eine vorbereitete Mindmap sein.

Egal, ob ihr allein oder im Team präsentiert, achtet stets auf die nebenstehenden Regeln.

So könnt ihr vorgehen:
- Teilt die Gruppen ein.
- Lest in Einzelarbeit die Materialien durch.
- Bereitet die Präsentation in Teams vor.

Teil A: Das Land NRW und seine Menschen

Teil B: Politik im Bundesland Nordrhein-Westfalen

Teil C: Bundesstaat Deutschland

10 Regeln für eine gelungene Präsentation

Vor dem Beginn
1. Sorgt zu Beginn für Ruhe und Aufmerksamkeit.
2. Beginnt mit einer freundlichen Begrüßung.
3. Stellt das Thema eurer Präsentation vor.
4. Gebt einen kurzen Überblick über den Verlauf.

Während des Vortragens
5. Sprecht laut, deutlich und nicht zu schnell.
6. Haltet mit Blickkontakten die Verbindung zum Publikum.
7. Sorgt dafür, dass eure Visualisierung überall gut zu lesen und zu sehen ist.

Am Ende
8. Beendet eure Präsentation mit einem interessanten Schlusswort.
9. Überprüft durch Fragen an das Publikum, wie die Präsentation angekommen ist.
10. Lasst Fragen zu und erbittet ein Feedback.

Ein guter Vortrag sollte nicht abgelesen werden, auf keinen Fall das Vorbereitete herunterleiern.

Achtet darauf, nicht nur auf die Lehrerin/den Lehrer zu schauen oder auf das an die Wand geworfene Bild des Overheadprojektors, auf dem die Mindmap aufliegt.

B Zum Beispiel Nordrhein-Westfalen

Nordrhein-Westfalen ist das Land „tief im Westen" Deutschlands. Zwischen Selfkant im Westen und Höxter im Osten, Hellenthal im Süden und Rahden im Norden leben mehr als 17 Millionen Menschen auf einer Fläche von mehr als 34 000 Quadratkilometern. [...] Neben viel Grün gibt es in NRW aber auch viele Menschen. Um genau zu sein: die meisten in einem deutschen Bundesland. 17,57 Millionen Menschen leben hier (Stand: 31. Dezember 2013), unter anderem in 28 Großstädten, so viele wie in keinem anderen Bundesland. Allein in der Metropolregion Rhein-Ruhr leben zehn Millionen Menschen, die meisten davon in Köln, mit einer Million Einwohnern die viertgrößte Stadt Deutschlands [...]

So beginnt der umfangreiche Text, den ihr im Internet unter www.nrw.de finden werdet. Dazu gibt es zahlreiche Fotos. Ihr könnt sie für eine PowerPoint-Präsentation benutzen, wenn ihr diese im Rahmen des Unterrichts präsentiert.

WebQuest
Landespolitik

Vereinbartes Thema:
Zeit für die Recherche:
Unser Team:
Verlaufsprotokoll unserer Arbeit am PC:
Verwendete Materialien:

1. Jedes der offiziellen Länderportale aller Bundesländer stellt umfangreiche Informationen über Land und Leute zur Verfügung. Für die Suche genügt die Verwendung des Ländernamens. Für Nordrhein-Westfalen lautet die Adresse **www.nrw.de**.

2. **www.deutschland.de**
   Das offizielle Deutschlandportal des Auswärtigen Amtes enthält umfassende Informationen über alle Bundesländer.

3. **www.bpb.de**
   Gebt auf der Homepage der Bundeszentrale für politische Bildung den Namen eures Bundeslandes ein. Ihr findet dort dazu einen ausführlichen Informationstext aus der aktuellsten Online-Ausgabe aus dem *Handwörterbuch des politischen Systems der Bundesrepublik Deutschland (hg. von Uwe Andersen und Wiechard Woykert)*.

4. **www.derweg.org**
   Das Portal für Deutschlernende aus dem Ausland stellt jedes Bundesland in einer Kurzdarstellung vor.

Was Schülerinnen und Schüler im Ausland wahrscheinlich nicht wissen

Entscheidungen über die Gestaltung des Schulwesens sind Sache der Länder. Alle Bundesländer haben ihr eigenes Landesschulgesetz …

… und auch ihr eigenes Landespolizeigesetz, denn das Polizeiwesen ist ebenfalls Ländersache.

Auch die Denkmalpflege und viele andere Aufgaben, die mit Kultur und Tradition zu tun haben, sind Ländersache. In NRW und in anderen Bundesländern gibt es ein Landesdenkmalpflegegesetz.

C Der Landtag und sein Auftrag

Wenn du die Textauszüge auf dieser Seite gelesen hast, sollte es dir gelingen, das Schaubild über Nordrhein-Westfalen einer anderen Person zu erklären.

Der Landtag

ist der Sitz des Parlaments, das heißt der vom Volk gewählten Abgeordneten unterschiedlicher Parteien. Er repräsentiert alle Bürgerinnen und Bürger in Nordrhein-Westfalen [...]

Seine Hauptaufgaben sind die Gesetzgebung, die Verabschiedung des Landeshaushalts, die Kontrolle von Regierung und Verwaltung sowie die Verhandlung öffentlicher Angelegenheiten und die Wahl des Ministerpräsidenten oder der Ministerpräsidentin. Die Abgeordneten werden jeweils für fünf Jahre gewählt, danach finden wieder Landtagswahlen statt.

Die Landesregierung

besteht aus dem Ministerpräsidenten oder der Ministerpräsidentin und den Landesministern. Die Minister/innen und ihre Ministerien sind für ein bestimmtes Aufgabengebiet oder Ressort zuständig (z.B. Finanzen, Umwelt, Familien oder Wissenschaft und Forschung). Der/die Ministerpräsident/in wird von den Abgeordneten des Landtags gewählt

Landtagswahlen

gibt es normalerweise alle fünf Jahre. Wenn ihr schon 18 seid, mindestens 16 Tage in Nordrhein-Westfalen wohnt und die deutsche Staatsbürgerschaft besitzt: Dann dürft ihr wählen gehen!

Die Gesetzgebung

Ob es um die Schule, die Polizei oder die Kindergärten geht: Alle Entscheidungen, die die Bürger speziell in NRW etwas angehen, werden hier getroffen. Die Abgeordneten entscheiden meistens per Handzeichen. Manchmal wird auch geheim per Zettel abgestimmt. [...]

Das Parlament ist dann der Ort, an dem die Meinungen zusammengefügt werden und an dem letztendlich entschieden wird.

Volksbegehren und Volksentscheid

Mit beiden Instrumenten können die Bürgerinnen und Bürger des Landes unmittelbar an der Gesetzgebung teilnehmen. Mit dem Volksbegehren können Bürgerinnen und Bürger ihr Verlangen äußern, ein Gesetz zu erlassen, zu ändern oder aufzuheben. [...] Zu einem Volksentscheid kommt es im Anschluss an ein Volksbegehren nur, wenn ihm der Landtag nicht entsprochen hat. Ziel des Volksentscheids ist ein Gesetzesbeschluss der Bürgerinnen und Bürger anstelle des Landtags. Das Gesetz kommt in diesem Falle durch die Annahme des Entwurfs mit der Mehrheit der abgegebenen Stimmen zustande.

(Die Informationen auf dieser Seite wurden der Homepage des Landtages Nordrhein-Westfalen unter der Rubrik „Jugendangebot" entnommen; verf. von Doro Dietsch; www.landtag.nrw.de; Zugriff: 10.05.2016)

Diese Broschüre könnt ihr kostenlos beim Landtag bestellen oder von der Homepage downloaden.

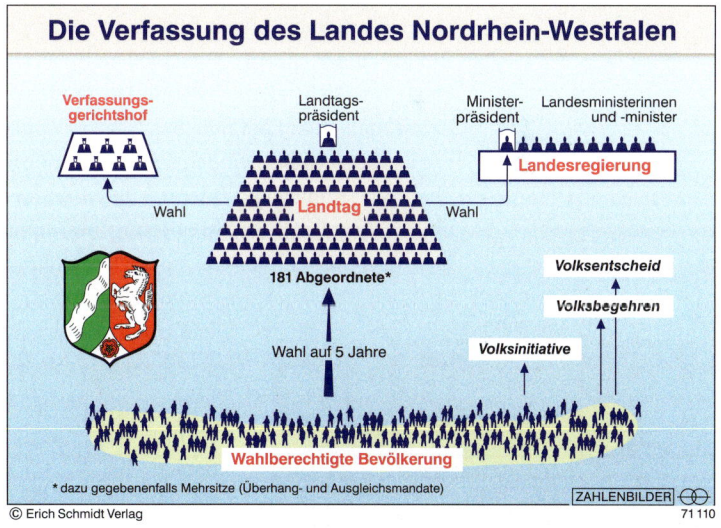

Der/die Landtagspräsident/in leitet die Landtagssitzungen. Er oder sie wird vom Landtag gewählt. Mit einer Volksinitiative kann das Volk mithilfe einer Unterschriftenliste den Landtag dazu auffordern, sich mit einem bestimmten Thema zu befassen.

 Welches sind die wichtigsten Aufgaben des Landtages in NRW? Notiere sie, um sie dir langfristig einzuprägen.

 Entwickle ein eigenes Schaubild, in dem du unter der Überschrift *Landtag* Kurzinformationen über die Landesregierung, die Landtagswahlen, die Gesetzgebung, Volksbegehren und Volksentscheide auf anschauliche Weise visualisiert. (Das geht auch zu zweit).

 **D** Hintergründe: Gemeinde-, Landes-, Bundespolitik: Wer macht was?

Jedes deutsche Bundesland hat einen eigenen Landtag, es gibt also ein kleines Landesparlament in jeder Landeshauptstadt. Weil es 16 Bundesländer sind, haben wir 16 Landtage. Bei den Landtagswahlen dürfen nur die Bewohner des entsprechenden Bundeslandes abstimmen. Sie wählen (wie bei der großen Bundestagswahl) Politiker als ihre Vertreter. Weil diese Politiker aber alle in demselben Bundesland zu Hause sind wie ihre Wähler, wissen sie auch am besten, was den Menschen dort wichtig ist. Sie können sich daher auch besser vorstellen, welche Gesetze die Menschen in ihrer Region brauchen: In Mecklenburg-Vorpommern sind zum Beispiel Gesetze für den Fischfang wichtig. Solche Gesetze braucht man in einer Gegend ganz ohne Meer natürlich nicht. Dafür brauchen vielleicht Leute, die in den Bergen wohnen, Regeln zu den Kühen auf der Alm! So bekommt jedes Bundesland genau die Gesetze, die für die Menschen dort wichtig sind. Die Unterteilung Deutschlands in mehrere Bundesländer, die in verschiedenen Bereichen für sich allein bestimmen können, nennt man auch Föderalismus.* Die gewählten Landespolitiker wählen auch den Landeschef, den Ministerpräsidenten des Bundeslandes. [...] Die Bundesregierung bestimmt also über die Dinge, die ganz Deutschland angehen. Die Landesregierung bestimmt vor allem über das, was nur für das entsprechende Bundesland wichtig ist. Welche Themen Ländersache sind und über welche der Bundestag entscheidet, ist genau festgelegt. [...] Und wer kümmert sich da-

Ebene 2: Landespolitik; hier: Plenarsaal des Landtages in NRW

rum, dass die Hauptstraße bei euch im Ort endlich eine neue Ampel bekommt? Wer entscheidet, ob um die Ecke ein neues Jugendzentrum oder ein Seniorencafé gebaut wird? Sicher nicht die Politiker aus dem Landtag. [...]
Würden sie sich auch damit beschäftigen, hätten sie den ganzen Tag mit den Wünschen der Orte zu tun und könnten sich nicht mehr um die Probleme des ganzen Bundeslandes kümmern. Darum ist jedes Bundesland in noch kleinere Einheiten eingeteilt: in Bezirke, Kreise und Gemeinden. Und auch dort gibt es Probleme, die nur für die Leute, die genau dort wohnen, interessant sind. Deshalb gibt es dort kleine Miniparlamente, die sich um solche Sachen kümmern: den Bezirksrat, den Kreisrat, den Gemeinderat. Die meisten Leute, die in diesen Miniparlamenten Politik machen, tun das in ihrer Freizeit.

(Aus: Verena Glanos: Wie wird man Chef(in) von Deutschland?, Bastei Lübbe Verlag Köln in Zusammenarbeit mit ZDF Logo Mainz 2013, S. 19 ff.)

*Zum Begriff Föderalismus findet ihr weitere Informationen im Glossar dieses Buches.

Ebene 1: Gemeindepolitik; hier: Ratssaal der Stadt Wuppertal

Ebene 3: Bundespolitik; Blick in den Plenarsaal des Deutschen Bundestages

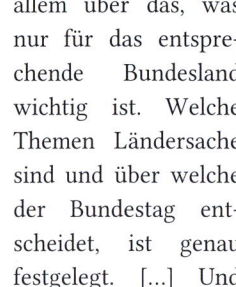 **1.** 16 Landesparlamente: Was tun sie? Wer wählt sie? Warum sind sie wichtig? Erkläre die Besonderheiten.

2. Was sind Gründe für die Aufteilung der Politik auf die Ebenen Gemeinde-, Landes- und Bundespolitik? Erläutere sie anhand konkreter Beispiele.

 Wie wichtig sind die Themen, über die in der Landespolitik entschieden wird?

In der Bundesrepublik Deutschland gibt es eine Aufgabenteilung für die Politikbereiche, die auf der Ebene der Gemeinde, der Bundesländer und des Bundes zu bewältigen sind. Die Schul- und Universitätspolitik, das Polizeiwesen, die Denkmalpflege befinden sich in der Zuständigkeit der Länder, ebenso die wirtschafts- und umweltpolitischen Maßnahmen, die nur das eigene Land betreffen. Über die folgenden Probleme wurde und wird noch in den Landesparlamenten diskutiert.

Euer Auftrag:

1. Entscheidet für jedes der Probleme, ob ihr es für wichtig haltet oder nicht.
2. Überlegt in der Gruppe, wie ihr euch verhalten würdet, wenn ihr als Landtagsabgeordnete darüber zu entscheiden hättet.
3. Sucht nach guten Begründungen für eure Entscheidung.
4. Stellt die Entscheidungen samt Begründungen in der Klasse vor.

Braucht das Land mehr Windkraftanlagen?

Dagegen spricht: Die Landschaft ist schon genug mit Windkraftwerken belastet. Der Nutzen einer einzelnen Windkraftanlage ist im Verhältnis zur Veränderung des Landschaftsbildes relativ gering.

Dafür spricht: Windkraft zur Stromerzeugung ist eine saubere und zukunftsweisende Energiequelle. Sie schont die Umwelt, verhindert eine weitere Klimaerwärmung und führt zu Einsparungen bei Kohle, Gas und Erdöl.

Sollen Studierende an Universitäten Studiengebühren bezahlen?

Dagegen spricht: Wenn pro Semester eine Gebühr von mehreren Hundert Euro bezahlt werden muss, besteht die Gefahr, dass nur noch Kinder wohlhabender Eltern ein Studium ergreifen. Das wäre ungerecht.

Dafür spricht: Die Universitäten hätten so mehr finanzielle Mittel für ihre Ausstattung zur Verfügung. Das Land könnte Geld sparen. Die Studierenden könnten einen Kredit erhalten, den sie zurückzahlen können, wenn sie später Geld verdienen.

Soll die Polizei an allen öffentlichen Plätzen Videokameras zur Überwachung installieren?

Dagegen spricht: Es steht dem Staat nicht zu, alle seine friedliebenden Bürger jederzeit zu überwachen, und es schützt auch nicht vor Kriminalität.

Dafür spricht: Videoüberwachung ist ein wirksamer Schutz der Menschen vor Dieben, Randalierern, Gewalttätern und auch vor Terroranschlägen. Straftäter können leichter ausfindig gemacht und festgenommen werden.

Soll sich das Landesparlament verstärkt für einen Ausbau des Landesstraßennetzes einsetzen?

Dagegen spricht: Noch mehr Straßen führen zu einer weiteren Landschaftszersiedelung und Umweltbelastung und zu einem noch höheren Verkehrsaufkommen.

Dafür spricht: Ein größeres und besseres Straßennetz nützt der Mobilität der Menschen und führt zu weniger Staus auf den Straßen.

3 Demokratie lernen: Was gehört dazu?
Merkmale sammeln, visualisieren und präsentieren

Auf dieser Seite geht es um die Planung eines Klassenausflugs. Vielleicht fragt ihr euch: Was hat das mit Demokratie zu tun? Lest die beiden Berichte und sucht dann nach Antworten auf die Frage.

 A Wohin soll die Klassenfahrt gehen? — Zwei Beispiele

Bericht 1:
Vor gar nicht allzu langer Zeit …

Saskias Opa ist 62 Jahre alt und erinnert sich an seine Schulzeit:

„Wenn wir einen Klassenausflug planten, lief das eigentlich immer nach dem gleichen Schema ab. Unser Lehrer betrat den Klassenraum, schrieb den Termin für den Ausflug an die Tafel und teilte uns mit, wo es diesmal hingehen sollte. Mal ging es ins Naturkundemuseum, mal wurde gewandert, mal besuchten wir irgendeine Ausstellung. Selbst entscheiden durften wir nicht."

Bericht 2: Und heute in Saskias Klasse …

Saskia, Klassensprecherin der 8e, teilt der Klassenlehrerin Frau Steffens mit, dass die Klasse selbst entscheiden will, was sie am Tag des vorgesehenen Klassenausflugs unternehmen möchte. Saskia und Cem, ihr Stellvertreter, vereinbaren mit der Lehrerin einen Termin für eine Klassenversammlung. Saskia bittet die Klasse darum, nach Vorschlägen für die Gestaltung eines schönen Ausfluges zu suchen.

In der Klassenversammlung nimmt Frau Steffens auf einem der freien Stühle innerhalb der Schülergruppe Platz. Saskia eröffnet die Sitzung und bittet um Vorschläge. Cem notiert an der Tafel. An Vorschlägen werden genannt: Besuch eines Freizeitparks, Wanderung zu einem Wolfsgehege, Besuch bei einem Biobauern. Frau Steffens schlägt die Besichtigung eines Braunkohlekraftwerkes vor. Weil jeder Vorschlag Vor- und Nachteile hat, ergibt sich schnell eine lebhafte Diskussion. Unter den Schülerinnen und Schülern bilden sich Gruppen, die gemeinsam ihr vorgeschlagenes Ziel durchsetzen wollen. Mehrfach muss Saskia ihre Glocke benutzen, damit wieder Ruhe einkehrt. Als gegen Ende der zur Verfügung stehenden Zeit noch keine Einigung in Sicht ist, schlägt Saskia eine Abstimmung vor. Die Mehrheit soll über das Ausflugsziel entscheiden. Cem bereitet Zettel vor, auf die jeder aus der Klasse, auch Frau Steffens, ihren Vorschlag schreiben kann. Gemeinsam sammeln Cem und Saskia die Zettel ein und zählen die Stimmen aus. Es ergibt sich eine knappe Mehrheit für den Besuch beim Biobauern. Damit ist das Ausflugsziel für alle entschieden. Einige Schülerinnen und Schüler jubeln, andere sind enttäuscht. Sie müssen darauf hoffen, dass sie sich bei der nächsten Abstimmung durchsetzen können.

1. Worin besteht der Hauptunterschied zwischen den beiden Berichten? Beschreibe ihn.
2. Welche Zusammenhänge kannst du herstellen zum Thema: Merkmale von Demokratie?
3. Zu Saskias Großvaters Zeiten war alles viel unkomplizierter: War es auch besser? Nehmt Stellung dazu.

B Was gehört eurer Meinung nach alles zur Demokratie dazu?

Sicherlich habt ihr eigene Vorstellungen darüber, was alles zu einer Demokratie dazugehört. Alle eure Vorstellungen sollen hier gesammelt werden. Für die Sammlung wird die **Placemat-Methode** empfohlen.

Setzt euch dazu in Vierergruppen zusammen. Vor euch liegt ein Blatt, das in Einzelfelder und in ein Gemeinschaftsfeld eingeteilt ist (siehe Zeichnung). Placemat bedeutet Tischdeckchen. Weil das vorbereitete Blatt Ähnlichkeit mit einer kleinen Tischdecke hat, wird die Methode so genannt. Die Placemat-Methode ermöglicht es euch, die im Thema gestellte Frage in drei Schritten zu bearbeiten.

Teilnehmer 1		Teilnehmer 2
	Gemein-schaftsfeld	
Teilnehmer 4		Teilnehmer 3

Worum geht es?	Was ist zu tun bei der Arbeit nach der Placemat-Methode?	Welche Regeln gelten?
Erster Schritt Nachdenken 	Jeder in der Gruppe denkt leise über die Frage nach. Alles, was dir dazu einfällt, notierst du. Dafür steht jedem von euch auf dem Blatt ein Einzelfeld zur Verfügung. Du kannst die Einträge der anderen lesen und dich dadurch selbst zu weiteren Gedanken anregen lassen. Das gemeinsame Blatt kreist auf dem Tisch, damit alle sehen können, was die anderen schreiben.	● Es wird eine Zeit vereinbart. ● Alle arbeiten allein. Es wird nicht gesprochen. ● Das Tischset kreist.
Zweiter Schritt Austausch in der Gruppe 	In der Gruppe stellen nun alle der Reihe nach ihre Gedanken zum Thema Demokratie vor. Dabei benutzt ihr eure Notizen. Zusammen füllt ihr dann das Gemeinschaftsfeld aus. Hier sammelt ihr, was die Gruppe insgesamt zum Thema herausgefunden hat. (Im Gemeinschaftsfeld können Notizen zum zweiten Mal eingetragen werden.)	● Es wird gesprochen. ● Jeder kommt dran und stellt seine Gedanken vor. ● Im Gemeinschaftsfeld muss mehr stehen als in den Einzelfeldern.
Dritter Schritt Gruppenergebnisse vorstellen und sammeln 	Die Gruppen stellen die Inhalte der Gemeinschaftsfelder vor. Anschließend könnt ihr an der Tafel sammeln, welche Gedanken euch insgesamt in der Klasse zum Thema Demokratie eingefallen sind. Mithilfe der Tafelnotizen fasst ihr einzeln oder zu zweit zusammen: *„Was nach Ansicht unserer Klasse zu einer Demokratie dazugehört."* Das könnt ihr auch in einer Hausaufgabe zusammenfassen.	● Alle Gruppen stellen vor. ● Alle hören einander zu. ● Nach der Vorstellung wird an der Tafel gesammelt.

Grundlagen der Demokratie in Deutschland

1. Lies den Text Abschnitt für Abschnitt. Notiere im Anschluss daran aus jedem Abschnitt in Stichworten mehrere wichtige Informationen.

2. Fasse mit eigenen Worten zusammen, was du dir über die Begriffe „Demokratie" und „Grundgesetz" merken möchtest.

3. Welche der genannten Vorzüge und Merkmale hältst du für besonders wichtig? Wähle aus und begründe deine Wahl.

Tipp: Die Bearbeitung von Teil 1 und Teil 2 dieses Textes kann in Partnerarbeit geschehen. Die Partner lesen je einen Teil und informieren sich dann gegenseitig. Die Aufträge können dann gemeinsam bearbeitet werden.

Teil 1:
Der Begriff Demokratie

Wörtlich übersetzt heißt das Wort „Herrschaft des Volkes". Wir haben den Begriff von den alten Griechen übernommen, die vor etwa 2 500 Jahren die Volksherrschaft erfunden haben. Mit dem Volk meinten sie allerdings nur die frei geborenen Männer. Heute ist die Gleichberechtigung zwischen Frauen und Männern ein unverzichtbares Merkmal echter Demokratie. Im Unterschied zu den alten Griechen herrscht in der modernen Demokratie nicht mehr das Volk selbst. Aber es bestimmt in politischen Wahlen seine Vertreterinnen und Vertreter, die für eine begrenzte Zeit die politische Herrschaft ausüben können. Dieses grundlegende Merkmal wird als *Volkssouveränität* bezeichnet. Es bedeutet: Nur das Volk hat in der Demokratie das Recht, zu bestimmen, wer die politische Macht ausüben darf (und nicht wie früher in der Geschichte der Fürst, König oder Kaiser von Gottes Gnaden). Freie Wahlen sind das grundlegendste Merkmal der Demokratie, weil nur dadurch die Volkssouveränität verwirklicht werden kann.

Vorzüge für jeden Einzelnen

Eine Demokratie erkennt man daran, dass die Menschen in Freiheit leben können. Sie haben Rechte, die ihnen auch die Regierung nicht wegnehmen kann. Dazu gehört, dass man seine Meinung frei äußern kann, dass es eine freie

Demokratie im öffentlichen Leben: Schülerin nimmt an einer genehmigten Demonstration für Frieden gegen Krieg teil

Presse gibt, dass man den Glauben ausüben kann, den man für richtig hält, dass man seinen Aufenthaltsort frei wählen kann, dass es Gleichheit aller Menschen vor dem Gesetz gibt, dass man das Recht hat, sich mit anderen friedlich und ohne Waffen zu Versammlungen zu treffen und dass man einen Verein gründen kann. Auch hat man das Recht auf eine geschützte Privatsphäre. Niemand darf ohne Erlaubnis in eine Wohnung eindringen und niemand hat das Recht, fremde Post zu kontrollieren. In Deutschland sind die Rechte als Grundrechte in der Verfassung verankert. In einer Demokratie darf die Regierung kritisiert werden. Im Parlament gibt es eine Opposition als „Gegenspieler" der regierenden Parteien. Neben ihren Rechten müssen die Menschen auch bereit sein, Pflichten gegenüber der Gemeinschaft zu erfüllen. Man muss die Gesetze achten und darf die Freiheit anderer Menschen nicht verletzen. Für Kinder und Jugendliche gibt es die Schulpflicht. Eltern haben die Pflicht, ihre Kinder zu erziehen.

Teil 2:
Unverzichtbare Merkmale

Das oberste Gericht in Deutschland heißt Bundesverfassungsgericht. Seine wichtigste Aufgabe besteht darin, darüber zu wachen, dass die Demokratie in Deutschland für alle Zeiten erhalten bleibt. Dieses Gericht hat festgelegt, welche Merkmale unverzichtbar zur Demokratie gehören müssen. Hier die wichtigsten Bestimmungen:

- Jegliche Gewalt- und Willkürherrschaft muss für alle Zeiten ausgeschlossen sein.
- Es muss freie Wahlen geben, bei denen die Mehrheit entscheidet.
- Minderheiten sind in besonderer Weise zu schützen. Ganz besonders haben diejenigen Personen und Parteien, die bei den Wahlen nicht die Mehrheit erreicht haben, das Recht, die Regierung zu kritisieren und im Parlament eine Opposition (= Gegenpartei) zu bilden.
- Die Menschenrechte müssen geschützt sein. In diese Rechte darf der Staat nur in Ausnahmefällen eingreifen.
- Gerichte und Richter müssen das Recht unabhängig anwenden können.
- Es muss mehrere Parteien geben, damit die Wählerinnen und Wähler bei politischen Wahlen eine Auswahl treffen können.

Grundgesetz – oberstes Gesetzbuch

Die grundlegenden Rechte der Menschen und der politische Aufbau des Staates sind in der Verfassung festgelegt. In Deutschland wird die Verfassung „Grundgesetz" genannt. Sie trat am 23. Mai 1949 in Kraft. Damit ist dieses Datum auch die Geburtsstunde der Bundesrepublik Deutschland. Seit der Wiedervereinigung durch die Zusammenführung der zwei zuvor getrennten deutschen Staaten am 3. Oktober 1990 gilt das Grundgesetz für Gesamtdeutschland. Das Datum der Wiedervereinigung ist der Nationalfeiertag in Deutschland.
Im ersten Teil legt das Grundgesetz die Werte fest, auf die es in der Demokratie ankommt. Oberster Wert ist der Schutz der Würde des Menschen, deren Achtung zugleich die wichtigste Pflicht des Staates ist.

Der Deutsche Bundestag steht als Parlament der Bundesrepublik Deutschland im Zentrum des politischen Lebens. Seinen Sitz hat der Bundestag im Berliner Reichstagsgebäude.

Würde bedeutet, dass jeder Mensch als wertvoll, schützenswert und mit Rechten ausge-

> **Grundgesetz, Artikel 1**
> „Die Würde des Menschen ist unantastbar. Sie zu achten und zu schützen ist Verpflichtung aller staatlichen Gewalt."

stattet zu betrachten ist, egal wie er aussieht, wo er herkommt, was er glaubt oder ob er arm oder reich ist. Auf den Artikel 1 folgt der Katalog der Grundrechte mit den Garantien der Meinungsfreiheit, der Religionsfreiheit, der Gleichheit aller Menschen vor dem Gesetz und der Gleichberechtigung zwischen Frau und Mann. Das Grundgesetz legt auch die Aufgaben der wichtigsten staatlichen Organe fest – also des Bundestages, des Bundesrates, des Bundespräsidenten und der Bundesregierung. Es bestimmt, dass die Bundesrepublik eine Demokratie, ein Rechtsstaat, ein Sozialstaat und ein Bundesstaat ist und dass diese grundlegenden Bestandteile der Demokratie niemals abgeschafft werden dürfen – auch dann nicht, wenn eine Mehrheit im Parlament dies wollte.

> **Tipp:** Auf der folgenden Doppelseite haben wir diesen Text mithilfe einer Mindmap visualisiert. Du kannst sie benutzen, um den Inhalt mit eigenen Worten zusammenzufassen und vorzutragen. In Partnerarbeit fallen sowohl die Vorbereitung als auch der Vortrag leichter.

Mindmaps entwerfen

Mindmap: Was ist das?

Eine Mindmap ist eine anschauliche und einprägsame Darstellung von Arbeitsergebnissen. Man setzt das Thema auf die Mitte eines Blattes und ordnet dann die weiteren Ergebnisse drumherum an. Man entwickelt sozusagen eine Landkarte (= Map) aus Gedanken und ermittelten Informationen (= Mind). Mindmaps eignen sich besonders gut zur Erarbeitung schwieriger Sachtexte, weil man mit ihrer Herstellung einen Text sehr anschaulich visualisieren kann.

Wie macht man das?

1. Du platzierst das Thema im Zentrum eines Blattes.

Bei der Gestaltung einer Mindmap geht man immer von einem Zentrum aus. Im Zentrum steht das Thema. Man braucht dazu nur ein leeres Blatt und ein Schreibgerät. Hilfreich können einige farbige Stifte sein.

2. Du legst die Hauptstränge an.

Das Anlegen der Hauptstränge ist der wichtigste und der schwierigste Schritt beim Erstellen einer Mindmap. Hier hilft es dir, wenn du den Text, den du umwandeln möchtest, zuvor in Sinnabschnitte untergliederst. Kurze Überschriften können als Bezeichnungen für die Hauptstränge verwendet werden. In dem Text über die Grundlagen der Demokratie bieten sich die Überschriften *Definition Demokratie, Vorzüge, Merkmale, Grundgesetz* und *Pflichten* als Überschriften für die Hauptstränge an.

Thema: Grundlagen der Demokratie in Deutschland

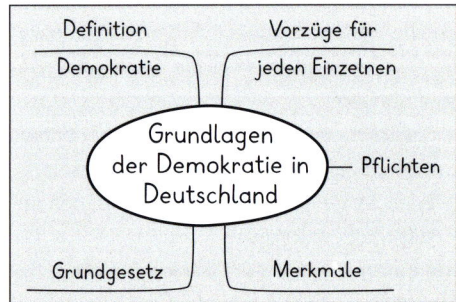

3. Du fügst den Hauptsträngen Nebenstränge hinzu.

Wenn man die Hauptstränge festgelegt hat, beginnt der vorteilhafteste Teil des Mindmappings. Die näheren Informationen zu den Hauptsträngen werden in Form von Nebensträngen angelegt. So wird die Mindmap nach und nach vervollständigt. Dabei ist man nicht an eine Reihenfolge gebunden, sondern kann die Informationen immer dann an den passenden Hauptstrang anbinden, wenn man sie findet.

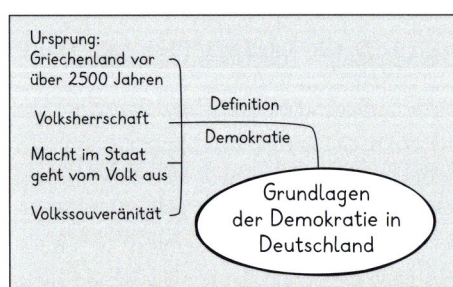

4. Du überarbeitest deinen ersten Entwurf.

Am Ende sollte die Mindmap überarbeitet werden. Sind die Haupt- und Nebenstränge richtig zugeordnet? Sollte noch ein weiterer Strang hinzugefügt werden? Ist die Mindmap übersichtlich, nicht zu voll und nicht zu leer? Oft lohnt es sich, wenn man auf der Basis des ersten Entwurfs eine zweite Fassung erarbeitet. Besonders anschaulich werden Mindmaps, wenn sie mit kleinen Zeichnungen versehen werden.

5. Du verwendest die Mindmap.

Fertige Mindmaps sind zunächst einmal eine gute Merkhilfe. Auch wenn seit der Behandlung des Themas schon einige Zeit vergangen ist, genügt oft ein Blick auf die gestaltete Mindmap, um sich den Inhalt wieder in Erinnerung zu rufen. Mindmaps können als Visualisierung für Vorträge benutzt werden.

Mithilfe der Stränge kann man einen Vortrag gliedern. Man kann den Vortrag auf mehrere Schülerinnen und Schüler aufteilen und so eine Teampräsentation gestalten, bei der jeder Vortragende einen Hauptstrang der Mindmap vorstellt und mithilfe der Zusatzinformationen erläutert. Wenn ihr das Mindmapping immer wieder mit Texten aus diesem Buch (und aus anderen Schulbüchern) übt, werdet ihr über eine Methode verfügen, die das Lernen und das Speichern von Informationen sehr erleichtern kann.

Mit dem Sachtext auf der folgenden Seite könnt ihr das Erstellen einer Mindmap üben.

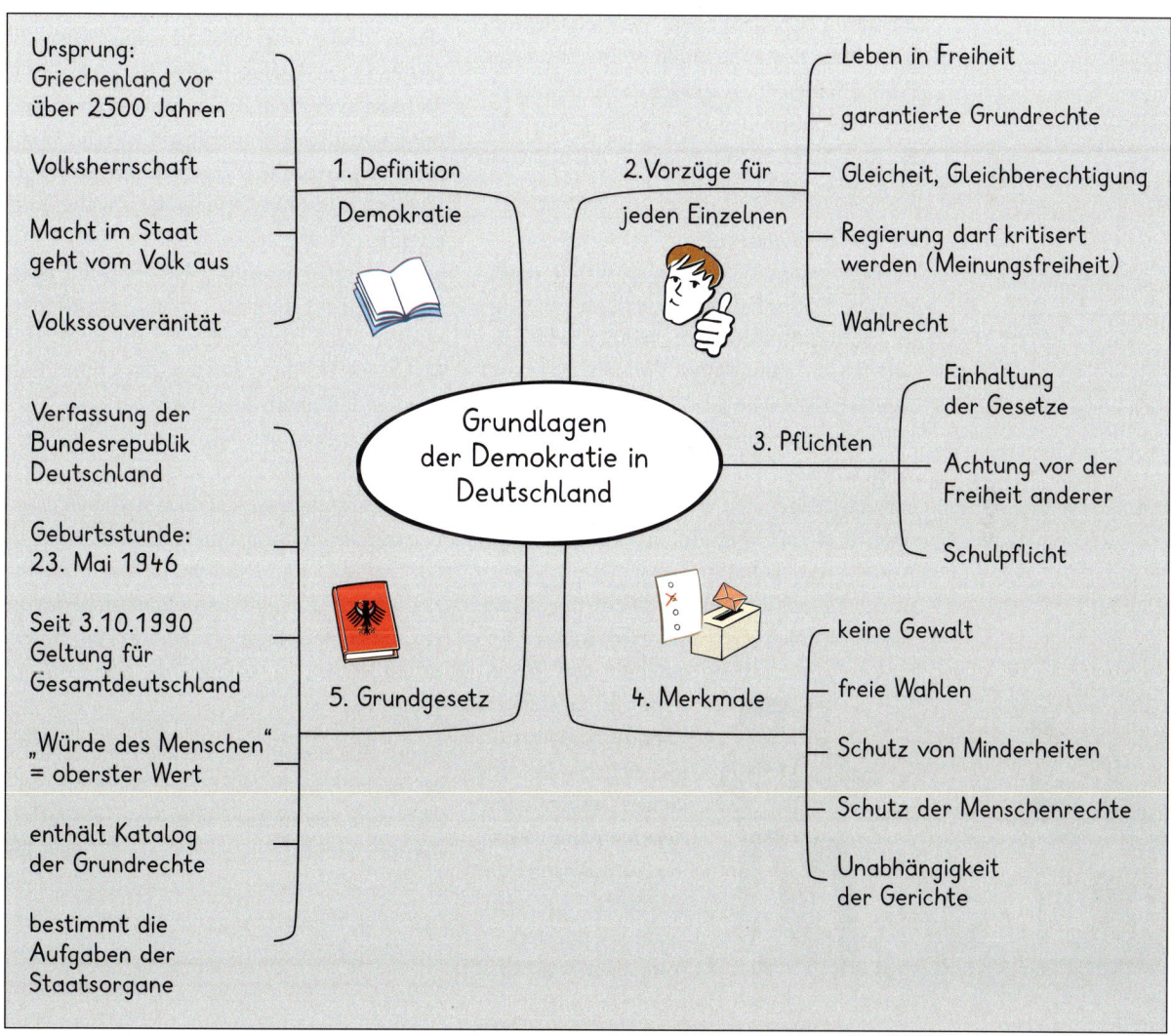

Benutzt diese Mindmap, um mit ihrer Hilfe den Text zum Thema „Grundlagen der Demokratie in Deutschland" auf der Doppelseite zuvor in einem mündlichen Vortrag zusammenzufassen.

D Unsere Mindmap zum Thema Wahlen

Der folgende Text soll euch dabei unterstützen, eine gut begründete Antwort über die Wichtigkeit von Wahlen zu formulieren. Außerdem könnt ihr ihn dazu benutzen, die Gestaltung einer Mindmap zu üben. Lest zunächst den Text in Einzelarbeit. Die Mindmap kann auch in Partner- oder Gruppenarbeit entwickelt werden. Haltet euch dabei an die fünf Schritte, die in der Methodenkarte auf den vorangehenden Seiten empfohlen werden.

Warum sind Wahlen so wichtig?

Definition

Unter einer Wahl versteht man eine Entscheidung zwischen mindestens zwei oder mehreren Möglichkeiten. Wählen zu können, ist ein Bestandteil von Freiheit und weil Freiheit eines der wichtigsten Merkmale eines demokratischen Staates ist, gehört das Recht, wählen zu können, unverzichtbar zur Demokratie dazu.

Politische Bedeutung

In der Demokratie sind Wahlen immer allgemein. Dieser Grundsatz bedeutet, dass alle wahlberechtigten Bürgerinnen und Bürger daran teilnehmen können. Sie sind zugleich die wichtigste Form politischer Beteiligung, weil durch Wahlen entschieden wird, wer für eine begrenzte Zeit in der Politik das Sagen hat. Politische Macht ausüben darf nur, wer durch eine Wahl den Auftrag dazu bekommen hat.

In der Demokratie gibt es nicht nur in der Politik Wahlen. Gewählt wird auch in Betrieben und Vereinen und in anderen Organisationen und Bereichen. In der Schule haben Schülerinnen und Schüler zum Beispiel die Möglichkeit, ihre Interessenvertretungen zu wählen.

Voraussetzungen

Jede Wahlentscheidung setzt eine Auswahl voraus. Es müssen verschiedene miteinander konkurrierende Personen, Personengruppen oder Parteien vorhanden sein, zwischen denen der Wähler eine Auswahl treffen kann. Auch sollten sich die zur Wahl Stehenden in ihren Zielen und Programmen unterscheiden. Demokratisch ist eine Wahl nur, wenn man sich frei, d. h. eigenverantwortlich und ohne Druck oder Zwang, entscheiden kann.

Unverzichtbar ist auch, dass Wahlen nach festen Zeitabständen erneut stattfinden müssen. Wer durch eine Wahl politische Macht erhält, muss wissen, dass ihm diese nur auf Zeit übertragen wird.

Wichtig sollte auch sein, dass die Wählenden darüber informiert sind, was eigentlich zur Wahl steht und wodurch sich die Personen und Programme unterscheiden. Da es in der freiheitlichen Demokratie keine Pflicht zur Information gibt, kann man nicht davon ausgehen, dass diese Voraussetzung immer erfüllt ist.

Merkmale

In der Bundesrepublik Deutschland müssen bei politischen Wahlen fünf Merkmale erfüllt sein. Sie müssen allgemein, unmittelbar, frei, gleich und geheim sein. So ist es im Artikel 38 des Grundgesetzes festgelegt. Frei bedeutet in diesem Sinne auch freiwillig. Die Wahlberechtigten sollen zur Wahl gehen, entscheiden aber selbst, ob sie ihr Recht in Anspruch nehmen oder nicht. Diese Freiwilligkeit gibt es nicht in allen Demokratien Europas. Zum Beispiel herrscht in Belgien, Griechenland, Italien und Luxemburg Wahlpflicht. Wer die Wahl verweigert, kann dort mit einem Bußgeld bestraft werden.

1. Entwickle allein oder zusammen mit anderen eine Mindmap zum Text. Benutze sie als Grundlage für eine mündliche Zusammenfassung.

2. Worin siehst du die Vor- und die Nachteile einer Wahlpflicht? Formuliere dazu eine Stellungnahme, mit der du am Ende des Vortrages eine Diskussion eröffnest. (Das geht auch in Teamarbeit.)

E Wahlen: Welche Antwort passt zu welcher Frage?

Bei der folgenden Übung geht es darum, aus einem Topf zu den drei Fragen die jeweils passenden Antworten herauszufischen und so nach und nach einen Text zu erstellen, den man vor der Klasse vortragen kann. Man kann die Übung allein durchführen. Leichter geht es, wenn man sich die Arbeit teilt. Bildet dazu Gruppen zu dritt.

Euer Auftrag:

1. Jedes Gruppenmitglied notiert eine der drei Fragen ins Heft und fischt die dazu passenden Antworten heraus.

2. Entscheidet immer gemeinsam, welche Antwort zu welcher Frage passt. (Zu jeder Frage sollte es drei Antworten geben.)

3. Tragt die Fragen und die Antworten zu dritt in der Klasse vor.

1. Was sind Wahlen?   2. Warum muss es Wahlen geben?   3. Wo überall wird gewählt?

1. Wenn man will, dass die Menschen mitmachen und mitbestimmen, muss man ihnen die Möglichkeit garantieren, wählen zu können.

2. In Vereinen bestimmen die Vereinsmitglieder durch Wahlen verschiedenartige Ämter: z. B. Vereinsvorsitzende, Jugendwarte u. a.; in Betrieben wählt die Belegschaft den Betriebsrat.

3. Eine Gruppe von Menschen (nämlich die Wählerinnen und Wähler) bestimmt, welche Personen oder Parteien für eine bestimmte Zeit Ämter und Aufgaben übernehmen.

4. In der Schule finden Wahlen statt. Es gibt die Klassensprecher- und Schülersprecherwahl, die Wahl der Verbindungslehrer und andere Wahlen mehr.

5. Eine Wahl sollte immer eine Auswahl sein. Wählen heißt, dass man zwischen mindestens zwei oder besser mehreren Möglichkeiten entscheidet.

6. Ohne Wahlen kann es keine Demokratie geben, weil Demokratie bedeutet, dass die Staatsgewalt vom Volk ausgehen muss.

7. Durch die Wahl haben die Wähler die Möglichkeit, eine Regierung abwählen zu können. Wahlen verhindern so, dass jemand dauerhaft die Macht an sich reißt.

8. In der Bundesrepublik Deutschland finden politische Wahlen auf vier Ebenen statt: Es gibt die Kommunalwahlen, die Landtagswahlen, die Bundestagswahlen und die Wahl zum Europäischen Parlament.

9. In der Demokratie sind Wahlen immer Personenwahlen – selbst dann, wenn man seine Stimme einer Partei gibt. Man wählt Personen, die für eine bestimmte Zeit politische Verantwortung übernehmen.

4 Soll die Bundesregierung eine Helmpflicht für Fahrradfahrer beschließen?

Spiel einer Expertenanhörung

A Die Bundesregierung tagt

Berlin, Bundeskanzleramt, Kabinettsaal der Bunderegierung. Stellt euch die folgende Situation vor: Die Bundesregierung, bestehend aus allen Bundesministern und der aktuell amtierenden Bundeskanzlerin oder dem Bundeskanzler, befindet sich in einer ihrer regelmäßigen Sitzungen. Beraten wird, welche politischen Vorhaben man bis zur nächsten Wahl noch auf den Weg bringen wird. Die Verkehrsministerin bittet um das Wort und wendet sich folgendermaßen an die Regierungsmitglieder:

„Seit Jahren gibt es in Deutschland die Forderung, eine Helmpflicht für Fahrradfahrer einzuführen. Doch bisher konnte sich keine der amtierenden Bundesregierungen zu diesem Entschluss durchringen. Im Unterschied zu anderen Ländern, wie zum Beispiel Österreich oder Finnland, gibt es ja bei uns bekanntlich eine solche Helmpflicht nicht. Zahlreiche Menschen im Land fordern von uns endlich eine Entscheidung. Der **Verband der Verkehrspolizei** ist in meinem Ministerium vorstellig geworden und hat mich als zuständige Verkehrsministerin dazu aufgefordert, möglichst noch in dieser Legislaturperiode* eine Helmpflicht für Fahrradfahrer gesetzlich zu veran-

kern. Auch die **Vertretung der Unfallärzte** hat sich zu Wort gemeldet und kämpft für eine Helmpflicht."

Spontan meldet sich der Justizminister zu Wort: „Wir wissen aber auch, dass der **Allgemeine Deutsche Fahrrad-Club** und der **Industrieverband des Fahrradhandels** eine Helmpflicht für Fahrradfahrer ablehnen. Sie fordern, es dabei zu belassen, dass das Helmtragen freiwillig geschieht."

Nun greift die Bundeskanzlerin in die Debatte ein: „Um eine Helmpflicht für Fahrradfahrer einzuführen, müsste die Straßenverkehrsordnung geändert werden, also die STVO. Die Änderung einer Verordnung können wir als Bundesregierung beschließen. Im Unterschied zu einem Gesetz ist bei Bundesverordnungen die Zustimmung des Bundestages nicht erforderlich."

„Aber der Bundesrat, also die Vertretung der Länder in Berlin, muss mehrheitlich dafür sein. Schließlich ist ja auch die Landespolitik davon betroffen", fügt der Landwirtschaftsminister hinzu.

„Es wird ein schwieriger Entscheidungsprozess werden!", gibt der Wirtschaftsminister zu bedenken und der Verkehrsminister beendet die Diskussionsrunde mit den Worten: „Ich werde in meinem Ministerium einen Vorschlag zur Einführung der Helmpflicht für Fahrradfahrer ausarbeiten lassen. Zuvor sollten wir die Interessenverbände Pro und Kontra zu einer Expertenanhörung einladen. So können wir uns als verantwortlich handelnde Bundesregierung ein fundiertes Urteil bilden, bevor wir in der Sache entscheiden."

In diesem Planspiel könnt ihr die von der Regierung geplante Expertenanhörung und eine weitere Sitzung der Bundesregierung gemeinsam durchführen.

*Als Legislaturperiode bezeichnet man die Zeit zwischen zwei Wahlen (= Zeit der Gesetzgebung).

Kabinettsaal in Berlin. Hier treffen sich die Mitglieder der Bundesregierung zu ihren regelmäßigen Beratungen.

 Helmpflicht für Fahrradfahrer: Wie würdest du dich als Mitglied der Bundesregierung in dieser Frage spontan entscheiden? Macht eine Probeabstimmung in der Klasse und notiert das Ergebnis.

 B So verläuft das Planspiel

Erste Phase

Vorbereitung der Expertenanhörung

1. Bildet die fünf beteiligten Gruppen (Material B).
2. Bereitet euch in Gruppenarbeit auf die Anhörung vor.
3. Lest dazu auch die Informationszeitung (Material D).
4. Einigt euch auf euer Vorgehen in der Versammlung und überlegt, wer aus der Gruppe welche Argumente vortragen wird.

Zweite Phase

Spiel der Expertenanhörung

1. Die Pressesprecherin und/oder der Pressesprecher der Bundesregierung eröffnen die Sitzung und begrüßen die Teilnehmer.
2. Die Vertretung des Bundesverkehrsministeriums trägt ihre Überlegungen vor.
3. Die übrigen vier Gruppen erklären in Kurzvorträgen ihre Forderungen.

4. Die Versammlung diskutiert.
5. Die Versammlungsleitung beendet die Diskussion mit einer Zusammenfassung der Pro- und Kontra-Argumente.

Dritte Phase

Die Klasse diskutiert: Wie würden wir als Bundesregierung entscheiden?

In dieser Phase verlasst ihr eure Rollen. Ihr diskutiert nun das Problem aus eurer persönlichen Sicht.

1. Sammelt noch einmal alle Argumente, die während der Expertenanhörung pro und kontra Helmpflicht genannt wurden.
2. Überlegt, auf welche Kriterien es euch ankäme, wenn ihr als Bundesregierung zu entscheiden hättet. (Wäre dir zum Beispiel das Kriterium der Freiwilligkeit besonders wichtig oder doch die Verbesserung des Unfallschutzes oder andere Kriterien?)

3. Formuliert euer persönliches Urteil. Nennt dabei die Kriterien, die euch wichtig sind. Diskutiert miteinander.

Die Diskussion könnt ihr mit einer Abstimmung pro und kontra Helmpflicht für Fahrradfahrer beenden.

Tipp: Ihr könnt das Planspiel erweitern, indem ihr in dieser dritten Phase in die Rolle der Bundesregierung schlüpft. Jede und jeder von euch übernimmt dabei die Rolle einer Ministerin oder eines Ministers. Die Gesprächsleitung hat dann die Bundeskanzlerin oder der Bundeskanzler.

Vierte Phase

Anhand von Material E wertet ihr gemeinsam das Planspiel aus. Abschließend bearbeiten alle den Infotext zum Thema *Politik* (Material F).

C Spiel der Expertenanhörung: Wer hat die überzeugendsten Argumente?

Zur Vorbereitung und zur Durchführung der Versammlung müsst ihr euch auf die folgenden Gruppen aufteilen. Haltet euch im Verlauf dieser Spielphase an die vorgegebenen Rollenanweisungen.

Gruppe 1 Bundesministerium für Verkehr

Bereitet euch auf die Versammlung mit den Expertengruppen vor, indem ihr die bisher bekannten Argumente pro und kontra Helmpflicht auflistet und möglichst viele Fragen überlegt, die ihr an die Expertengruppen stellen werdet. Ein abschließendes Urteil werden ihr euch erst bilden, nachdem ihr alle Gruppen angehört habt. Im Auftrag der Regierung werdet ihr dann überlegen, ob in den Paragrafen 21 der Straßenverkehrsordnung (siehe Informationszeitung) eine zusätzliche Bestimmung aufgenommen werden soll. Die Bestimmung kann lauten: „Alle Fahrradfahrer/innen müssen einen geeigneten Schutzhelm tragen." Oder auch: „Alle Fahrradfahrer bis zu einem Alter von 12, 13, 14, 15, 16 Jahren …"

Ihr müsst dann auch die Höhe eines Bußgeldes bei Nichtbeachtung der Regel festlegen. Alternativ könnt ihr eurer Regierung vorschlagen, weiterhin auf eine Helmpflicht zu verzichten.

Pro Helmpflicht

Kontra Helmpflicht

Gruppe 2 Verband der deutschen Verkehrspolizei

Als Polizisten seht ihr eure Aufgabe darin, die Menschen vor den Risiken im Straßenverkehr zu beschützen. Das gilt besonders für Kinder. Mit der bestehenden Regelung, wonach kein Radfahrer dazu gezwungen werden darf, einen schützenden Helm aufzusetzen, verhindert man, dass ihr diese Aufgabe wahrnehmen könnt. Angesichts der vielen schweren Verkehrsunfälle mit Radfahrern kämpft ihr dafür, dass die Helmpflicht in die StVO aufgenommen wird, zumindest für Kinder bis 16 Jahre. Dazu sammelt ihr möglichst viele Argumente.

Gruppe 4 Allgemeiner Deutscher Fahrrad-Club

Eurer Ansicht nach führt das Helmtragen dazu, dass risikoreicher gefahren wird, weil die Radfahrer dann glauben, es könne ihnen nichts passieren. Eine allgemeine Helmpflicht würde dazu beitragen, dass die Zahl der Verkehrsunfälle mit Radfahrern noch weiter ansteigen wird. Außerdem wird das Helmtragen von vielen Menschen als unangenehm empfunden. Deswegen sollten weiterhin alle für sich entscheiden können, ob sie einen Helm aufsetzen oder nicht. Ihr sammelt viele weitere Argumente, um das Ministerium zu überzeugen.

Gruppe 3 Interessenvertretung der Unfallärzte

Als Ärzte seht ihr Tag für Tag, welch schwere Verletzungen die Opfer von Fahrradunfällen erleiden. Ihr geht davon aus, dass 80 % aller schweren Hirnverletzungen beim Radfahren durch das Tragen eines Helms hätten vermieden werden können. Eurer Ansicht nach ist es die Pflicht einer Regierung, dafür zu sorgen, dass das Radfahren sicherer wird. Ihr setzt euch dafür ein, dass die Helmpflicht für alle eingeführt werden soll, weil alle gefährdet sind. Dafür sammelt ihr möglichst viele Argumente, die ihr in der Versammlung vortragen werdet.

Gruppe 5 Industrieverband des Fahrradhandels

Ihr haltet eine Helmpflicht für unsinnig, weil sie zur Folge hätte, dass viele Menschen ganz auf das Radfahren verzichten werden. Stattdessen würden viele wieder auf das Auto umsteigen und ihre Kinder mit dem Auto transportieren. Das wäre dann auch zum Nachteil für die Umwelt. Ihr werdet dafür kämpfen, dass das Helmtragen weiterhin eine freiwillige Angelegenheit bleibt, und sammelt für euren Standpunkt in der Gruppe möglichst viele Argumente, um das Ministerium zu überzeugen.

D Informationszeitung für alle Expertengruppen

Die Informationen auf dieser Seite sollen von allen Expertengruppen vor Beginn der Versammlung durchgearbeitet werden. Sucht in den Materialien nach möglichen Argumenten, mit denen ihr eure Pro- oder Kontra-Position in den Verhandlungen über die Einführung der Helmpflicht für Fahrradfahrer stützen könnt.

§ 21 a STVO
Sicherheitsgurte, Schutzhelme

(2) Wer Krafträder oder offene drei- oder mehrrädrige Kraftfahrzeuge mit einer bauartbedingten Höchstgeschwindigkeit von über 20 km/h führt sowie auf oder in ihnen mitfährt, muss während der Fahrt einen geeigneten Schutzhelm tragen.

(Aus der Straßenverkehrsordnung für die Bundesrepublik Deutschland in der Fassung vom 30.04.2014)

Forscher warnen vor falschen Hoffnungen

Weitgehend einig sind sich Forscher darüber, dass ein Helm im Falle eines Sturzes schwere Kopfverletzungen verhindern kann. Einen gesetzlichen Zwang lehnen die meisten jedoch trotzdem ab. „Wir sind gegen eine Helmpflicht", sagt zum Beispiel Ceri Woolsgrove, Sicherheitsexperte bei der European Cyclists Federation (ECF). Die Radlobbyorganisation ECF warnt immer wieder vor den womöglich negativen Folgen einer Helmpflicht. Statistiken zeigen etwa, dass nach der Einführung der Helmpflicht in Australien die Radnutzung in Städten um 20 bis 40 Prozent sank.

(Aus: Holger Dambeck: Helmpflicht für Fahrradfahrer: reine Kopfsache; Artikel vom 13.06.2013 in: www.spiegel-online.de; Zugriff 02.05.2016)

Helmpflicht in anderen Ländern

Australien: Pflicht gilt für alle Radfahrer
Estland: Pflicht für Kinder unter 16 Jahren
Finnland: Pflicht für alle Radfahrer
Island: Pflicht für Kinder unter 15 Jahren
Österreich: Pflicht für Kinder unter zwölf Jahren
Bei Nichtbeachtung der Regelungen werden Bußgelder in unterschiedlicher Höhe fällig, je nach Land zwischen 30 und 90 Euro.

(Quelle: Verband für bürgernahe Verkehrspolitik, https://fahrrad.bussgeldkatalog.org)

Unfallstatistik 2014

Auf Deutschlands Straßen sind im vergangenen Jahr 396 Fahrradfahrer bei Unfällen ums Leben gekommen. Laut der Untersuchung des Statistischen Bundesamts entspricht dieser Wert zwölf Prozent aller Verkehrstoten. Wie das Amt in Wiesbaden am Dienstag mitteilte, wurden außerdem 77 900 Fahrradfahrer verletzt, davon 14 500 schwer. Im Vergleich zum Vorjahr stieg die Zahl der tödlich verunglückten Radler um 42, die der verletzten um etwa 6 000. [...] 1970 waren nach Angaben der Bundesanstalt für Straßenwesen noch 1 835 Radfahrer tödlich verunglückt, seitdem gibt es einen sinkenden Trend.

(Aus: Zahl der tödlich verunglückten Radfahrer gestiegen, Artikel vom 18.05.2015, in: www.spiegel.de, Autorenkürzel cst/dpa; Zugriff: 10.05.2016)

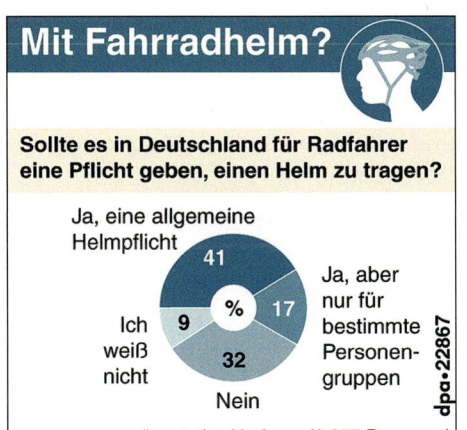

Mit Fahrradhelm?

Sollte es in Deutschland für Radfahrer eine Pflicht geben, einen Helm zu tragen?

Ja, eine allgemeine Helmpflicht 41
Ja, aber nur für bestimmte Personengruppen 17
Nein 32
Ich weiß nicht 9
%
dpa-22867

repräsentative Umfrage (2 057 Personen) vom 22. bis 24.6.2015 im Auftrag der dpa
Quelle: YouGov
rundungsbedingte Differenzen

Tipp für alle Gruppen: Internetrecherche – Mithilfe der Suchbegriffe „Helmpflicht Fahrradfahrer pro kontra" findet ihr im Internet weitere Argumente.

E Spielauswertung: Ist es so, wie wir es gespielt haben?

Die Fotos verdeutlichen, warum die Helmpflicht für Fahrradfahrer ein Streitthema der Politik in Deutschland ist. Soll der Staat sich um dieses Thema kümmern, weil die Sicherheit von Kindern und Erwachsenen eine seiner wichtigsten Aufgaben ist, oder soll die Demokratie den Menschen ein möglichst hohes Maß an Freiheit belassen?

In der Wirklichkeit gibt es in Deutschland immer wieder heftige Diskussionen zwischen den Befürwortern und den Gegnern einer Helmpflicht. Zu einer Änderung der Straßenverkehrsordnung konnte sich aber keine Bundesregierung entschließen.

Die Straßenverkehrsordnung hat für die Menschen im Land die gleiche Bedeutung wie ein Gesetz.

Wer sich nicht daran hält, wird bestraft. Bei Verstößen gegen die Straßenverkehrsordnung kann die Polizei Bußgelder verhängen. Eltern sind auch hier für ihre Kinder verantwortlich.

Im Unterschied zu einem Bundesgesetz muss über die Änderung einer Verordnung nicht der gesamte Bundestag entscheiden. Es genügt, wenn das zuständige Ministerium diese Verordnung erlässt und die Bundesregierung sie in Kraft setzt. Der Hauptgrund dafür liegt in der Zeitersparnis. Die Straßenverkehrsordnung wurde bis 2016 bereits 49-mal geändert. Der Aufwand wäre zu groß, wenn dazu stets auch der Bundestag mehrfach zusammentreten müsste.

Expertenanhörungen sind üblich im Vorfeld von politischen Entscheidungen.

Am Ende sollten alle in der Klasse über ihre Spielerfahrungen nachdenken. Beantwortet dazu die Fragen in Einzelarbeit und stellt dann die Ergebnisse vor.

1. Helmpflicht für Fahrradfahrer: Ja oder nein? So lautet am Ende des Spiels mein Urteil zu dieser Frage: …

2. Ist es gut und sinnvoll, dass eine Regierung viele Meinungen und Interessen anhört, bevor sie Entscheidungen trifft, oder ist das eine zu große Beeinflussung und Zeitverschwendung? Nimm Stellung dazu.

3. Angenommen, du wärst tatsächlich ein Mitglied der Bundesregierung: Würde dir dein aktueller Informationsstand zum Thema „Helmpflicht für Fahrradfahrer?" ausreichen, um eine so wichtige Entscheidung zu treffen, oder würdest du dich für deine Urteilsbildung um weitere Informationen bemühen? Tipp: Mit dem Thema als Suchbegriff kannst du deinen Informationsstand geradezu grenzenlos erweitern.

4. Was hast du in diesem Spiel über das Regieren, über Politik und Demokratie gelernt? Erläutere deine Erfahrungen.

Was auch noch interessant sein kann:

● Eltern, Freunde, Mitschülerinnen und Mitschüler zum Thema Helmpflicht befragen,

● Artikel über das Planspiel oder über Helmpflicht für die Schülerzeitung schreiben.

 Politik

Handeln für die Öffentlichkeit

Das Wort Politik haben wir von den alten Griechen übernommen. Mit dem Begriff Polis bezeichneten sie die Stadt und die Gemeinschaft, in der sie gemeinsam lebten. Handeln für die Polis bedeutete für sie, dass man etwas Nützliches für das Leben in der Gemeinschaft tut. An dieser Erklärung für Politik hat sich bis heute nicht viel verändert. Auch heute verstehen wir unter Politik ein Handeln, das die Verbesserung des Zusammenlebens in der Gesellschaft und die Lösung von Zukunftsaufgaben zum Ziel hat.

Probleme lösen

Zum politischen Handeln gehört, dass man ein Problem lösen möchte, das mit der Art des Zusammenlebens von Menschen zu tun hat. Das kann in der Schule passieren, in einem Verein, in der Stadt, im Land, im Bund, in Europa und darüber hinaus. Zu den Merkmalen des politischen Handelns gehört, dass unterschiedliche Interessen ins Spiel kommen. Wenn Sarah und Tim sich für mehr Schülermitbestimmung in der Schule starkmachen, wird es mit ziemlicher Sicherheit eine Gruppe anderer Menschen geben, die die Mitwirkungsrechte der Schülervertretung schon jetzt für völlig ausreichend hält. Fordert eine Interessengruppe die Einführung einer Helmpflicht für Fahrradfahrer, meldet sich umgehend eine andere, die dagegen ist.

Konflikte akzeptieren

Zur Politik gehört der Konflikt, der Wettstreit der verschiedenen Meinungen. Wer Interessen durchsetzen will, muss überlegen, mit welchen Mitteln das geschehen soll und wie man Gleichgesinnte finden kann, um die eigenen Forderungen möglichst wirkungsvoll vertreten zu können. Gruppen (Parteien, Verbände, Interessengruppen) spielen daher eine große Rolle in der Politik ebenso wie Macht. Jedes Kind und jeder Schüler hat schon die Erfah-

1. Was verstehen wir unter Politik? Notiere eine Definition.

2. Welche Rolle spielen Interessen, Konflikte und Kompromisse in der Politik? Erläutere sie.

3. Politikverdrossenheit: Was versteht man darunter und welche Erklärung dafür liefert der Text?

4. Hältst du es für notwendig, dass sich viele Menschen für Politik interessieren, oder soll man sie denen überlassen, die sich ständig damit beschäftigen? Formuliere deine Ansicht dazu. Diskutiert miteinander.

rung machen können, dass derjenige, der machtlos ist, kaum Chancen hat, seine Interessen durchzusetzen.

Politikverdrossenheit

Zu einer lebendigen Demokratie gehört, dass sich möglichst viele Menschen für Politik interessieren, dass sie bereit sind, sich zu informieren, mitzureden, mitzumachen und sich ihr eigenes Urteil zu bilden. Tatsächlich interessieren sich aber viele Menschen nicht für Politik. Das wird oft bedauert, ist aber ihr gutes Recht, denn in der Demokratie wird niemand zum Mitmachen gezwungen.

Es gibt auch eine große Gruppe von Menschen, die alles ablehnen, was die großen Parteien und die Politikerinnen und Politiker sagen und tun. Viele meinen zum Beispiel, dass „die da oben ja sowieso machen, was sie wollen". Die pauschale Negativbewertung wird als *Politikverdrossenheit* bezeichnet. Neben der oftmals berechtigten Kritik am Handeln von Politikern und der Regierung wird ein Grund auch darin gesehen, dass demokratische Politik manchen als zu kompliziert und zu langwierig erscheint. Wer uninformiert ist, neigt eher zur Politikverdrossenheit als jemand, der bereit ist, sich zu informieren, und der akzeptiert, dass demokratische Entscheidungen oft erst nach langen Diskussionen, Verhandlungen und Kompromissen zustande kommen.

Demokratie lernen und leben

Station 1 ⓈⓂⓊⒽ

„Stell uns bitte Deutschland vor!"

Was haben die folgenden Zahlen mit Deutschland zu tun?
Erkläre es in jeweils einem Satz.

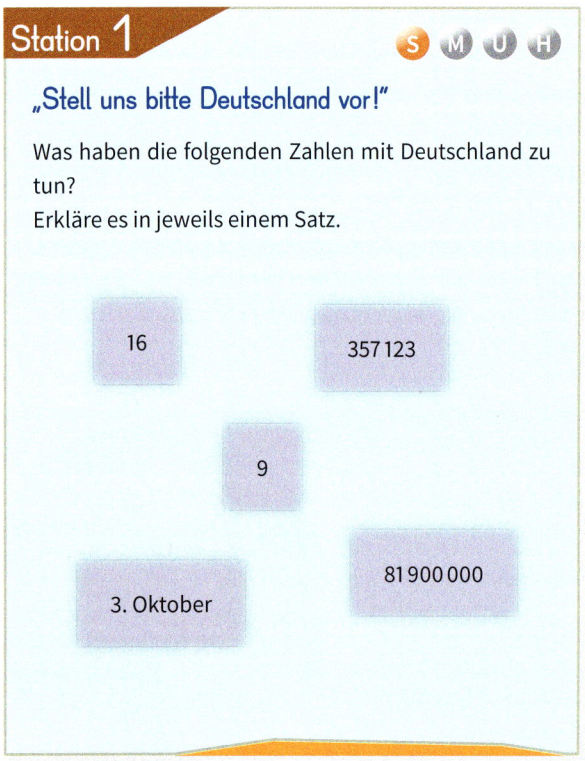

16

357 123

9

3. Oktober

81 900 000

Station 2 ⓈⓂⓊⒽ

Projekt: Unser Bundesland

Zum Beispiel Nordrhein-Westfalen
Maggie und Max haben eine PowerPoint-Präsentation über NRW erstellt. Hilf ihnen, die Fehler in den Folien zu korrigieren, bevor sie ihr Bundesland präsentieren.

Folie A: NRW ist

- das bevölkerungsreichste Bundesland in Deutschland
- und das wirtschaftlich stärkste
- und das flächenmäßig größte

Folie B: Die wichtigsten Aufgaben des Landtages von NRW sind:

- die Verabschiedung der Landesgesetze
- die Kontrolle der Landesregierung und der Verwaltung
- die Wahl der Oberbürgermeister
- die Verabschiedung des Landeshaushalts

Folie C: Der Landtag von NRW wählt aus seiner Mitte:

- den Vorsitzenden des Bundesrates
- die Ministerpräsidentin, den Ministerpräsidenten des Landes
- die Landtagspräsidentin, den Landtagspräsidenten
- die Bundesminister

Station 3

S M U H

Was gehört zur Demokratie?

Vorsicht Fehler!

In der folgenden Mindmap hat sich in jedem Strang ein Fehler eingeschlichen. Dir sollte es gelingen, die Mindmap fehlerfrei zu übernehmen.

Begriff aus dem Griechischen

Volksherrschaft

Macht im Staat geht vom Staatspräsidenten aus

Volkssouveränität

Definition

Vorzüge für jeden Einzelnen

individuelle Freiheit

garantierte Grundrechte

Gleichberechtigung

Rederecht im Parlament

Die deutsche Demokratie

freie Wahlen

mindestens eine Partei

Schutz von Minderheiten

Mehrheitsentscheidungen

Merkmale

Pflichten für jeden Einzelnen

Einhaltung der Gesetze

Achtung der Freiheit anderer

Arbeitspflicht

Schulpflicht

Station 4

S M U H

Unsere Klasse als Bundesregierung

Planspiel: Helmpflicht für Fahrradfahrer?

Welche Gründe sprechen dagegen?
Nenne mindestens zwei.

Welche sprechen dafür?
Nenne ebenfalls mindestens zwei.

Was hat die Bundesregierung damit zu tun?

Wie denkst du über die Einführung der Helmpflicht?
Begründe dein Urteil.

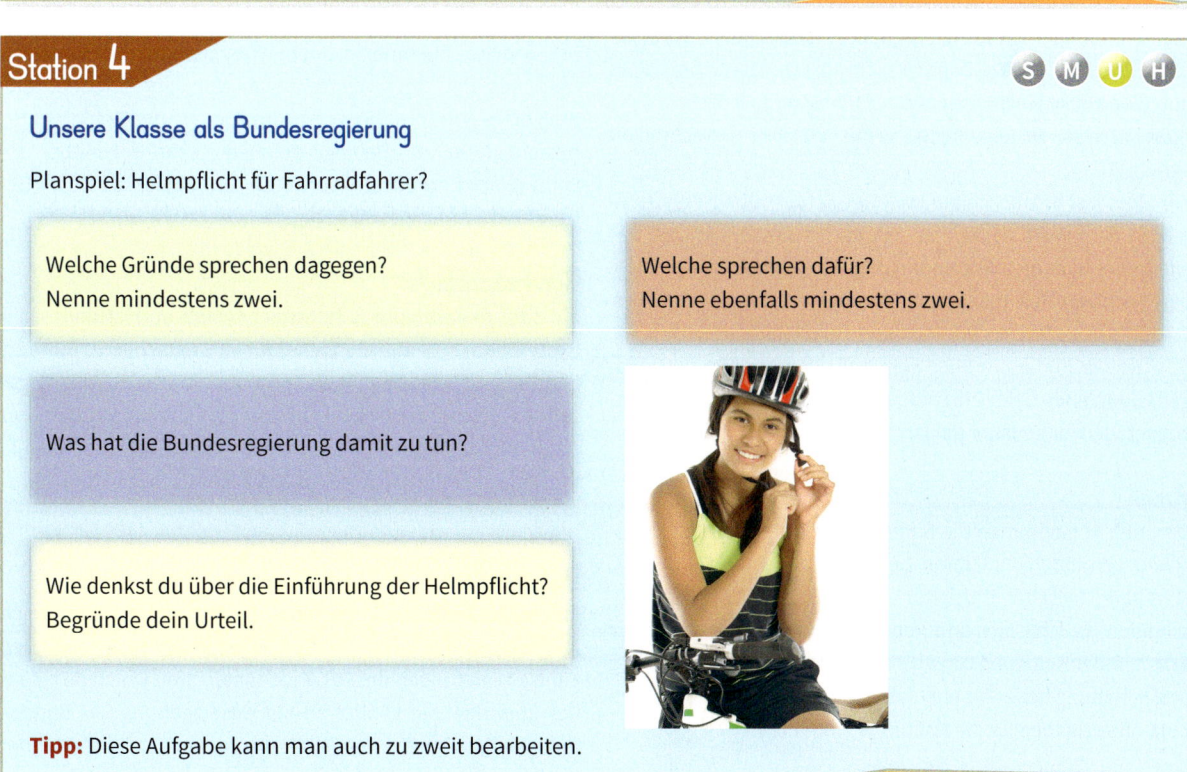

Tipp: Diese Aufgabe kann man auch zu zweit bearbeiten.

Glossar

Glossar: Was soll das?

Oft verwenden verschiedene Menschen die gleichen Begriffe und meinen damit etwas völlig anderes. Da spricht zum Beispiel jemand von Freiheit und meint damit: „Hauptsache, ich selbst kann alles tun und lassen, was ich will."

Sein Gegenüber spricht auch von Freiheit und meint damit, dass man einen anderen Menschen in seiner Entfaltung nicht unterdrücken darf. Oder nehmen wird den Begriff Gerechtigkeit. Darüber, was man darunter versteht, haben die Menschen oft sehr unterschiedliche Vorstellungen.

Die Verständigung der Menschen untereinander wird erschwert, wenn wir die Begriffe nicht klären. Manchmal ist es gut, eine Pause einzulegen und zum Beispiel zu fragen: „Was meinst du eigentlich, wenn du von Gerechtigkeit sprichst?"

Ein Glossar soll dabei helfen, wichtige Schlüsselbegriffe zu klären. In dem Wort steckt das lateinische *Glossarium* und das wiederum bedeutet Wortsammlung. Ein Glossar ist eine Liste von Fachbegriffen mitsamt Erklärungen, die man zum Verständnis eines Buches oder anderer Texte braucht.

Das Glossar in diesem Buch solltet ihr immer dann aufschlagen, wenn euch beim Durcharbeiten von TEAM ein Begriff begegnet, den ihr genauer geklärt haben möchtet.

Arbeit

Darunter versteht man die Summe aller Tätigkeiten, die Menschen verrichten, um ihren Lebensunterhalt zu verdienen. Man kann zwischen bezahlter und unbezahlter Arbeit unterscheiden. Es fehlt hier und in anderen Ländern an bezahlter Arbeit. Die Beseitigung von Arbeitslosigkeit bzw. die Sicherung und Schaffung neuer Arbeitsplätze gilt als eine der wichtigsten Zukunftsaufgaben für die Politik.

Armut

Hier muss man zwischen absoluter und relativer Armut unterscheiden. Weltweit leben über eine Milliarde Menschen in absoluter Armut. Das bedeutet, dass sie nicht genug zu essen, keinen Zugang zu sauberem Trinkwasser und keine menschenwürdige Wohnung haben. Auch in Deutschland gibt es viele Menschen, denen wenig Geld zur Verfügung steht und die sich wenig leisten können. Im Vergleich zur absoluten Armut leben diese Menschen in relativer Armut. Als relativ arm gelten in Deutschland Familien, denen weniger als die Hälfte eines durchschnittlichen Familieneinkommens zur Verfügung steht.

Betrieb (siehe auch Unternehmen)

In den Betrieben werden die Güter, die wir zum Leben brauchen, hergestellt und auf den Märkten angeboten. Das kann in einem Ein-Personen-Betrieb geschehen bis zu einem Unternehmen, in dem Tausende von Mitarbeitern mit der Herstellung eines Produktes beschäftigt sind. Neben der Größe unterscheiden sich die vielen Betriebe nach der Art der Güter, die darin hergestellt werden, und nach der Rechtsform. Zum Beispiel kann ein Betrieb eine Personengesellschaft sein mit einer Chefin oder einem Chef an der Spitze oder eine große Aktiengesellschaft. Zu einem Unternehmen können mehrere Betriebe gehören.

Betriebsrat

Er ist die gewählte Interessenvertretung der Arbeitnehmerinnen und Arbeitnehmer in einem Wirtschaftsbetrieb. Er wird in Betrieben mit einer Mindestanzahl von fünf Personen alle drei Jahre gewählt. Die wichtigste Aufgabe des Betriebsrates besteht darin, alle Belange der Belegschaft gegenüber der Leitung des Betriebes zu vertreten. Seine Rechte sind im Betriebsverfassungsgesetz geregelt.

Bundeskanzler/in

Sie oder er wird vom Bundestag gewählt und ist der mächtigste Politiker in der Bundesrepublik Deutschland. Bundeskanzler sind gegenüber dem Parlament für die Politik der gesamten Bundesregierung verantwortlich. Als Chef der Regierung bestimmt er oder sie die Richtlinien der Politik. Ihm bzw. ihr steht das Recht zu, die Ministerinnen und Minister zu entlassen und neue zu berufen.

Bundesrat

Er ist die politische Vertretung der 16 Bundesländer. Seine Mitglieder werden nicht vom Volk gewählt, sondern von den Landesregierungen der 16 Länder entsendet. Durch den Bundesrat wirken die Länder an der Gesetzgebung des Bundes mit. Alle Bundesgesetze, die die Interessen der Bundesländer betreffen, bedürfen der Zustimmung des Bundesrates, bevor sie in Kraft treten. Bundesrat und Bundestag bilden zusammen das Parlament der Bundesrepublik Deutschland.

Bundesregierung

Sie besteht aus dem Bundeskanzler und den Bundesministern. Die Bundesregierung übt für den Zeitraum zwischen zwei Wahlen die politische Herrschaft im Staate aus. Sie berät und entscheidet darüber, was im eigenen Land geschehen soll. Sie regelt die Beziehungen zu anderen Staaten. Bei ihren Entscheidungen muss sich die Regierung an die Gesetze halten. Sie hat das Recht, Gesetzesvorschläge vorzubereiten und beim Parlament einzureichen.

Bundesstaat (siehe auch Föderalismus)

Das ist ein Staat, der aus mehreren Teilstaaten besteht, die gemeinsam zu einem Bund zusammengeschlossen sind. Die Bundesrepublik Deutschland ist ein solcher Bundesstaat. Sie besteht aus 16 Bundesländern und hat in der Bundeshauptstadt Berlin ein gemeinsames Parlament und eine gemeinsame Regierung.

Bundestag

Der Bundestag ist die gewählte Volksvertretung der Bundesrepublik Deutschland. Er gilt als wichtigste Bundeseinrichtung und als „Herz der Demokratie". Die Abgeordneten zum Deutschen Bundestag werden alle vier Jahre in allgemeiner, unmittelbarer, freier, gleicher und geheimer Wahl gewählt. Zu den wichtigsten Aufgaben des Bundestags gehört die Wahl des Bundeskanzlers, die Überwachung der Bundesregierung, das Recht, über die Einnahmen und die Ausgaben des Bundes zu beschließen, und die Verabschiedung aller Bundesgesetze.

Bundestagswahl

Sie entscheidet über die Personen und die Parteien, aus denen sich der Bundestag zusammensetzt. Sie findet alle vier Jahre statt. Bei der Wahl haben die Wählerinnen und Wähler zwei Stimmen. Mit der Erststimme wählen sie die Abgeordneten in ihren Wahlkreisen. Mit der Zweitstimme wählen sie eine Partei. Für die prozentuale Sitzverteilung der Parteien im Bundestag ist die Zweitstimme entscheidend, deswegen ist sie die wichtigere von beiden. Eine Partei muss mindestens fünf Prozent aller Wählerstimmen erhalten, um in den Bundestag einziehen zu dürfen.

Bürgermeister/in

Eine Bürgermeisterin oder ein Bürgermeister ist Leiterin bzw. Leiter einer Gemeinde, ob haupt- oder ehrenamtlich, hängt von der Größe der Gemeinde ab. In kreisfreien Städten heißt der Bürgermeister Oberbürgermeister. Bürgermeister führen den Vorsitz in den Gemeinde- und Stadträten. Ihre Rechte und Pflichten sind in den Gemeindeordnungen festgeschrieben, die von Bundesland zu Bundesland unterschiedlich sind. Zum Beispiel werden die Bürgermeister in Nordrhein-Westfalen seit 1994 von der Bevölkerung direkt gewählt.

Datenschutz

Wer einer Freundin oder einem Freund ein Foto von sich schenkt, will nicht, dass es in fremde Hände gelangt, womöglich, damit sich andere darüber lustig machen, das Foto bearbeiten, zur Schau stellen usw. Man will, dass persönliche Daten in besonderer Weise geschützt werden. Aus diesem Wunsch leitet sich ein Recht ab, das als Datenschutz bezeichnet wird. In Deutschland wird es als so wichtig angesehen, dass es den Charakter eines Grundrechtes hat. Man bezeichnet es als das *Recht auf informationelle Selbstbestimmung*. Danach kann jeder Mensch selbst entscheiden, wem er welche persönlichen Daten zur Verfügung stellt. Die Politik hat die Aufgabe, diesen Schutz zu gewährleisten. Dazu gibt es das Datenschutzgesetz. Mit der zunehmenden Verbreitung des Internets wird es zu einer sehr schwierigen Aufgabe, die Bürgerinnen und Bürger vor Datenmissbrauch zu schützen.

Demokratie

Wörtlich übersetzt heißt das aus der griechischen Sprache stammende Wort „Herrschaft des Volkes". Für unsere moderne Zeit bedeutet Demokratie, dass alle Herrschaft im Staat vom Volk ausgeht. Das Volk wählt seine Vertreter in die Gemeinderäte, die Landtage und in den Bundestag. Weil diese Vertreterinnen und Vertreter das Volk repräsentieren, nennt man unsere Demokratie auch repräsentative Demokratie. Der wichtigste Wert in einer Demokratie ist, dass die Menschen frei sind und gleiche Rechte haben.

Diktatur

Sie ist das Gegenteil einer Demokratie. Hier sind die Menschen nicht frei. An der Spitze einer Diktatur steht ein Alleinherrscher oder eine Gruppe von Herrschenden, die alle Macht in Händen hält. Die Bevölkerung hat den Befehlen der Mächtigen zu gehorchen. Politisch Andersdenkende werden häufig verfolgt.

Entwicklungsländer

Mit diesem Begriff werden die Länder auf der Welt bezeichnet, die als besonders arm gelten. Fast acht von zehn Menschen auf der Erde leben in einem solchen Land. Einige Merkmale der Armut sind: Unterernährung, fehlende medizinische Versorgung, wenig Bildung für die Kinder, krasse Gegensätze zwischen Arm und Reich.

Europäische Union

Die EU ist ein Verbund europäischer Staaten, zu dessen wichtigsten Zielen die Sicherung des Friedens, der Freiheit und die Förderung des wirtschaftlichen Wohlergehens gehören. Seit

2013 gehören 28 Mitgliedstaaten der Europäischen Union (EU) an. Sie haben sich vertraglich verpflichtet, weite Bereiche der Politik gemeinsam zu gestalten und zu einem immer festeren wirtschaftlichen und politischen Bündnis zusammenzuwachsen. Dabei sollen die einzelnen Mitgliedstaaten ihre Selbstständigkeit behalten.

Exekutive

Sie ist die ausführende Gewalt und damit eine der drei klassischen Staatsgewalten. Polizisten sind zum Beispiel Teil der staatlichen Exekutive, weil sie dafür sorgen, dass die Ordnung im Staat aufrechterhalten wird. Auf Bundesebene ist die Bundesregierung das oberste Organ der Exekutive.

Familie

Die Familie ist die erste und die wichtigste Gruppe, in die ein Mensch hineingeboren wird. Niemand kann sie sich aussuchen. Ihre Form kann sehr unterschiedlich sein. Oft verstehen wir darunter eine Gemeinschaft, die aus Eltern und einem oder mehreren Kindern besteht. Sie kann aber auch aus einer alleinerziehenden Mutter oder einem alleinerziehenden Vater bestehen.

Föderalismus

Das lateinische Wort *födus* heißt „Bund". Ein föderalistischer Staat ist ein Staat, in dem mehrere Teilstaaten zu einem Bund zusammengeschlossen sind. Dabei kann man zwischen einem Staatenbund und einem Bundesstaat unterscheiden. Die Bundesrepublik Deutschland ist ein föderalistischer Bundesstaat.

Freiheit

bezeichnet die Fähigkeit des Menschen, aus eigenem Willen und aus eigener Verantwortung Entscheidungen zu treffen und zwischen mehreren Möglichkeiten auswählen zu können. Man kann *frei von etwas* sein – also frei von Unterdrückung, Not, Mobbing oder ungerechter Behandlung. Und man kann *frei für etwas* sein – frei sein, zu tun und zu lassen, was man will, den eigenen Beruf zu wählen, sich für die Demokratie und gegen Fremdenfeindlichkeit einzusetzen und vieles andere mehr. Die Grenzen der eigenen Freiheit liegen immer dort, wo Recht und Gesetz bestimmte Handlungen verbieten und wo die Freiheit anderer Menschen durch die eigene Freiheit verletzt wird.

Gemeinde

Sammelbegriff, der vom Dorf bis zur Großstadt reichen kann. Eine Gemeinde hat das Recht, sich selbst zu verwalten und ihre Angelegenheiten selbst zu regeln. Gemeinden sind sogenannte Gebietskörperschaften. Das heißt, sie sind für ihr Gebiet mit bestimmten Aufgaben, Rechten, Pflichten und Ein-

richtungen ausgestattet. Für Gemeinden verwendet man auch den Begriff Kommunen.

Gerechtigkeit

Schülerinnen und Schüler erwarten von ihren Lehrern, dass sie gerecht handeln. Dazu gehört einerseits, dass diese ihre Sache richtig machen, in dem sie sich an die geltenden Regeln und Gesetze halten, und andererseits, dass sie gut handeln, zum Beispiel, indem sie niemanden bevorzugen oder benachteiligen. Gerechtigkeit hat immer damit zu tun, wie wir uns anderen Menschen gegenüber verhalten. Welches Handeln wir als gut empfinden, hängt von unseren eigenen Wertvorstellungen ab. Weil das so ist, unterscheiden sich die Auffassungen von Gerechtigkeit von Mensch zu Mensch. Das gilt auch für die Vorstellungen von einer gerechten Politik. Die einen meinen, es gehe dann gerecht in der Gesellschaft zu, wenn alle etwa gleich viel besitzen, andere meinen, Gerechtigkeit bestehe, wenn alle gleiche Bildungschancen hätten, wieder andere sind davon überzeugt, dass es gerecht ist, wenn diejenigen, die mehr leisten als andere, dadurch auch einen höheren Reichtum erzielen. Verteilungs-, Chancen- und Leistungsgerechtigkeit sind drei Vorstellungen, zwischen denen es zu unterscheiden gilt.

Gesellschaft

bedeutet dem Wortursprung nach eine Vereinigung mehrerer Gefährten oder ein freundliches Beisammensein. Wenn wir von unserer Gesellschaft sprechen, meinen wir damit in der Regel die Gesamtheit der Menschen, die in diesem Staat leben. Der Mensch braucht die Gesellschaft, weil er als soziales Wesen auf andere Menschen angewiesen ist. Man unterscheidet verschiedene Gesellschaftsformen. Die deutsche Gesellschaft wird – je nach Sichtweise – als eine demokratische, offene bezeichnet, die sich im Wandel von einer Industrie- zu einer Dienstleistungsgesellschaft befindet.

Gesetze

Gesetze sind die aufgeschriebenen und vom Parlament verabschiedeten Regeln, an die alle Menschen in einem Staat sich halten müssen. Damit die Gesetze eingehalten werden, gibt es Strafen für die Nichtbeachtung. Im Rechtsstaat ist auch der Staat an die Einhaltung der Gesetze gebunden. Im Streitfall entscheiden die Gerichte frei und unabhängig im Rahmen der Gesetze.

Gewaltenteilung

Darunter versteht man die Aufteilung der Macht im Staat auf die drei Gewalten Legislative, Exekutive und Judikative. Die Legislative ist die gesetzgebende Gewalt. Sie wird vom Bundesparlament und den Landesparlamenten wahrgenommen. Die Exekutive ist die ausführende Gewalt, also diejenige, die die Politik für einen begrenzten Zeitraum macht. Diese Aufgabe wird von den Regierungen ausgeübt. Die dritte Staatsgewalt ist die Judikative, also die Rechtsprechung. Sie wird ausgeführt von den unabhängigen Gerichten. Die Staatsgewalten sind geteilt, damit sie sich gegenseitig kontrollieren. Die Teilung soll verhindern, dass zu viel Macht in einer Hand zusammenkommen kann.

Grundrechte

Sie sind die in der Verfassung niedergeschriebenen grundlegenden Menschenrechte. Zu ihnen zählen die Freiheits- und Gleichheitsrechte sowie soziale Grundrechte. Sie sind in erster Linie Schutzrechte des Einzelnen gegenüber dem Staat. In der Bundesrepublik Deutschland sind die Grundrechte im ersten Abschnitt des Grundgesetzes aufgeführt.

Internet

Auf Deutsch kann man Internet mit Verbundnetz übersetzen. Das Internet ist ein weltweiter elektronischer Verbund von vielen Millionen Computern. Vergleicht man es mit einem Netz, so ist jeder einzelne PC ein Knoten in diesem Netz. Das Verbundsystem ermöglicht es, Daten weltweit zu versenden und auszutauschen. Zum ersten Mal wurde das Internet im Jahr 1969 genutzt – damals noch ausschließlich zu militärischen Zwecken.

Judikative

Wenn jemand gegen die Gesetze verstoßen hat und sich dafür vor Gericht verantworten muss, dann ist er bei der Judikative gelandet. Sie ist die rechtsprechende Gewalt und eine der drei klassischen Staatsgewalten. Sie wird von unabhängigen Gerichten bzw. Richtern ausgeübt, die nur den Gesetzen verpflichtet sind.

Jugendliche

Die Jugendphase ist die Zeit zwischen Kindheit und Erwachsensein, auch die Zeit der Ausbildung. Oft werden Leute bis zum Ende des zwanzigsten Lebensjahres als Jugendliche bezeichnet. Unter rechtlichen Gesichtspunkten ist man Jugendliche oder Jugendlicher im Alter zwischen 14 und 18 Jahren. Für diese Altersgruppe gelten in der Regel die Bestimmungen des Jugendrechts. Vor Gericht kann man auch bis 21 als Jugendlicher behandelt werden.

Jugendrecht

Dies ist ein Sammelbegriff für alle Rechtsgrundsätze, die speziell für Jugendliche gelten. Dazu gehören das Jugendschutzgesetz, das Jugendarbeitsschutzgesetz und das Jugendstrafrecht. Die Gesetze zum Schutz der Jugend haben die Aufgabe, Jugendliche vor seelischen und körperlichen Gefährdungen zu bewahren und ihnen eine gesunde Entwicklung zu ermöglichen.

Kaufvertrag

Bei jedem Kauf kommt es zwischen dem Käufer und dem Verkäufer zum Abschluss eines Vertrages, auch dann, wenn dieser nicht schriftlich vereinbart wurde. Ein Kaufvertrag ist eine Vereinbarung, die durch den Kaufantrag und die Antragsannahme zustande kommt. Der Verkäufer verpflichtet sich darin, dem Käufer eine bestimmte Ware oder eine Dienstleistung zu einem bestimmten Preis zu übergeben. Der Käufer verpflichtet sich, den vereinbarten Preis zu zahlen und die gekaufte Sache anzunehmen.

Kinderrechte

Man versteht darunter die Rechte, die den Kindern unabhängig von ihrer Herkunft, ihrem Geschlecht oder ihrem Glauben weltweit zustehen müssen. Im Jahr 1989 wurden diese Rechte in einer Erklärung der Vereinten Nationen in New York in 54 Artikeln aufgeschrieben und verkündet.

Kommunalpolitik

Das ist die Politik, die in den Gemeinden gemacht wird, also in den Stadt- und Landgemeinden. *Kommunal* heißt: die Gemeinde betreffend; eine Kommune ist eine Gemeinde. Neben der Bundes- und der Landespolitik ist die Kommunalpolitik die dritte Ebene der nationalen Politik.

Kompromiss

Das lateinische Wort bedeutet „Übereinkunft" bzw. „Ausgleich". Der Kompromiss ist eine Art der Entscheidung zwischen Personen oder Gruppen, die unterschiedliche Interessen vertreten und unterschiedlicher Meinung sind, die sich aber irgendwie einigen müssen. In der Demokratie spielen Kompromisse eine große Rolle, weil es fast immer darum geht, verschiedene Interessen so unter einen Hut zu bringen, dass alle Beteiligten eine Entscheidung akzeptieren können. Kompromissfähigkeit gilt als eine Qualifikation, über die jeder demokratische Mensch verfügen sollte.

Konflikt

Das Wort bedeutet „Zusammenstoß". Es bezeichnet eine Auseinandersetzung, die entsteht, wenn Menschen oder Gruppen aufeinandertreffen, die unterschiedliche Interessen vertreten. Die streitenden Parteien versuchen dann, mit Argumenten und mit Macht den Streit siegreich zu beenden. Oft gelten Konflikte als unvermeidlich, zum Beispiel wenn alljährlich die Vertreter der Arbeitgeber und Arbeitnehmer über die Höhe der Löhne streiten. In der Demokratie gilt der Konflikt nicht als etwas Schlechtes.

Wichtig ist, dass die Konflikte mit friedlichen und fairen Mitteln zu einem vernünftigen Ausgleich gebracht werden.

Konsument

Der Begriff ist in der Sprache der Wirtschaft ein anderes Wort für Verbraucher. Konsumenten sind wir alle, wenn wir regelmäßig einkaufen gehen und Wirtschaftsgüter erwerben, die wir verbrauchen oder gebrauchen und von Zeit zu Zeit durch neue ersetzen.

Kredit

Wer einer anderen Person einen Kredit gewährt, leiht dieser in der Regel eine größere Geldsumme, die diese dann zurückzahlen muss. Man spricht auch von einem Darlehen. Eine häufige Form ist der Ratenkredit. Nimmt zum Beispiel eine Familie einen Kredit auf, um ein Auto oder ein Haus zu finanzieren, so zahlt sie die Summe nicht auf einmal, sondern in vereinbarten Raten zurück. Bei großen Anschaffungen kann sich die Rückzahlung über viele Jahre hinweg hinziehen. Kredit bekommt in der Regel nur, wer sich als kreditwürdig erweist. Das Wort bedeutet *glauben und vertrauen*. Der Kreditgeber muss darauf vertrauen können, dass der Kreditnehmer zur Rückzahlung in der Lage ist. Banken und Sparkassen vergeben Kredite nicht umsonst. Sie verlangen vom Kreditnehmer Zinsen, die der Höhe des Darlehens hinzugerechnet werden.

Landtage

sind die von der wahlberechtigten Landesbevölkerung gewählten Parlamente in den Bundesländern. Ein Landtag beschließt die Landesgesetze, also diejenigen, die nur im eigenen Bundesland gelten. Dazu gehören zum Beispiel die Gesetze über das Schul- und das Polizeiwesen. Er wählt den Ministerpräsidenten und hat die Aufgabe, die Landesregierung zu kontrollieren. Da Deutschland aus 16 Bundesländern besteht, gibt es 16 Landesparlamente.

Legislative

Sie ist die gesetzgebende Gewalt und damit eine der drei klassischen Staatsgewalten. In der Bundesrepublik Deutschland wird sie vom Bundesparlament, bestehend aus dem Bundestag und dem Bundesrat, ausgeübt. Auch die Länderparlamente in den Bundesländern gehören zur Legislative, weil auch sie das Recht haben, Gesetze zu erlassen.

Manipulation

Wörtlich übersetzt bedeutet der Begriff „geschickte Handhabung". Man versteht darunter die Beeinflussung von Menschen, ohne dass diese es merken. Wer andere manipuliert, will sie zu einem ganz bestimmten Fühlen, Denken und Handeln verführen. Der Vorwurf der Manipulation wird oft gegenüber der Werbung erhoben, wenn diese mit raffinierten Mitteln versucht, die Menschen zum Kauf eines bestimmen Produktes zu verführen. Auch Zeitungen und Zeitschriften und die übrigen Massenmedien haben die Macht, Menschen zu manipulieren. Vor Manipulation schützen kann man sich, indem man lernt, die Tricks und Absichten zu durchschauen.

Massenkommunikation

Das Wort „Kommunikation" von lateinisch *communicatio* bedeutet Mitteilung, Unterredung. Gemeint ist die Verständigung zwischen zwei oder mehreren Teilnehmern. Massenkommunikation ist die Form der Übertragung von Informationen und Meinungen, die sich an eine unbegrenzte Zahl von Personen wendet und die – zumindest theoretisch – jedermann zugänglich ist. Eine Zeitung kann sich – theoretisch gesehen – jeder kaufen, auch wenn sie in Amerika oder Asien erscheint. Das Wesen der Massenkommunikation besteht darin, dass sie in der Regel einseitig von einem Sender zu einem Empfänger verläuft.

Massenmedien

Presse, Rundfunk und Fernsehen werden unter dem Oberbegriff „Massenmedien" zusammengefasst. Auch die als „neue Medien" bezeichneten Computer, die in einem Netzwerk, zum Beispiel im Internet, miteinander verbunden sind, gehören dazu. Sie sind allesamt technische Verbreitungsmittel, mit denen man eine unbegrenzte Zahl von Menschen gleichzeitig erreichen kann. Sie prägen und verändern das Leben der meisten Menschen in den modernen Gesellschaften. Massenmedien gelten einerseits als unverzichtbar und hilfreich, andererseits können auch Gefährdungen von ihrem falschen Gebrauch ausgehen.

Menschenrechte

Das sind die grundlegenden Rechte, die jedem Menschen zustehen, und zwar unabhängig von seinem Geschlecht, seiner Sprache, seiner Heimat und Herkunft, seinem Glauben, seinen religiösen oder politischen Anschauungen. Sie gehören sozusagen zur Natur des Menschen und können von niemandem aberkannt werden. Einige Herrschaftssysteme, Staaten und Kulturen zweifeln allerdings den universalen Gültigkeitsanspruch der Menschenrechte an.

Migration

Wörtlich übersetzt bedeutet der Begriff wandern, sich bewegen. In der Politik versteht man unter Migration die Tatsache, dass Menschen ihre ursprüngliche Heimat verlassen, um sich dauerhaft in einem anderen Land niederzulassen. Gründe für Migration sind oft die Hoffnung auf ein besseres Leben und zunehmend immer häufiger Flucht vor Not, Unterdrückung und Verfolgung im ursprünglichen Heimatland. In Deutschland haben über 15 Millionen Menschen (2014) einen sogenannten Migrationshintergrund. Das bedeutet, dass ihre Großeltern oder ihre Eltern vor langer Zeit eingewandert sind.

Mehr als die Hälfte der Menschen mit Migrationshintergrund sind deutsche Staatsbürger.

Mitbestimmung

Für größere Wirtschaftsbetriebe bedeutet dieser Begriff, dass die Arbeitnehmerinnen und Arbeitnehmer an der Leitung des Betriebes mitbestimmend teilnehmen. Die Unternehmer können zum Beispiel nicht allein darüber entscheiden, was mit den Gewinnen geschieht, wer eingestellt und wer entlassen wird, wie der Betrieb gestaltet wird usw.

Mobbing

Mobbing ist eine besondere Form von Gewalt, die leider auch häufig in der Schule vorkommt. Die Gewalt zeigt sich in andauernden feindseligen Handlungen, denen die Opfer oft schuldlos ausgeliefert sind. Mobbing kann bei den Opfern körperliche und seelische Krankheiten auslösen und in schlimmen Fällen sogar zur Selbstmordgefährdung führen. Die häufigste Form von Mobbing ist mittlerweile das Cybermobbing, bei dem die Opfer über soziale Netzwerke fertiggemacht werden. Die Täter handeln oft aus Gedankenlosigkeit, Mitläufertum und weil sie selbst nicht zu Opfern werden wollen.

Nachhaltigkeit

Der Begriff wurde aus der Forstwirtschaft übernommen und bedeutete ursprünglich, dass man nicht mehr Holz in den Wäldern schlagen darf, als nachwachsen kann. Heute gilt Nachhaltigkeit als ein grundlegendes Prinzip für den Schutz der Umwelt. Nachhaltigkeit bedeutet demnach, dass Eingriffe des Menschen in die Natur die Lebensbedingungen künftiger Generationen nicht gefährden dürfen. In der Welt der Wirtschaft bedeutet Nachhaltigkeit, dass die Produktion von Wirtschaftsgutern so wenig umweltbelastend wie möglich zu geschehen hat.

Opposition

Im Parlament besteht die Opposition aus allen Parteien, die nicht an der Regierung beteiligt sind. Das Wort heißt Widerspruch, Gegensatz. Die Opposition ist immer die Minderheit, die einer Mehrheit gegenübersteht und die darauf wartet, zum Beispiel bei der nächsten Wahl, zur Mehrheit zu werden. In der Demokratie hat die Opposition zwei entscheidende Aufgaben: Sie soll die Regierung überwachen und kritisieren. Sie soll eigene politische Pläne entwickeln, die eine Alternative zu denen der regierenden Mehrheit darstellen.

Parteien

In den Parteien finden sich Menschen mit gleichen oder ähnlichen politischen Interessen zusammen. Jede Partei versucht, so groß und einflussreich wie möglich zu werden, um allein oder in Zusammenarbeit mit anderen Parteien Macht auszuüben und ihre Ziele durchzusetzen. Nach dem Grundgesetz der Bundesrepublik Deutschland haben die Parteien die Aufgabe, an der politischen Willensbildung der Bevölkerung mitzuwirken (Artikel 21). Jeder Bürger kann Mitglied einer Partei werden. In der Regel werden Mitglieder von Parteien als Abgeordnete in die verschiedenen Parlamente geschickt. Die Parteien spielen im politischen Leben eine sehr große Rolle. Häufig kritisiert werden der übergroße Einfluss der Parteien und die Art der Parteienfinanzierung.

Perspektivwechsel

Der Perspektivwechsel ist eine wichtige Kompetenz, die jede Schülerin und jeder Schüler trainieren sollte. Darunter versteht man die Fähigkeit, sich in die Sichtweise einer anderen Person hineinversetzen zu können. Perspektivwechsel kann man üben, indem man zum Beispiel in einem Rollen- oder Planspiel die Rolle anderer Personen übernimmt, die völlig andere Interessen vertreten als man selbst. Wer zum Perspektivwechsel befähigt ist, kann Andersdenkende besser verstehen und in seiner Argumentation gezielter auf sie eingehen. Er lernt zum Beispiel auch, sich in die Notlage anderer Menschen hineinzuversetzen und in seinem Handeln nicht ausschließlich an sich selbst zu denken.

Politik

Hierin steckt das griechische Wort *Polis*, das man mit „Gemeinschaft" übersetzen kann. Heute verstehen wir darunter alle Aufgaben und Zukunftsprobleme, die gelöst werden müssen, damit die Menschen im Staat friedlich, frei und in Sicherheit miteinander leben können. Politik wird von einzelnen Personen, vor allem aber auch von Parteien, Bürgerinitiativen und Interessenverbänden gemacht. Zum Wesen demokratischer Politik gehört, dass die Vorstellungen über die Lösung der Zukunftsaufgaben sehr unterschiedlich sein können.

Rechtsordnung

Darunter versteht man die Gesamtheit aller Regeln und Gesetze, die für die Menschen in einem Land verbindlich gelten. An die bestehende Rechtsordnung muss man sich halten, sonst droht Strafe. Grundlage der Rechtsordnung in der Bundesrepublik Deutschland ist das am 23. Mai 1949 verabschiedete Grundgesetz.

Rechtsstaat

Im Rechtsstaat ist alles staatliche Handeln an die bestehenden Gesetze gebunden. Der Rechtsstaat schützt so die Bürger vor willkürlichen Übergriffen der Staatsgewalt. Kein Gesetz, keine Verordnung, kein Richterspruch darf den in der Verfassung festgelegten Rechtsgrundsätzen widersprechen. Die

Aufgaben von Regierung und Parlament sind durch die Verfassung vorgeschrieben. Zur Rechtsstaatlichkeit gehören auch die Garantie der Grundrechte und die Teilung der Staatsgewalt.

Recycling

Recycling bezeichnet die Wiederverwendung von Abfällen, entweder indem man Dinge mehrfach benutzt, wie zum Beispiel Pfandflaschen, oder indem man die im Müll enthaltenen wertvollen Stoffe herauslöst und zur Herstellung neuer Produkte verwendet.

Republik

Der Begriff stammt aus dem Lateinischen *res publica* und bedeutet, dass der Staat die Sache des Volkes ist. Von einer Republik sprechen wir, wenn die Macht im Staat vom Volk ausgeht. Die Bundesrepublik Deutschland ist eine Republik, weil das Volk durch Wahlen bestimmt, wer für die Zeit zwischen zwei Wahlen die politische Herrschaft ausüben darf. Republik bedeutet auch, dass es keinen König oder Kaiser geben kann.

Schülervertretung (SV)

Durch die SV wirken die Schülerinnen und Schüler an der Gestaltung des Schullebens mit. Sie hat die Aufgabe, die Interessen der Schüler zu vertreten. Sie besteht aus den gewählten Sprecherinnen und Sprechern der Klassen- und Jahrgangsstufen und der Schülersprecherin/dem Schülersprecher (plus Stellvertreter).

Solidarität

Das Wort Solidarität stammt aus dem Lateinischen. Man versteht darunter den engen Zusammenhalt einzelner Personen oder Gruppen. Diese bilden eine Solidargemeinschaft. Man unterstützt sich gegenseitig, kämpft für gemeinsame Interessen und hat gemeinsame Ziele. Das Wesen einer Solidargemeinschaft wird in dem Motto „Einer für alle, alle für einen" deutlich.

Soziales Engagement

ist ein Handeln für einen guten Zweck. Man ist bereit, Zeit und Arbeit in eine Sache zu investieren, ohne dass man dafür Geld bekommt oder sich sonst irgendeinen materiellen persönlichen Vorteil verschafft. Die Qualität einer demokratischen Gesellschaft hängt auch von der Zahl der Menschen ab, die sich ehrenamtlich für soziale Zwecke engagieren. Das Institut für empirische Bildungsforschung der Universität Würzburg fand heraus, dass sich im Jahr 2013 über 44 Prozent der Jugendlichen in irgendeiner Form sozial engagierten.
Das Engagement bezieht sich besonders häufig auf den Umwelt- und den Tierschutz sowie auf besondere Hilfsmaßnahmen für Bedürftige. Bildungsforscher sind überzeugt, dass soziales Engagement eine positive Einstellung zur Demokratie fördert.

Soziale Netzwerke

In sozialen Netzwerken bilden Internetnutzer Gemeinschaften, um miteinander zu kommunizieren und Kontakte zu pflegen. Immer mehr Menschen nutzen so das Internet als ständigen Begleiter ihres Alltagslebens. Besondere Vorteile bestehen in der Erweiterung der kommunikativen Möglichkeiten jedes einzelnen Menschen. Auf der Negativseite stehen die Gefahren des Datenmissbrauchs, Computersucht und die Verunglimpfung anderer durch Cybermobbing.

Staat

Der Staat ist die Gesamtheit aller Bürgerinnen und Bürger, die zu einem Volk gehören. Wörtlich übersetzen kann man das Wort aus dem frühen Mittelalter mit „Lebensweise". Man versteht darunter auch die Organisation, die die Menschen in der Gesellschaft sich gegeben haben, damit sie geregelt und friedlich miteinander leben können. Der Staat fordert von den Menschen, dass sie einen nicht unerheblichen Teil ihres Einkommens in Form von Steuern und Abgaben an ihn entrichten. Er verteilt dieses Geld dann wieder, zum Beispiel an Familien in Form von Kindergeld und zum Bau von Straßen, Schienen, Flugplätzen, Krankenhäusern, Schulen, für die Bundeswehr und für vieles andere mehr.

Staatsbürgerschaft

Die Staatsbürgerschaft eines Menschen bezeichnet seine Zugehörigkeit zu einem bestimmten Staat. Er oder sie ist damit Mitglied der staatlichen Rechtsordnung und hat bestimmte Rechte und Pflichten. Dazu gehören zum Beispiel das Recht, ab einem bestimmten Alter an Wahlen teilzunehmen, und die Pflicht zum Schulbesuch oder Steuern zu bezahlen. In Deutschland erwirbt man die Staatsbürgerschaft bei der Geburt durch die Staatsbürgerschaft der Eltern. Sie kann aber auch durch Einbürgerung erworben werden. Um deutscher Staatsbürger zu sein, muss man nicht in Deutschland geboren sein.

Staatsgewalt

Wenn man von der Staatsgewalt spricht, versteht man Gewalt im Sinne von Macht. Der Staat, in dem wir leben, übt eine gewisse Macht über uns aus, weil er uns dazu zwingt, die Gesetze einzuhalten, und uns bestraft, wenn wir das nicht tun. In der Demokratie ist der Staat die einzige Macht, die die politische Herrschaft ausüben darf und das Recht hat, sie auch mit Gewalt aufrechtzuerhalten. Die Staatsmacht ist unterteilt in die Exekutive, die Legislative und die Judikative (siehe auch dort).

Steuern

Darunter versteht man die Summe der Abgaben, die die Bürger an den Staat zahlen müssen. Wer sie nicht bezahlt, macht sich strafbar. Mit diesem Geld bestreitet der Staat seine Aufgaben. Diese Abgaben werden fällig, wenn man Lohn erhält, wenn man eine Erbschaft macht, wenn man Benzin tankt, wenn man etwas einkauft, wenn man in einem Restaurant etwas isst und bei vielen anderen Gelegenheiten noch. Viele schimpfen über diese Abgaben, aber alle wissen auch, dass ohne sie der Staat nicht funktionieren kann.

Tarifautonomie

Darunter versteht man das Recht der Vertretungen der Arbeitgeber (Arbeitgeberverbände) und der Vertretungen der Arbeitnehmer (Gewerkschaften), die Löhne, Arbeitszeiten und die übrigen Arbeitsbedingungen selbst, also autonom, auszuhandeln und in einem Tarifvertrag für eine bestimmte Zeit festzulegen (Tarif = Vereinbarung). Die Regierung darf sich grundsätzlich nicht in Tarifverhandlungen einmischen. Die Tarifpartner sind frei in ihren Entscheidungen und selbst dafür verantwortlich.

Umweltschutz

Damit sind alle Maßnahmen gemeint, die dem Schutz des Bodens, des Wassers und der Luft dienen. Der Staat arbeitet an dieser Aufgabe, indem er schützende Gesetze beschließt. Fabriken müssen darauf achten, dass kein Dreck, keine Abgase und keine verschmutzten Abwässer in die Umwelt gelangen. Familien und einzelne Personen können ebenfalls ihren Beitrag dazu leisten, dass dieses wichtige Ziel erreicht wird.

Unternehmen

Die Bezeichnungen Firma, Betrieb und Unternehmen werden oft für ein und dasselbe benutzt, bezeichnen aber Unterschiedliches. Mit Firma ist immer der Name gemeint, unter dem sie bekannt ist. Der Betrieb ist ein konkreter Ort oder ein konkretes Gebäude, in dem Güter hergestellt oder Dienstleistungen angeboten werden. Unter einem Unternehmen versteht man demgegenüber die Rechtsform. Dazu zählt zum Beispiel, ob es sich um eine Personengesellschaft oder eine Kapitalgesellschaft handelt. GmbHs, Aktiengesellschaften, auch Genossenschaften bezeichnen unterschiedliche Unternehmensformen. Ein Unternehmen kann z. B. auch aus mehreren Betrieben bestehen.

Verbraucherschutz

Dies ist eine staatliche Aufgabe, bei der es darauf ankommt, die Menschen in ihrer Rolle als Käufer von Waren und Dienstleistungen zu schützen. Der Staat geht davon aus, dass die Käufer gegenüber den Unternehmen grundsätzlich in einer eher unterlegenen Position sind. Die Käufer haben kaum Möglichkeiten, von sich aus festzustellen, ob ein Produkt gesundheitsschädliche Stoffe enthält, ob es unter akzeptablen Bedingungen hergestellt wurde, ob sich verschiedene Unternehmen über die Preise abgesprochen haben usw. Hier greift der Staat mit gesetzlichen Regelungen in das Wirtschaftsgeschehen ein. Verbraucherschutz ist heute zu einer Aufgabe geworden, die von der Europäischen Union für alle Mitgliedstaaten gemeinsam und in gleicher Weise gestaltet wird.

Wertvorstellungen

Das sind Grundsätze und Zielvorstellungen, die ein einzelner Mensch oder die gesamte Gesellschaft als erstrebenswert ansieht. Werte beziehen sich oft auf die Art und Weise des Umgangs mit anderen Menschen, zum Beispiel die Gerechtigkeit und die Hilfsbereitschaft. In einer Partnerschaft spielen Werte wie Liebe und Treue eine große Rolle. Eine Gesellschaft braucht ein gewisses Maß von gemeinsamen Werten, die alle Menschen teilen, weil sie sonst nicht funktionieren kann. Dazu gehören zum Beispiel die Ablehnung von Gewalt, die Achtung vor den Gesetzen, die Toleranz gegenüber Andersdenkenden etc. Werte können sich im Laufe der Zeit verändern.

Wir-Gefühl

Das ist das Zusammengehörigkeitsgefühl, das zwischen den Mitgliedern einer Gruppe besteht. Das Wir-Gefühl führt dazu, dass man sich mit der eigenen Gruppe identifiziert, sich darin wohlfühlt usw. Es kann auch zur Folge haben, dass man sich ganz bewusst von anderen Gruppen abgrenzt. Das geschieht zum Beispiel zwischen verschiedenen Mannschaften im Sport, auch zwischen verschiedenen Schulklassen usw. Gefährlich wird das Wir-Gefühl, wenn es so weit geht, dass andere Gruppen als Feinde angesehen werden, zum Beispiel: „Wir Deutschen" gegen „die Ausländer".

Wirtschaft (auch Ökonomie)

Unter Wirtschaft versteht man die Gesamtheit aller menschlichen Tätigkeiten, die sich auf die Produktion und den Verbrauch von Gütern und Dienstleistungen beziehen. Die Wirtschaft versorgt uns mit diesen Gütern (z. B. Lebensmittel, Kleidung, Autos, Computer) und Dienstleistungen (z. B. ärztliche Versorgung, Haarpflege, Krankenpflege, öffentliche Verwaltungen). In der Wirtschaft sind wir nicht nur Käufer und Verbraucher. In der beruflichen Tätigkeit erbringen wir Leistungen, erzielen dafür Einkommen und erstellen die verschiedensten Güter und Dienstleistungen, die wir als Verbraucher wieder kaufen. Daher sind wir alle Teile in einem großen volkswirtschaftlichen Kreislauf.

Register

Bildquellenverzeichnis

alamy images, Abingdon/Oxfordshire: 170 (PSL Images); Baumann, Susanne, Paderborn: 167; Bengen, Harm/Comic-Cartoon-Grafik, Norden: 32; Bergmoser + Höller Verlag AG, Aachen: 153, 153, 175; Blogger against Mobbing, Hannover: 71 (http://blogger-against-mobbing.blogspot.com); Bundesministerium für Umwelt, Naturschutz und Reaktorsicherheit, Berlin: 141; Ciao.de Community Support, München: 86, 98; ddp images GmbH, Hamburg: 70; Domke, Franz-Josef, Hannover: 25, 61, 157, 159, 171, 172; Eichhoff, Fabian, Nordstemmen: 126 (© Plattenspiel. Schülerfirma des Gymnasium Andreanum); fotolia.com, New York: 5 (Monkey Business), 21 (Kim Schneider), 36 (Jonathan Stutz), 50 (Franz Pfluegl), 71 (Bauer, Alex), 89 (Tim UR), 89 (seb hovaguimian), 91 (© Thomas Vogt), 94 (© Deminos), 98 (© Thomas Vogt), 100 (belahoche), 100 (ikonoklast_hh), 100 (Dan Race), 106 (goodluz), 112, 144 (© WoGi), 145 (pressmaster), 174 (legeartispics), 193 (Lucky Dragon); fotosearch.com, Waukesha: 4 (Antonio_Diaz), 52 (Antonio_Diaz), 69 (HighwayStarz), 185 (kikkerdirk), 190 (Bialasiewicz), 190 (Kzenon); Fotostudio Henke, Paderborn: 4, 12, 44, 76, 80, 98, 115, 135, 179; Herzig, Karin, Nußloch: 128; Hüter, Michael, Bochum: 56 (Quelle: Stiftung Jugend und Bildung); Kassing, Reinhild, Kassel: 9, 9, 12, 14, 17, 18, 19, 20, 25, 30, 35, 46, 50, 50, 55, 57, 59, 60, 62, 64, 66, 68, 69, 72, 78, 79, 80, 82, 83, 84, 85, 85, 88, 90, 91, 92, 95, 96, 99, 114, 121, 121, 123, 131, 134, 136, 136, 136, 137, 137, 138, 142, 145, 148, 150, 167, 172, 172, 173, 176, 177, 178, 179, 179, 179, 182, 182, 182, 183, 184, 184, 185, 185, 187, 191, 193, 194; Koufogiorgos, Kostas, Stuttgart: 32; laif, Köln: 64 (Jordi Pizarro); Landeszentrale für Medien und Kommunikation (LMK), Ludwigshafen: 71; Landtag NRW, Düsseldorf: 175; Lüdecke, Matthias, Berlin: 87 (Matthias Luedecke); Masztalerz, Piero – schoenescheisse.de, Hamburg: 74; Mattes, Wolfgang, Trier: 22, 112 (Wolfgang Mattes), 113 (Wolfgang Mattes); Mester, Gerhard, Wiesbaden: 24, 32; Michael Vogdt, Salzkotten: 129; Michalke, Norbert, Berlin: 47; Ministerium für Arbeit, Integration und Soziales des Landes NRW, Düsseldorf: 48 (Konzeption/Gestaltung VISIO Kommunikation GmbH/Foto: Katrin Biller); mpfs – Medienpädagogischer Forschungsverbund Südwest c/o Landesanstalt für Kommunikation Baden-Württemberg (LFK), Stuttgart: 66; Müller, Andreas, Merzig: 12, 13, 13, 13; Müller, Dirk – Karikaturen-Service.de, Dresden: 55; Picture-Alliance GmbH, Frankfurt/M.: 3 (R. Goldmann), 3 (Denkou Images), 5 (ZB/euroluftbild.de), 6 (dpa), 6 (dpa), 28 (JOKER), 37 (dpa), 39 (dpa), 41 (dpa), 42 (ZB), 43 (SZ Photo), 51 (chromorange/C. Ohde), 65 (dieKLEINERT.de/Sylvio Droigk), 66 (ZB), 72 (chromorange/M. Schröder), 75 (Bildagentur-online/Ohde), 78 (CTK/CandyBox), 84 (fStop), 88 (dpa/F. Von Erichsen), 90 (dpa-infografik), 97 (Ulrich Baumgarten), 99 (Ulrich Baumgarten), 102 (ZB), 103 (Ulrich Baumgarten), 105 (dpa-infografik), 109 (dpa-infografik), 110 (dpa-infografik), 110 (dpa-infografik), 110 (dpa-infografik), 116 (dpa), 118 (dpa), 120 (dpa-infografik), 123 (dpa), 127 (dpa-infografik), 130 (ZB/J. Büttner), 130 (ZB), 130 (dpa), 130 (dpa), 130 (dpa/Gero Breloer), 130 (ROPI), 132 (Thomas Meder), 140 (dieKLEINERT.de/Andreas Schiebel), 149 (Reinhard Kungel), 152 (dpa/Marcus Führer), 154 (dpa), 161 (dpa – Witschel), 163, 164, 166 (dpa), 167 (Tagesspiegel), 168 (dpa), 170 (ZB), 174 (dpa/F. Gambarini), 176 (dpa), 176 (dpa/Julian Stratenschulte), 180 (dpa), 181 (ZB), 186 (dpa), 189 (dpa-infografik); Plaßmann, Thomas, Essen: 117; Prof. Dr. Köhler, Markus, Stuttgart: 113; Projects Abroad – Projekte weltweit, Berlin: 104 (Julia Ninic); Robert Bosch GmbH, Gerlingen-Schillerhöhe/Stuttgart: 113; Ruhr Nachrichten, Bochum: 71 (Aus: Corinna Land, Schüler erfolgreich gegen Mobbing, in ruhrnachrichten.de vom 5.11.2007); Sachs, Ulla, Ostfildern: 38 (Ulla Sachs); Schmidt, Roger – Karikatur-Cartoon.de, Brunsbüttel: 32; Schulz-Zhecheva, Yoanna, Freiburg: 29 (Foto: Yoanna Schulz-Zhecheva); Shutterstock.com, New York: 192 (yui); Siemens AG, München: 108; Speth, Frank /www.kunstsam.de, Quickborn: 54 (Frank Speth); Stadt Wuppertal – Medienzentrum, Wuppertal: 176 (Gerd Neumann); Stiftung Warentest, Berlin: 86, 98; Tomaschoff, Jan, Düsseldorf: 33; toonpool.com, Berlin, Castrop-Rauxel: 51 (Erl); ullstein bild, Berlin: 107 (Werner Otto); Verbraucherzentrale Nordrhein-Westfalen e.V., Düsseldorf: 86, 92 (Ben Isselstein), 92 (Ben Isselstein), 92 (Ben Isselstein), 98; WAZ FotoPool, Essen: 174 (Ingo Otto); © dtv Verlagsgesellschaft, München, München: 160, 160.

Lösungen zu den Kompetenzstationen

1. Jugendliche auf dem Weg zum Erwachsenwerden

Station 1: Folgende Kombinationen sind richtig: 1D, 2B, 3C, 4A

Station 2: Rollenerwartungen: Die Klassengemeinschaft erwartet, dass Katharina und Fee die getroffene Vereinbarung einhalten, zumal alle anderen Schülerpartnerschaften ihre Pflicht bereits erfüllt haben. Ramesh erwartet auch, dass die beiden zu ihm zu Besuch kommen. Katharinas und Fees Eltern werden das auch von ihren Töchtern erwarten. Die Freundinnen erwarten, dass die beiden Mädchen mitkommen zur Autogrammstunde. Das erwarten auch die Veranstalter. Die bequemste Lösung ist natürlich, dass Katharina und Fee den Besuch bei Ramesh ausfallen lassen. Sie können einen anderen Termin mit Ramesh vereinbaren oder zwei andere Mitschüler dazu bewegen, den Termin zu übernehmen. Wenn sie Pflichtbewusstsein besitzen und wenn sie befähigt sind, sich in die Situation des kranken Ramesh hineinzuversetzen, werden ihnen alle diese Lösungen ein schlechtes Gewissen bereiten. Schließlich muss Ramesh enttäuscht sein, dass ihnen eine Autogrammstunde wichtiger ist als der Besuch bei ihm. Mit dem Gewissen ist es am besten zu vereinbaren, wenn sie ihr Versprechen einhalten.

Station 3: (1) Zwischen 1999 und 2002 sank das politische Interesse der Jugendlichen ab (von 43 % auf 34 %). Von 2002 an steigt das Interesse beständig an bis auf 46 % im Jahr 2015. (2) Dieser Vorwurf ist eine Verallgemeinerung, die nicht zutrifft. Es ist keineswegs so, dass sich die Jugendlichen für Politik nicht interessieren (46 %). Es gibt zwar Jugendliche, die sich nicht dafür interessieren, die gibt es allerdings unter den Erwachsenen auch.

2. Einwanderung nach Deutschland

Station 1: Beispiel für Antworten: Ich heiße (Mädchenname) und wurde in (Mittelmeerland) geboren. Meine Eltern verließen vor (mindestens 40 Jahren) ihre Heimat, weil sie in Deutschland Arbeit suchten. Wir können heute in Deutschland leben, weil wir die deutsche Staatsbürgerschaft haben. Ich heiße (Mädchenname) und wurde in (Land mit Menschenrechtsverletzungen) geboren. Meine Eltern verließen vor (einigen Jahren) ihre Heimat, weil sie dort verfolgt wurden und in Deutschland Asyl suchten. Wir können heute in Deutschland, weil wir als Asylbewerber anerkannt wurden. Ich heiße (Mädchenname) und wurde in (zum Beispiel Syri-en) geboren. Meine Eltern verließen vor (einigen Jahren) ihre Heimat, weil sie deutsche Vorfahren haben und die Lebensverhältnisse in Deutschland besser waren. Wir können heute in Deutschland leben, weil wir anerkannte Flüchtlinge sind.

Station 2: *Integration ist ein Prozess …:* Integration bedeutet, dass sich Zuwanderer in die Gesellschaft eingliedern, indem sie die Sprache erlernen, eine Arbeit annehmen und Freunde finden. Dieser Prozess dauert viele Jahre. *Integrationspolitik folgt dem Konzept des Förderns und Forderns:* Der Staat fördert Integration, indem er Integrationskurse anbietet. Er fordert gleichzeitig, dass Migranten diese Angebote annehmen und sich aktiv bemühen, sich in die Gesellschaft zu integrieren. *Es gibt noch Bereiche, in denen es Unterschiede zwischen Migranten und einheimischen Deutschen gibt:* Migranten haben häufiger keinen Schulabschluss, werden bei der Suche nach Ausbildungsplätzen und Arbeit sowie bei der Wohnungssuche benachteiligt.

Station 3: Der Stolperstein „Rassismus" beleidigt oder diskriminiert Menschen und führt zu unfairen Bewertungen (Beispiel: Fußball). Der Stolperstein „rückständige Traditionen" (Beispiel: Zwangsheirat) widerspricht den Grundrechten Gleichberechtigung und Selbstbestimmung.

Station 4: 1. a) Die Karikatur problematisiert die häufig geäußerte Forderung an Migranten, sich der deutschen Gesellschaft anzupassen. b) Sie zeigt einen Migranten, den ein Deutscher auffordert, sich anzupassen. Im Hintergrund sind sehr unterschiedliche Personen zu sehen. c) Der Zeichner will darstellen, dass auch die einheimischen Deutschen sehr unterschiedlich sind und dass es sehr schwierig zu sagen ist, was deutsch ist. Er kritisiert damit eine häufig geäußerte Vorstellung von Integration. Da die Deutschen auch sehr unterschiedlich sind. d) (individuelle Bewertung) 2. Beispiel Schulen: Für die Flüchtlinge wurden spezielle Willkommensklassen eingerichtet, in denen sie auf die Teilnahme am regulären Unterricht vorbereitet werden und besonders die Sprache erlernen. 3. Sicherlich gibt es einige Migranten, die sich nicht integrieren wollen. Doch das trifft für die Mehrzahl der Flüchtlinge nach Aussagen von Lehrern, Politikern und Arbeitgebern nicht zu. Zudem verpflichtet das Integrationsgesetz Migranten dazu, sich aktiv an ihrer Integration zu beteiligen.

Station 5: 1. Der Einbürgerungstest ist eine Voraussetzung für die Einbürgerung. Darin müssen Zuwanderer nachweisen, dass sie Kenntnisse der deutschen Rechts- und Gesellschaftsordnung sowie der Lebensverhältnisse in Deutschland haben. 2. Weitere Voraussetzungen für Einbürgerung sind eine unbefristete Aufenthaltserlaubnis, der Nachweis einer Arbeitsstelle, das Bekenntnis zum Grundgesetz sowie in der Regel die Abgabe der bisherigen Staatsbürgerschaft.

3. Leben in der digitalen Medienwelt

Station 1: Beschreibung: Die Karikatur zeigt ein Zimmer in einem Krankenhaus, in dem ein Bett, ein Stuhl und eine Lampe vorhanden sind. Es handelt sich dabei offensichtlich um eine Geburtsstation. Gezeigt wird die Situation kurz nach der Geburt eines Kindes. Im Zentrum des Bildes steht die Mutter in einem Nachtgewand. Sie trägt das neugeborene Kind auf dem Arm. Das neugeborene Kind hält ein Handy in der Hand und blickt konzentriert auf das Display. Auf dem einzigen Stuhl im Raum sitzt der Vater, der ebenfalls hoch konzentriert auf sein Handy schaut – und zwar mit gleichem Gesichtsausdruck wie das Kind. Die Mutter lächelt ihr Kind an. Eine Besucherin links im Bild macht den Ausruf: Ganz der Papa!! Deutung: Der Karikaturist nimmt die Alltagsdominanz des Umgangs der Menschen mit dem Smartphone aufs Korn. Der Vater blickt nicht einmal von seinem Handy auf, um sein neugeborenes Kind zu begrüßen. Das Kind ist auch schon mit dem Handy beschäftigt und scheint sich für sonst nichts zu interessieren. Mutter und Besucherin sind begeistert und machen deutlich, dass die Kinder die Gewohnheiten ihrer Eltern übernehmen. Die Karikatur zeigt eine Situation, in der das Smartphone das Leben der Menschen völlig beherrscht und in der alle beteiligten Personen den Unsinn dieser Situation nicht begreifen. Bewertung: Hier solltest du selbst überlegen wie man verhindern kann, dass man so wird, wie die in der Karikatur gezeigten Personen.

Station 2: Folgende Teile passen zusammen: 1E, 2C, 3A, 4D, 5B

Station 3: * Man sollte mehrere Quellen miteinander vergleichen, weil im Internet niemand sicher sein kann, ob Informationen richtig oder falsch sind, dumm oder klug. ** Zur Medienkompetenz gehört der kluge Umgang damit. Dazu gehört zum Beispiel, dass man sich in der vielfältigen Welt der technischen Medien zurechtfindet und diese für seine persönliche Bildung nutzen kann. Sie ist eine Schlüsselkompetenz, weil sie wie ein Schlüssel die Tür zum Verständnis der modernen Welt öffnet und weil man ohne Medienkompetenz weder in einer Ausbildung noch im Berufsleben erfolgreich sein kann. *** Unter Digitalisierung versteht man die Umwandlung von Informationen in die Sprache des Computers. Sie geschieht, in dem man Bilder, Schrift und Töne in Zahlenkombinationen umwandelt. Nur durch sie können Daten gespeichert und versendet werden.

Station 4: Die richtige Reihenfolge lautet: Erste Sichtung → Sammlung spontaner Bewertungen → Zweite Sichtung mit Protokollierung → Bewertung des Beitrags anhand von Kriterien → Ergebnispräsentation

Station 5: A Jede Art von Mobbing muss unterbleiben. Wer schon gemobbt hat, muss über sein Verhalten nachdenken. Opfer müssen geschützt werden. **B** Im Internet recherchieren, z.B. unter www.klicksafe.de, www.mobbing-schluss-damit.de, www.schau-hin.info, www.schueler-gegen-mobbing.de. **C** Umfragen starten (Fragebogen entwerfen), Plakate gestalten, Anti-Cyber-Buttons gestalten, Bilder malen, Theaterszenen ausdenken und anderes mehr. **D** Verständigung über das Ziel → Informationsphase → Kreativphase → Präsentationsphase → Auswertungsphase

Station 6: Es geht um die im Text des Unterkapitels ausgesprochene Warnung vor Computersucht. Demnach ist jemand gefährdet, wenn Handy und Computer wichtiger werden als alles andere auf der Welt und wenn dadurch die Freunde oder die Schule im realen Leben an Bedeutung verlieren. Zur Formulierung deines Urteils solltest du im weiteren Verlauf deine persönlichen Erfahrungen schildern, die Argumente Andersdenkender anführen, um diese dann mit deinen eigenen Ansichten zu widerlegen.

4. Jugend und Verbraucherschutz

Station 1: Nein, weil die Ware keine Mängel hat. Es besteht kein Recht auf Umtausch. Möglicherweise tauscht der Händler die Ware jedoch aus Kulanzgründen um.

Station 2: a) Die Verbraucherzentrale ist eine Einrichtung des Landes Nordrhein-Westfalen, die Verbraucher beim Kauf von Produkten berät. Stiftung Warentest testet und bewertet Produkte. Die Testergebnisse werden in der Zeitschrift veröffentlicht. Bei Ciao bewerten Kunden Produkte und schildern ihre persönlichen Erfahrungen. b) Verbraucherzentrale und Stiftung Warentest werden vom Staat getragen und sind unabhängig und neutral. Bei Ciao sind die Bewertungen nicht nachprüfbar und geben lediglich die einzelnen Erfahrungen wieder. Auch besteht die Gefahr, dass Einträge gefälscht werden können.

Station 3: a) Wichtig ist, dass der Anbieter eine seriöse Firma ist. Das kann man zum Beispiel daran erkennen, dass auf der Website die komplette Anschrift und Telefonnummer angegeben sind und die Allgemeinen Geschäftsbedingungen leicht aufzufinden sind. b) Man sollte sich über das Produkt genau informieren und die Preise vergleichen, die „Allgemeinen Geschäftsbedingungen" genau lesen und seine

Rechte als Verbraucher im Internet genau kennen (Widerrufsrecht).

Station 4: a) Sie möchte nicht zum Außenseiter werden und gibt deshalb mehr Geld aus, als sie hat, in der Clique mithalten wollen, mangelndes Selbstbewusstsein. b) Sie könnte sich ausrechnen, wie viel sie in der Woche verbrauchen darf, und lernen, nein zu sagen, wenn sie ihr Budget überschritten hat. Wenn sie in einer Woche mehr ausgegeben hat, sollte sie das in der nächsten Woche ausgleichen.

Station 5: *Das Foto zeigt* einen Fleischbeschauer bei der Arbeit. Mit einer Lupe untersucht er das Fleisch und prüft, ob es gesundheitlich unbedenklich ist. *Für den Umgang mit Lebensmitteln gibt es europäische Regelungen, weil* europäische Verbraucher sichergehen sollen, dass sie vor Gefahren geschützt werden und gegenüber Herstellern benachteiligt sind. *Europäischen Verbraucherschutz halte ich für wichtig, weil* Verbraucher heute in ganz Europa unterwegs sind und deshalb in allen Ländern denselben Schutz genießen sollen (Beispiel).

5. Einblick in der Arbeitswelt

Station 1: *Merkmale von Arbeit:* Arbeit hat ein Ziel. – Arbeit erfordert geistige und körperliche Fähigkeiten. – Arbeit dient der Existenzsicherung/Befriedigung von Bedürfnissen. – Arbeit ist geplant. *Gründe:* Lebensrhythmus Arbeit – Freizeit – höhere Lebenszufriedenheit – Kontakt mit anderen Menschen – Geld verdienen. *Arten von Arbeit:* ehrenamtliche Arbeit (unbezahlte Arbeit), Erwerbsarbeit (bezahlte Arbeit)

Station 2: Der Einsatz von Computern hat die Arbeit in fast allen Berufen sehr verändert. Deshalb arbeiten heute die meisten Beschäftigten in Berufen, in denen sie Computerkenntnisse benötigen. Die Vernetzung von Computern und das Internet haben dazu geführt, dass Menschen an ganz unterschiedlichen Orten der Welt zusammenarbeiten können und nicht mehr im Büro anwesend sein müssen. Junge Menschen dürfen sich nicht darauf verlassen, dass ihr Wissen ein Leben lang aktuell bleibt. Weil Wissen in der Arbeitswelt immer wichtiger wird und die Beschäftigten ihr Wissen ständig aktualisieren müssen, sprechen wir heute von einer Wissensgesellschaft. Sie müssen sich darauf einstellen, vielleicht mehrmals den Beruf oder Arbeitsort zu wechseln.

Station 3: Die Stellungnahme sollte individuell mit Argumenten erfolgen. Mögliche Begründungen für diese Aussage: Soft Skills spielen im Beruf eine große Rolle, diese können nicht auf die Schnelle trainiert und erworben werden. Persönliche und soziale Kompetenzen können bereits in der Schule trainiert werden. Mögliche Gegenargumente: Berufs-

wahl liegt noch in weiter Ferne, nicht in allen Berufen spielen Soft Skills eine gleich wichtige *Rolle.*

Station 4: 1. *Wir gehen auf die Straße, weil* Frauen im Beruf immer noch benachteiligt werden. 2. *Die Gründe für die Benachteiligung sind:* Frauen wählen oft schlechter bezahlte Berufe aus, Frauen müssen Berufstätigkeit wegen Kindererziehung unterbrechen und arbeiten oft Teilzeit, Arbeit und Familie sind in Deutschland schwer vereinbar. 3. *Wir fordern gleiche Löhne für Frauen und Männer.* 4. *Meine Stellungnahme zum Stand der Gleichberechtigung:* individuelle Antworten

Station 5: Tarifverhandlungen – Erklärung des Scheiterns, Schlichtungsverfahren möglich – Erklärung des Scheiterns der Schlichtung – Urabstimmung der Gewerkschaftsmitglieder über Streik – Streik – Aussperrung – neue Verhandlungen – Urabstimmung über Ergebnis, Streikende – neuer Tarifvertrag

6. Wie arbeiten Unternehmen?

Station 1: zum Beispiel: Firmenname, Firmenlogo, Website, Lieferanten, Mitarbeiter und Mitarbeiterinnen, Businessplan, Firmenwagen, Werbung

Station 2: Z.B.: 1. Hauptstrang *Mitarbeiter* mit Nebensträngen *Deutschland; andere Länder; offene Stellen* – 2. Hauptstrang *Entwicklung* mit Nebensträngen *Unternehmensphilosophie; Geschichte; wirtschaftliche Situation; News* – 3. Hauptstrang *Niederlassungen* mit Nebensträngen *Deutschland; Stammsitz; ausländische Niederlassungen* – 4. Hauptstrang *Produkte* mit Nebensträngen *Dienstleistungen, Art der Produkte; nachhaltige Produktion*

Station 3: 1. Wettbewerb hat für Unternehmen die Folge, dass sie sich ständig um neue, innovative Produkte, um hochwertige Qualität sowie um günstige Preise bemühen müssen. Die Verbraucher haben durch Wettbewerb ständig neue Produkte, günstige Preise und können unter vielen Anbietern das passende Produkt wählen. 2. Ein Unternehmen kann einen Wettbewerbsvorteil erzielen durch Preissenkung, Ausweitung der Werbung, verbesserten Service sowie durch innovative Produkte, die Konkurrenten noch nicht im Angebot haben. 3. Wenn nur ein Unternehmen am Start wäre, könnte es allein über Produkte und Preise bestimmen. Für die Verbraucher würde sich das Angebot verkleinern und die Preise verteuern.

Station 4: 1. Mitbestimmungsrecht: Der Betriebsrat darf mitbestimmen, ohne seine Zustimmung läuft nichts. Beispiel: Regelung der Arbeitszeit. Mitwirkungsrecht: Der Betriebsrat muss angehört werden. Beispiel: Personalplanung. 2. Betriebliche Mitbestimmung funktioniert nur, wenn sich genügend Kandidaten für den Betriebsrat aufstellen lassen. Betriebsräte können Einfluss auf die Entwicklung eines Unternehmens nehmen, indem sie die Interessen der Beschäftigten gegenüber der Geschäftsleitung wahrnehmen. Betriebsräten darf nicht gekündigt werden.

7. Wir Jugendlichen und das Recht

Station 1: a) Auf dem Foto ist eine Situation im Verkehr abgebildet. Dort gilt das Straßenverkehrsrecht. b) Straßenverkehrsgesetze haben die Funktion, die Gesundheit der Verkehrsteilnehmer zu schützen und den Verkehr für alle Beteiligten sicher zu machen. c) z.B. Reiserecht, Verbraucherrecht

Station 2:

Gaststättenbesuch	16 Jahre
Kirchenaustritt	14 Jahre
Erben	0 Jahre
Kandidat für Gemeinderatswahl	18 Jahre
Heirat	16 Jahre
Roller-Führerschein	16 Jahre

Station 3: (1) Jeder, der sich in seinen Rechten verletzt sieht, hat das Recht, vor Gericht zu klagen. (2) Keine Strafe ohne Gesetz. Eine Tat darf nur dann bestraft werden, wenn zur Zeit der Tat dafür ein Gesetz existiert. Dieses muss genau festlegen, dass die Tat strafbar ist. (3) Wenn jemand für eine Tat bereits bestraft wurde, darf er für sie kein zweites Mal bestraft werden.

Station 4: 1. Die Aussage auf dem Foto bezieht sich auf die Zeit des Nationalsozialismus. Viele Rechtsextreme verstehen sich als Neonazis und verherrlichen diese Zeit und leugnen die Verbrechen, die damals geschahen. Dabei haben viele Neonazis nur geringe Kenntnisse in Geschichte. Der Satz auf dem Foto weist auf diese Tatsache hin. 2. Zum Beispiel: Aufklärung über die Verbrechen des Nationalsozialis-

mus. Rechtsextreme Jugendliche sollen zur Teilnahme am Geschichtsunterricht verpflichtet werden. Diese Maßnahme bewirkt, dass sie die Zeit und die Zustände nicht mehr verherrlichen. (Begründung individuell) Sozialtraining, in dem die Jugendlichen lernen, ihre Aggressionen gewaltfrei unter Kontrolle zu bringen. (Begründung individuell)

8. Demokratie lernen und leben

Station 1: Es gibt 16 Bundesländer, Deutschland hat mit 9 Nachbarstaaten eine gemeinsame Grenze (Frankreich, Belgien, Österreich, Polen, Schweiz, Dänemark, Niederlande, Tschechien, Luxemburg). Die Fläche Deutschlands beträgt 357 123 km². Am 3. Oktober 1990 wurden die ehemals getrennten beiden deutschen Staaten wiedervereinigt. Der Tag der Wiedervereinigung ist Nationalfeiertag. Deutschland hat 81 900 000 Einwohner (Stand 2016).

Station 2: Mit circa 34 000 km² ist NRW hinter Bayern, Niedersachsen und Baden-Württemberg das viertgrößte Bundesland, die Wahl der Oberbürgermeister gehört nicht zu den Landesaufgaben, der Landtag wählt nicht die Vorsitzenden des Bundesrates und nicht die Bundesminister.

Station 3: Die Macht im Staat geht nicht vom Staatspräsidenten aus, sondern vom Volk; es gibt kein Rederecht für Normalbürger im Parlament, keine Arbeitspflicht und es muss in der Demokratie mehr als eine Partei geben.

Station 4: Gründe gegen die Helmpflicht: Freiwilligkeit ist besser als Zwang; Helmpflicht empfinden viele als unangenehm, Zahl der Radfahrer ginge zurück, Autoverkehr nähme wieder zu. Die Bundesregierung kann Verordnungen ändern und beschließen, so auch die Änderung der Straßenverkehrsordnung. Gründe für Helmpflicht: viele Kopfverletzungen bei Radfahrern würden verhindert, Staat hat die Pflicht, das Radfahren sicherer zu machen, in anderen Ländern ist die Helmpflicht selbstverständlich (Australien, Estland, Finnland, Island, Österreich).